인간이해

인간이해

2009년 2월 16일 초판 1쇄 인쇄
2017년 5월 15일 초판 8쇄 발행

지은이 | 알프레드 아들러
옮긴이 | 라영균

펴낸이 | 이성우
펴낸곳 | 도서출판 일빛
등록번호 | 제10-1424호(1990년 4월 6일)
주소 | 03993 서울시 마포구 동교로27길 12 동교씨티빌 201호
전화 | 02) 3142-1703~4
팩스 | 02) 3142-1706
전자우편 | ilbit@naver.com

값 16,000원
ISBN 978-89-5645-136-7 (03180)

※ 잘못된 책은 바꾸어 드립니다.

MENSCHENKENNTNIS

Alfred Adler

인간이해

알프레드 아들러 지음 | 라영균 옮김

일빛

Contents 차례

1판 서문(1926)_9
2판 서문(1927)_10

∞ 일반론 ∞

서론_13

1장 **인간의 정신** 24
    1. 정신생활의 개념과 전제 조건_24 • 2. 정신기관의 기능_25
    3. 정신의 목표 지향성_26

2장 **정신생활의 사회적 특성** 33
    1. 절대진리_33 • 2. 공동체의 요구_34 • 3. 안전과 적응_36
    4. 공동체감_38

3장 **아동과 사회** 40
    1. 유아기 상황_41 • 2. 어려움이 주는 영향_43
    3. 사회적 존재로서의 인간_48

4장 **외부 세계가 아이에게 주는 인상** 50
    1. 일반적인 세계상_50 • 2. 세계상을 발전시키는 요소_53
    3. 환상_61 • 4. 일반적인 꿈_64 • 5. 감정이입_64
    6. 타인에게 미치는 영향(최면과 암시)_66

5장 **열등감과 인정욕구** 73
1. 초기 유아적 상황_73 • 2. 열등감의 보상, 인정욕구와 우월욕구_76
3. 기본 원칙과 세계상_83

6장 **삶을 위한 준비** 94
1. 놀이_95 2 주의력과 산만함_97 • 3. 태만과 건망증_99
4. 무의식_100 • 5. 꿈_109 • 6. 재능_119

7장 **남성과 여성** 121
1. 성과 노동의 분화_121 • 2. 남성의 우위_123
3. 여성의 열등함에 대한 편견_129 • 4. 여성의 역할로부터 탈출_133
5. 여성과 남성 사이의 긴장_144 • 6. 개선을 위한 노력_146

8장 **형제들 간의 관계** 149

∽ 성격론 ∽

1장 일반론 161
　　1. 성격의 본질과 형성_161 • 2. 성격 발달과 공동체감_166
　　3. 성격 발달의 방향_170 • 4. 다른 심리학과의 차이점_176
　　5. 기질과 내분비기관_178 • 6. 요약_183

2장 공격적인 성격의 특징 186
　　1. 자만심과 명예심_186 • 2. 질투_211 • 3. 시기심_214
　　4. 인색함_217 • 5. 증오_218

3장 비공격적인 성격의 특징 223
　　1. 물러서기_224 • 2. 두려움_225 • 3. 소심함_229
　　4. 절제되지 않은 충동과 적응력 부족_238

4장 기타 성격의 표현 형식 242
　　1. 쾌활함, 발랄함_242 • 2. 사유 방식과 표현 방식_244 • 3. 학생 같은 행동_245
　　4. 원칙적인 사람과 융통성 없는 사람_245 • 5. 복종, 순종_247 • 6. 거만함_250
　　7. 즉흥적인 사람_251 • 8. 불운한 사람_253 • 9. 신앙심_254

5장 감정 256
    A. 분리적 감정_258
        1. 화_258   2. 슬픔_260   3. 감정의 남용_261
        4. 역겨움_263   5. 두려움(공포)_263
    B. 결합적인 감정_265
        1. 기쁨_265   2. 연민_266   3. 부끄러움(겸손)_267

첨언 | 교육에 관한 일반적 견해_269
결론_275

아들러와 개인심리학_277
옮긴이의 말_285
참고문헌_288
찾아보기_292

■ 일러두기

1. 이 책은 독일의 Fischer Taschenbuch Verlag에서 출간된 『Menschenkenntnis』를 완역한 것이다.
2. 주요 개념어는 한 단어로 간주하여 붙여 썼다.
   또한 독자의 이해를 돕기 위해 독일어 원어를 병기하였다.

1판 서문

이 책을 통해 우리는 많은 독자들에게 개인심리학의 근거가 무엇이며, 인간이해를 위한 개인심리학은 어떤 가치를 지니고 있는지, 또한 대인관계와 개인의 삶을 구성하는데 어떤 의미를 갖고 있는지를 제시하려고 한다. 이 책은 수백 명의 시민을 대상으로 한 시민대학Volksheim의 강의 내용을 바탕으로 하고 있다. 따라서 본서는 개인의 그릇된 행동이 잘못된 사회활동의 원인임을 알려주고, 개인의 과오를 일깨워줌으로써 사회적응을 좀 더 용이하게 해주는 것을 과제로 삼고 있다. 일상과 학문에서 범하는 오류는 심히 유감스럽고 해로운 일이다. 우리 학문에 종사하는 성실한 동료들은 이전 사람들과는 달리 우리 앞에 놓여 있는 연구 결과와 경험을 과소평가하지 않기를 바란다.

이 자리를 빌려 나의 강의를 모두 속기로 받아 적어 정리해주신 브로저 박사에게 깊은 감사의 말을 하지 않을 수 없다. 그의 도움이 없었다면 이 책의 출간은 불가능했을 것이다.

또한 나의 딸 알리 아들러에게도 감사한다. 그녀는 교정은 물론이고 영국과 미국에 개인심리학을 전파하려고 할 때 때맞춰 원고를 마쳐주었다.

히르첼Hirzel 출판사는 모범적으로 이 책의 출판을 장려하였고, 신중하게 여론에 알리는 일을 맡아서 해주었다. 개인심리학은 이 모든 노력에 대해 감사해야 할 의무를 지고 있다. 이 모든 과정과 이 책은 인류가 가는 길을 밝히려는 목적에 이바지할 것이다.

런던 1926. 11. 24
알프레드 아들러

2판 서문

짧은 시간 내에 2판이 출판된 것은 아마도 일반 독자들이 개인심리학에 보여준 신뢰의 표시라고 생각한다. 넓은 독자층 외에도 나는 커다란 관심을 가지고 이 책을 수용해 준 비판자들에게도 감사한다. 그리고 비판 대신 내가 2판에서 가려고 했던 길을 제시해준 분들에게도 감사드린다.

빈 1927. 10. 19
알프레드 아들러

Alfred adler

일반론

| 서론 |

인간의 운명은 그의 마음속에 있다(헤로도토스)

인간이해의 근본은 지나친 교만과 자만을 버리는 것이다. 진정한 인간이해는 교만이나 자만이 아닌 자기겸손을 전제로 한다. 인간이해는 문화가 태동한 이래 인류가 해결하고자 했던 가장 큰 과제이다. 그러나 인류는 목적의식을 가지고 체계적으로 이 문제를 다루지 않았다. 인간을 이해하는 능력이 뛰어난 현자가 역사적으로 몇 명 되지 않는 이유가 바로 여기에 있다. 이것은 우리 문화의 어두운 부분이다.

선입견 없이 인간이해의 관점에서 보면, 대부분의 사람들은 무지하다. 우리 모두는 인간이해에 대한 지식을 갖고 있지 않다. 이것은 우리의 소외된 삶과 밀접한 관계가 있다. 오늘날만큼 인간이 소외된 삶을 산 적은 없었다. 어린 시절부터 우리는 서로 무관하게 살고 있으며 가족들 사이에서도 소외감을 느낀다. 또한 우리의 삶의 방식은 주변 사람들과 친밀해지는 것을 허락하지 않는다. 사람들과 긴밀한 관계를 유지하는 것은 인간이해뿐만 아니라 예술의 발전을 위해서도 반드시 필요하다. 인간을 이해하는 것과 친밀한 대인관계를 유지하는 것은 상호 의존적이다. 우리는 인간에 대한 이해 없이 오랜 시간을 살아왔고 그 결과 서로 낯설어졌다. 우리가 서로 긴밀한 관계를 회복할 수 없는 이유이다.

　대인관계나 공동생활에서 실패하는 것은 대부분 인간이해의 부족에서 비롯된 심각한 결과이다. 늘 강조하는 민감한 사안이지만, 사람들은 서로에게 무관심하고 건성으로 대화하며 함께 화합하지 못한다. 사회라는 커다란 틀 안에서뿐 아니라 아주 작은 가정에서조차 서로 낯선 존재가 되었기 때문이다. 우리는 자식을 이해하지 못하겠다고 한탄하는 부모와 자기를 이해해주지 않는다고 불평하는 자녀들을 자주 본다. 인간 상호 간의 이해는 공동생활의 기본 조건이다. 주변 사람들에 대한 우리의 태도는 서로를 얼마나 이해하느냐에 따라 달라질 수 있다. 서로에 대한 이해가 커지면 커질수록 공동생활을 저해하는 요소들은 사라지고, 우리는 좀 더 나은 삶을 함께 영위할 수 있다. 그러나 오늘날 우리는 서로에 대해 잘 모르기 때문에 겉모습에 현혹되고, 속임수에 쉽게 빠진다. 이 점이 우리의 공동생활을 저해하고 있다.

　이제 우리는 의학의 광범위한 분야 속에 인간이해라는 새로운 학문을 세우고자 한다. 우선 이 시도가 왜 의학에서 출발해야 하는지 그 이유를 설명할 필요가 있을 것 같다. 그리고 이 학문을 구성하는 전제조건들은 무엇이며, 이 학문은 어떤 문제를 해결해야 하고, 어떤 결과를 기대할 수 있는지 설명하고자 한다.

　정신의학은 무엇보다 인간 본성에 대한 지식이 우선적으로 요구되는 학문이다. 정신과 의사들은 환자의 내면세계를 가능한 빨리 통찰해야 한다. 효과적인 진단을 내리고 올바른 치료와 처방을 내리기 위해서는 환자의 정신세계에서 일어나는 일에 대해 명확하게 알아야 한다. 여기에 피상적인 것이란 있을 수 없다. 실수를 하게 되면 바로 그 대가를 치러야 하지만 환자의 문제점을 정확하게 파악하면 대부분 치유가 가능하다. 즉 여기서는 엄격하고 신속한 검증이 이루어지는 것이다. 일상생활에서도 우리는 사람에 대해 잘못된 판단을 내릴 수 있다. 이 경우에도 매번 대가를 치르기는 하지만, 그 결과는 아주 늦게 나타나기도 한다. 그러면 우리는 그 인과관계를 제대로 파악하지 못한 채 지내다가 수십 년이 지난 뒤에야 비로소 그 때의 잘못된 판단이 어떤 불행과 운명을 초래했는지 알게 된다. 이러한 불행한 상황이 주는 교훈이 바로 우리가 인간이해의 지식을 습득하고 심화해야 할 필요성과 의무에 대해 설명해준다.

우리는 정신질환 환자가 보이는 비정상, 콤플렉스, 망상이 소위 정상인의 정신세계나 그 구조와 전혀 다르지 않다는 것을 여러 실험을 통해 알게 되었다. 정상인과 비정상인은 동일한 전제를 가지고 있다. 둘 사이에 차이가 있다면, 비정상인의 경우 모든 것이 갑자기 뚜렷하게 나타나기 때문에 쉽게 그것을 인식할 수 있다는 점이다. 이러한 인식을 바탕으로 우리는 비정상적인 경우를 통해 많은 것을 터득하였으며, 그것을 정상적인 사람의 심리와 비교하며 다양한 경험을 쌓을 수 있었다. 이러한 경험을 토대로 우리는 정상적인 사람의 심리상태를 좀 더 정확하게 관찰할 수 있는 통찰력을 갖게 되었다. 모든 직업이 그러하지만 이 일 역시 집중과 인내 그리고 훈련이 필요했다.

우리가 제일 먼저 인식한 것은 인간 심리의 근간이 초기 유년 시절에 형성된다는 사실이다. 이 사실 자체는 대단한 발견이 아니다. 왜냐하면 어느 시대건 위대한 학자들이 이와 유사한 생각을 했기 때문이다. 새로운 점이 있다면 그것은 유아기의 모든 체험, 인상, 태도들을 성인이 된 후의 심리상태와 서로 연결시키는 것이다. 우리는 유아기의 체험과 성인이 된 후에 처한 상황과 태도를 서로 비교함으로써 둘 사이의 연관성을 찾아낼 수 있었다. 이때 정신생활의 개별 현상들을 하나의 완결된 전체로 보지 않고, 서로 분리할 수 없는 전체 속의 부분들로 파악하는 것이 특히 중요하다. 이렇게 우리는 행동의 궤도, 삶의 패턴과 양식을 찾아내고, 어린아이의 태도에서 은밀하게 드러났던 목표와 훗날 성인이 된 뒤에 보이는 목표가 서로 일치한다는 사실을 밝혀냈다. 심리적 발달의 관점에서 보면 한마디로 말해 어떤 변화도 일어나지 않은 것이다. 사람들은 성인이 되면서 외적 형식, 구체화의 방식, 정신 현상의 표출이나 현상적인 것들은 변했을지 모른다. 하지만 근본토대, 목표, 역동성 그리고 목표지향적인 정신생활을 이끌어가는 모든 것들은 변하지 않은 채 그대로 남아 있는 것이다. 예컨대 한 남성 환자가 항상 불신감을 갖고 있으며, 자신을 남들과 애써 구분하는 불안한 성격을 가지고 있다면, 우리는 이와 동일한 움직임이 이미 서너 살 때부터 그의 마음속에 있었음을 쉽게 증명할 수 있다. 다만 어린아이는 아직 진심을 숨길 줄 모르기 때문에 그러한 성격이 좀 더 쉽게 파악된다. 따라서 우리는 무엇보다 환자의 유년 시절에 주목하는 것을 원칙으로 삼았다. 이렇게 우리는 사전 지식이 없더라도 그의 유년기에 대해 많은 것을 추론해낼 수 있다. 그에게는 나이를 먹어도 지워지지 않는 초기 유아적 경험의 흔적이 남아 있기 때문이다.

환자가 기억해 낸 유년기의 상황을 청취하고 그것을 제대로 이해하면, 우리는 그가 어떤 성격의 사람인지 알 수 있다. 이 과정에서 인간은 생후 몇 년 사이에 형성된 삶의 패턴에서 거의 벗어날 수 없다는 사실도 알게 되었다. 성인의 정신활동은 유아기 때와 다른 상황에 있기 때문에 다른 모습으로 나타난다. 그래서 달라졌다는 인상을 줄 것이라고 생각할지 모르나 한번 굳어진 패턴을 벗어나는 사람은 거의 없다.

이것은 삶의 패턴이 변한다는 것과는 다른 뜻이다. 정신생활은 언제나 동일한 토대 위에서, 동일한 궤도를 따라 움직이므로 유아건 성인이건 모두 같은 목표를 추구하며 늘 동일한 성향을 유지한다. 우리가 유년기에 관심을 기울이는 이유가 바로 여기에 있다. 변화하려고 애쓰는 환자들의 매우 사소한 경험과 인상들을 일방적으로 무시해서는 안 되며, 특이한 성격과 눈에 띄는 병적 현상들을 진단할 수 있는 삶의 패턴을 찾아내야 한다.

유아기의 정신세계를 관찰하는 것은 우리 학문의 핵심 과제이다. 그것은 우리에게 많은 새로운 사실과 교훈을 제공하였다. 우리의 연구는 대부분 생후 몇 년 된 어린아이에 집중되었다. 이 분야는 아직 연구되지 않은 방대한 자료가 쌓여 있기 때문에 향후 활발한 연구가 기대되며 누구나 새롭고 중요한 사실들을 발견해낼 수 있을 것이다.

인간이해는 단지 학문을 위한 학문이 아니라 과오를 미연에 방지할 수 있는 방법이다. 그간 얻은 인식의 성과를 토대로 우리는 오래 전부터 심리학자들이 관심을 기울여 왔던 교육의 문제에도 관여하게 되었다. 인간이해를 중요한 학문으로 인식한 사람들이나 그것을 체험하고 습득하려는 사람들에게 교육만큼 많은 것을 제공해 주는 분야는 없다. 인간이해는 단순히 책 속의 지혜가 아니라, 실제 경험을 통해 습득하는 지식이다. 우리의 근본적인 접근 방법은 한 사람의 정신세계에 나타난 모든 현상들을 자신의 것으로 체험하고, 그 안에 자신을 투사시켜 기쁨과 불안을 함께 나누는 것이다. 이것은 훌륭한 초상화 작가가 모델로부터 받은 느낌을 그림 안에 표현하는 것과 흡사하다. 따라서 인간이해는 해결 방법을 충분히 가지고 있는 기술이며 다른 어떤 기술에 비해 결코 뒤떨어지지 않는다. 시인은 누구보다 이 기술을 훌륭하게 사용하는 사람일 것이다. 이 기술은 무엇보다 인간에 관한 지식을 넓혀주고 좀 더 성숙하고 고양된 정신을 발달시킬 수 있도록 도와준다.

이러한 일을 하면서 겪게 되는 어려움은 우리 인간이 이 문제에 대해 아주 민감하다는 점이었다. 대부분의 사람들은 인간이해에 대해 무지하면서도 스스로 인간을 잘 안다고 자처하며, 또한 짧은 지식을 가지고 남을 가르치려 든다. 아마 이에 대해 불쾌해 하지 않을 사람은 거의 없을 것이다. 물론 이들 중에는 진심으로 도움을 주려는 사람도 있다. 이들은 스스로 심리적인 어려움을 경험한 사람이거나 다른 사람의 고민을 함께 나눌 줄 아는 사람이다.

이런 민감한 점을 감안한다면 특별한 전략이 필요하다. 어떤 사람의 내면을 관찰하고 알아낸 사실을 당사자에게 바로 보여주는 것만큼 끔찍하고 비난 받을 일은 없기 때문이다. 경솔한 사람이 되지 않으려면 이 점을 특히 명심해야 한다. 인간이해의 학문을 함부로 남용하는 사람, 예를 들어 식사 중에 옆 사람의 성격에 대해 자기가 얼마나 많이 알고 있는지를 말하려는 사람은 당연히 비난 받아 마땅하다.

이와 마찬가지로 문외한들에게 이 학문의 기본 원칙들을 하나의 철칙처럼 내세우는 것도 위험한 일이다. 약간의 지식을 가지고 있는 사람들이라면 더욱 불쾌하게 생각할 것이다. 그러므로 서두에서 언급한 것을 다시 한 번 강조하고 싶다. 인간이해의 학문은 자기겸손을 요구한다. 어린아이처럼 알고 있는 것을 성급하게 또 불필요하게 말해서는 안 되며, 다른 사람들이 이미 알고 있는 것을 과시해서도 안 된다. 성인이 만약 그런 행동을 한다면, 더더욱 용납할 수 없다. 그러므로 우리는 먼저 인내심을 갖고 기다리며, 자기 자신을 검증하는 태도를 가져야 한다. 그리고 어디에서건 인간이해라는 명분하에, 얻은 지식을 가지고 다른 사람에게 해를 끼쳐서도 안 된다. 자칫 잘못하면 이제 막 태동하고 있는 신생 학문은 새로운 문제에 봉착하게 될지도 모르며, 더 나아가 이 학문의 목적이 훼손될지도 모른다. 왜냐하면 열정적인 젊은 학자들이 경솔하게 저지른 실수라 해도 어떤 식으로든 책임을 져야하기 때문이다. 그러므로 이 학문은 세심한 주의가 요구되며, 부분적인 것을 판단하기에 앞서 먼저 전체가 있다는 점을 생각해야 한다. 그리고 누군가에게 도움이 될 것이라는 확신이 서기 전에는 판단을 유보해야 한다. 아무리 옳은 판단이라도 적절하지 못한 장소에서 잘못된 방식으로 판단한다면 큰 피해가 발생할 수 있기 때문이다.

여기서 잠깐 많은 사람들이 이미 제기했을지 모르는 문제를 한번 검토해 보자. 우리는 삶의 궤도가 변하지 않는다는 사실을 앞에서 이미 밝힌 바 있다. 그러나 누구나 살다보면 많은 경험을 하게 되며 불가피하게 자신의 태도를 바꿀 때가 있다. 이런 사실은 우리의 이론과 모순된다는 지적이 나올 수 있다. 그러나 모든 경험은 여러 가지 의미로 해석될 수 있으며, 두 사람이 동일한 경험을 했다 하더라도 똑같은 결론에 도달하는 것은 아니다. 즉 경험을 한다고 해서 늘 현명해지는 것은 아니다. 사람은 어려움을 피해 가는 법을 배우며, 그 어려움에 대해 일정한 태도를 취하게 되는데, 그렇다고 해서 사람의 행동 패턴이 변하는 것은 아니다. 사람은 대개가 수많은 경험에서 자기에게 유용한 것만을 취한다. 이 사실은 앞으로의 논의를 통해서도 확인될 것이다. 자세히 살펴보면 이러한 경험의 결과는 어떤 식으로든 그 사람의 삶의 궤도에 상응하며, 입장을 공고하게 만든다. 모든 언어에는 특유한 감정이 내재되어 있다. 예컨대 '그는 경험을 만든다macht' (원래는 '그는 경험한다' 라고 번역해야 하지만 '만들다machen'라는 기능동사를 사용하여 '그'의 행위를 강조함_옮긴이)라는 독일어의 표현에는 경험을 평가하는 사람이 바로 자기 자신임을 암시한다. 일상생활에서 자주 관찰할 수 있듯이 사람들은 자기의 경험으로부터 다양한 결론을 도출한다. 예를 들어 거의 습관적으로 늘 같은 실수를 반복하는 사람들이 있다. 그들에게 어떤 실수를 범했는지 알려 주면 사람마다 상이한 반응을 보인다. 어떤 사람들은 더 이상 실수를 범하지 말아야겠다고 결론을 내리지만 이것은 아주 드문 경우이다. 대부분의 사람들은 너무 오랫동안 그렇게 해 왔기 때문에 그 습관을 버리기 어렵다고 말한다. 또 어떤 사람은 이렇게 된 것이 부모님 때문이라고 하거나 그냥 교육 탓으로 돌린다. 즉 자기를 돌봐주는 사람이 없었기 때문이라고 하거나, 아니면 너무 귀여움을 받았거나, 혹은 엄한 교육을 받아서 그렇다고 이유를 대며 계속 똑같은 실수를 반복한다. 남의 탓을 하는 사람은 자신을 감추려는 사람이다.

그들은 이런 식으로 항상 알리바이를 찾거나 조심스럽게 자기비판을 모면하려 한다. 즉 자기는 잘못이 없다고 생각하며, 이루지 못한 일에 대한 책임을 다른 사람에게 전가한다. 이들은 잘못을 고치려는 노력 대신 자기의 입장만을 고수한다. 그러나 자기 스스로는 그 사실을 모르는 경우가 대부분이다. 물론 그들이 그렇게 주장하는 한 책임은 잘못된 교육에 있다. 경험에 대한 해석은 다양할 수 있으며, 결론도 다양할 수 있다. 이를 통해 우리는 사람들이 왜 삶의 방식을 바꾸지 못하며, 체험을 자기 패턴에 맞게 변형시키고 왜곡시키는지 알 수 있다. 인간에게 가장 어려운 것은 자기 자신을 인식하고 자기 잘못을 고치는 일인 것 같다.

인간이해에 대한 지식과 경험이 전혀 없는 사람이 누군가를 교육하려 한다면 아주 혼란스런 상황에 빠질 수 있다. 이런 사람은 지금까지 해온 것처럼 피상적인 것만을 다룬다. 그리고 외적인 모습이 조금 바뀌거나 새로운 행동의 조짐을 보이면 무언가를 변화시켰다고 생각할지 모른다. 그러나 그런 식으로는 사람을 변화시킬 수 없다. 행동 패턴 자체가 바뀌지 않는 한 외적인 변화는 다시 사라지게 될 허상에 불과하다. 우리는 이것을 임상실험을 통해 확인할 수 있다.

사람을 바꾸는 일은 어려운 작업이다. 이를 위해서는 신중함과 인내가 필요하며, 특히 개인적인 자만심을 모두 버려야 한다. 누구건 간에 내 자만심의 대상이 되어야 할 의무는 없기 때문이다. 또한 이 과정에서 당사자가 거부감을 갖지 않게 하는 것도 중요하다. 늘 맛있게 먹던 음식도 아무렇게나 주면 먹고 싶은 생각이 없어지는 것은 당연하다.

인간이해의 심리학은 또 다른 중요한 측면을 가지고 있다. 그것은 다름 아닌 사회적인 성격이다. 인간은 서로 이해하면 할수록 더 잘 지낼 수 있으며 더 친밀한 관계를 유지할 수 있다. 이렇게 되면 서로 속이고 기만하는 일은 사라질 것이다. 기만할 수 있다는 가능성은 우리 사회를 위협하는 요소이다. 우리는 이 위험성을 직시해야 하며 삶 속에 내재되어 있는 무의식적인 것, 위선, 왜곡, 술수, 악의를 인식할 수 있는 능력을 가져야 한다. 그래야 상담자들에게 의식적인 것과 무의식적인 힘의 중요성을 일깨워 줄 수 있으며 도움도 줄 수 있다. 이를 위해 우리는 인간이해에 대한 지식을 가져야 하며 그것을 의식적으로 실행에 옮겨야 한다.

어떤 사람이 인간이해에 대한 지식을 습득하고 실행하기에 적합한가? 이 문제도 우리의 관심 대상이다. 이미 언급한 바와 같이 이 학문을 오직 이론적으로만 다루는 것은 불가능하다. 규칙을 알고 있는 것만으로는 불충분하며, 연구에서 실천으로 그리고 더 깊은 이해와 종합의 단계로 나가야 한다. 이렇게 함으로써 우리는 지금까지의 경험에서 얻은 것보다 더 정확하고 깊이 있게 관찰할 수 있는 눈을 갖게 될 것이다. 이것이 인간이해의 학문을 체계적으로 다루어야 하는 가장 큰 이유이다. 지금까지 습득한 원칙들을 삶의 현장에서 검토하고 적용해 봄으로써 비로소 우리는 이 학문을 활성화시킬 수 있다. 누가 여기에 적합한 사람인가라는 문제가 제기되는 이유는 인간이해에 대한 지식을 정규 교육 과정에서 거의 가르치지 않거나 대부분 잘못된 지식을 가르치기 때문이다. 뿐만 아니라 현행 교육 제도는 인간이해의 지식을 전달하기에 부적합하다. 모든 어린이들은 자기계발을 어떻게 해야 하는지, 독서와 체험으로부터 어떤 교훈을 얻어야 하는지 등 이 모든 것들을 혼자 해결해 왔다. 우리에게는 인간이해를 위한 학문적 전통이 없으며, 이에 대한 이론도 없는 실정이다. 이 수준은 과거 연금술 시대의 화학에 비교될 만하다.

혼란스러운 교육 현실 속에서 인간이해에 관한 지식을 습득하기에 가장 적합한 사람은 사회적 관계 속에 있는 사람, 즉 어떤 식으로든 주변 사람들이나 삶과 밀접한 관계를 유지하는 사람이다. 이들은 낙관론자이거나 혹은 투쟁하는 비관론자, 즉 좌절할 정도로 비관적이지 않은 사람들이다. 사회적 관계뿐만 아니라 체험도 중요하다. 오늘날과 같이 열악한 교육 현실 속에서 진정한 인간이해의 지식을 습득하기에 적합한 사람은 '참회하는 죄인reugiger Sünder'이라고 부를 수 있는 유형의 사람이다. 이들은 한때 미혹에 빠져 많은 과오를 범했지만 지금은 옳은 길을 가는 사람들이다. 혹은 이와 비슷한 것을 경험한 사람들이다. 물론 이러한 상황을 잘 전달할 수 있는 사람이나 뛰어난 감정이입 능력을 가진 사람도 적합할 수 있다. 인간의 본성을 가장 잘 이해하는 사람은 아마도 모든 열정을 다 섭렵해 본 사람일 것이다. 오늘날뿐 아니라 종교가 태동했던 시기에도 참회하는 죄인은 수천 명의 의인보다 더 높은 위치에 있을 정도로 최고의 가치를 인정받은 사람이었다. 그렇다면 그 이유는 무엇일까? 삶의 역경을 극복하고 삶의 늪에서 벗어난 사람은 모든 것을 버리고 재기할 수 있는 힘을 가진 사람이며, 삶의 명암을 모두 경험해 본 사람이기 때문이다. 이 점에 한해서는 어떤 사람도, 심지어 의인조차 그 비교 대상이 될 수 없다.

인간의 정신을 이해하게 되면 새로운 의무감과 과제가 생긴다. 즉 누군가 부적절한 삶의 패턴을 가지고 있다면 우리는 그것을 깨뜨려야 한다. 혼란을 조장하는 잘못된 관점을 없애고, 공동생활과 행복한 삶에 적합한 새로운 관점을 제시해야 한다. 그것은 정신발달의 이상형을 제시하는 것이 아닌 공동체감^{Gemeinschaftsgefühl}이 중시되는 삶의 패턴을 새로 만들어 내는 것이다. 삶을 새롭게 바라볼 수 있는 관점 하나가 길을 잃고 방황하는 사람들에게 종종 커다란 도움이 될 수도 있다. 자신의 오류에 견주어 어디서부터 무엇이 잘못된 것인지 확실하게 알 수 있기 때문이다. 이렇게 생각한다고 해서 인간의 행위를 원인과 결과의 과정으로 파악하는 엄격한 결정주의자들을 비판하는 것은 아니다. 자기 안에 잠재되어 있던 동력과 동기가 활력을 얻게 되고, 자기 안에 일어나는 일과 그것의 원인을 이해하게 된다면, 분명 인과관계는 변할 수 있으며 경험의 결과도 완전히 새로운 가치를 획득하게 될 것이다. 즉 자기 자신을 인식하게 된다면, 이 인식의 결과를 더 이상 외면할 수 없을 것이며 그는 이전과 전혀 다른 사람이 될 것이다.

1장

인간의 정신

1. 정신생활의 개념과 전제 조건

정신은 자유로운 활동과 아주 밀접한 관계가 있기 때문에 우리는 오직 살아 움직이는 유기체에만 정신이 있다고 생각한다. 땅 속에 뿌리를 내리고 있는 유기체들에게는 정신생활이 없다. 그것들에게 정신이란 어쩌면 불필요한 것인지도 모른다. 활동성이 결여되어 있는 식물들이 고통을 피할 수는 없지만 그것을 예감할지 모른다고 가정하여 식물에게도 감정과 생각이 있을 것이라고 생각한다면 그것은 터무니없는 일이다. 또한 식물이 이성이나 자유의지를 사용할 수는 없지만 그것을 가지고 있을 것이라는 가정도 마찬가지이다. 식물에게 의지와 이성이란 무용지물에 불과하다.

이를 통해 알 수 있는 것은 정신생활의 유무가 동물과 식물을 엄격하게 구분하는 기준이며, 활동성과 정신생활 사이의 관계가 아주 중요한 의미를 지닌다는 점이다. 그러므로 활동성을 가진 것들을 이해하기 위해서는 그것들의 정신발달 과정을 파악해야 한다. 물리적 활동에 제약이 가해지면 정신은 미래를 예견하고 경험을 축적하며 기억을 갖는다. 삶에 필요한 것들을 준비하는 것이다.

정신의 발달은 활동성의 문제이다. 모든 정신 현상의 변화와 발전은 유기체의 자유로운 활동성에 달려 있다. 왜냐하면 활동성이 자극적인 동기를 부여하고 정신활동을 강화하기 때문이다. 전혀 움직일 수 없는 사람을 한번 상상해보자. 그의 정신생활은 아마도 마비 상태에 있을 것이다. '오직 자유만이 위대한 사람을 낳을 수 있다. 이와 달리 강요는 죽음과 파멸을 낳는다.'

2. 정신기관의 기능

이러한 관점에서 정신의 기능을 살펴보자. 우리에게 주어진 상황은 공격을 유발할 수도 있고, 안전을 요구할 수도 있다. 이에 따라 우리가 가지고 있는 어떤 선천적인 능력은 공격적인 기관, 안전을 도모하는 기관, 방어하는 기관을 만들어낸다. 정신은 세계에 대해 공격적으로 반응하거나 방어적으로 반응하는 행위들의 복합체이며, 이 복합체는 인간의 생명을 유지하고 발전시키기 위해 필요하다. 우리가 이 전제를 받아들인다면 이것으로부터 정신의 개념을 파악하기 위한 또 다른 전제가 필요하다. 그것은 정신을 고립된 것으로 간주하지 않는다는 것이다. 정신은 주변의 모든 것들과 연결되어 있으며, 외부 세계로부터 자극을 받고 이에 대해 항상 반응한다. 또한 정신은 주변 환경에 대해, 혹은 그것과의 관계 속에서 자신의 안전을 도모하고 삶에 필요한 모든 가능성과 힘을 얻는다.

우리는 이러한 전제를 통해 유기체뿐만 아니라 인간의 고유한 특성 그리고 인간의 신체와 그 장단점에 대해 생각해 볼 수 있다. 이것은 매우 상대적인 개념들이다. 어떤 능력이나 물리적 성격이 장점으로 작용할지 아니면 단점으로 작용할지는 경우에 따라 다르기 때문이다. 장단점에 대한 판단은 개인이 처해 있는 상황에 의해 결정된다. 이미 잘 알려진 바와 같이 인간의 발은 손이 퇴화된 형태이다. 예를 들어 발은 나무를 기어오르는 동물에게는 큰 단점으로 작용하지만, 지상에서 생활하는 인간에게는 장점으로 작용한다. 어느 누구도 발 대신 정상적인 손을 하나 더 원하는 사람은 없을 것이다. 우리는 자신의 삶이나 다른 사람들의 삶 속에 있는 열등함을 단점으로만 치부할 수 없다. 이것이 발생한 상황과 연관성만이 단점으로 작용할지 아니면 장점으로 작용할지를 결정할 수 있다. 인간의 정신생활이 낮과 밤의 교차, 태양의 영향, 그리고 원자들의 움직임과 같은 무한한 자연 현상과 어떤 관계를 맺고 있는지를 생각해보면 우리의 연구 대상이 얼마나 광대한지 쉽게 예측할 수 있다. 이러한 우주의 영향력까지도 우리의 정신과 아주 밀접한 관계를 맺고 있다.

3. 정신의 목표 지향성

정신의 움직임을 살펴볼 때 가장 먼저 발견하게 되는 것은 우리가 항상 목표를 향해 움직이고 있다는 것이다. 그러므로 인간의 정신을 정체된 전체로 파악하는 것은 잘못이다. 우리는 정신을 일관된 원인과 일관된 목표를 가지고 있는 동적인 힘으로 상상할 수 있다. 적응이란 개념에도 목표를 추구하고 있다는 의미가 내포되어 있다. 따라서 우리는 우리 안에 내재된 원동력과 활동성이 지향하는 목표를 상정하지 않고서는 정신생활을 상상할 수 없다.

인간의 정신생활은 목표에 의해 규정된다. 사람은 누구나 다 생각하고 느끼고 소망하며, 심지어 꿈도 꾼다. 이러한 행위들은 늘 현존하는 목표에 의해 규정되고 지속되며, 또한 수정되고 제약을 받는다. 이것은 유기체가 자기 자신이나 외부 세계의 요구에 부응하거나 반응하면서 저절로 생기는 것이다. 인간의 신체적인 현상과 정신적인 현상들은 이러한 기본 원칙에 근거를 두고 있으며, 이 틀을 벗어나서는 발전할 수가 없다. 목표는 가변적일 수도 있고 고정적일 수도 있다. 하지만 이와 관계없이 정신이 늘 현존하는 목표를 지향하고 있다는 사실을 전제하지 않으면 정신의 발달은 불가능하다.

모든 정신 현상들은 미래에 대한 준비 작업으로 생각할 수 있다. 정신기관은 마치 목표를 자기 앞에 두고 있는 것 같다. 그래서 개인심리학Individualpsychologie에서는 인간의 모든 정신 현상들이 목표를 지향하고 있다고 본다.

한 사람의 목표와 그의 주변 세계에 대해 어느 정도 알고 있으면 우리는 그 사람의 표현 방식이 무엇을 의미하는지 이해할 수 있으며, 그것의 의미를 목표 달성을 위한 준비 과정으로 파악할 수 있다. 그러면 그 사람이 목표에 도달하기 위해 어떻게 움직이고 있는지도 알게 된다. 그것은 돌을 땅에 떨어뜨렸을 때 그 돌이 어디로 갈지를 아는 것과 같다. 다만 정신은 추구하는 목표가 정해져 있지 않고 가변적이기 때문에 반드시 자연 법칙을 따르지는 않는다. 그러나 누구든지 목표를 가지게 되면 그의 정신활동은 필연성을 갖게 된다. 즉 자연 법칙이 인간의 행동을 필연적으로 결정하는 것처럼 보이게 된다. 이것은 인간의 정신에 자연 법칙이 내재되어 있다는 뜻이 아니라 인간이 스스로 자신의 법칙을 만든다는 뜻이다. 그것이 자연 법칙처럼 보인다면 잘못된 인식이다. 누군가 그것을 변하지 않고 결정된 것으로 확신하거나 그것을 증명하려 한다면 그는 사실을 왜곡하는 것이다. 예를 들어 누군가가 어떤 대상을 그릴 때 우리는 그가 염두에 두고 있는 모든 생각과 태도를 그 그림 속에서 감지할 수 있다. 마치 자연 법칙이 있는 것처럼 그는 예상된 결과에 맞게 모든 것을 그려나갈 것이다. 이렇게 자연 법칙을 따른다면 이 그림을 그릴 필요가 있을까?

자연의 활동과 인간의 정신활동 사이에는 차이가 있다. 이 주장은 논란이 되고 있는 인간의 자유의지에 대한 문제와 결부된다. 오늘날에는 인간의 의지가 자유롭지 못하다는 의견이 우세한 것 같다. 물론 인간의 의지는 목표에 집착하는 한 자유롭지 못하다. 이 목표는 우주적인, 생물학적인 제약이나 사회적 관계에 의해 규정된다. 그러므로 마치 불변의 법칙이 우리의 정신을 지배하는 것처럼 보일지 모른다. 예를 들어 누군가가 공동체와의 관계를 부정하거나 그에 맞서 현실을 거부한다면 변하지 않는 것처럼 보이는 정신의 합법칙성은 효력을 잃게 된다. 그러면 새로운 목표에 의해 규정된 새로운 합법칙성이 생긴다. 삶에 대해 비관적인 태도를 갖고 있거나 주변 사람들과의 관계를 부정하는 사람에게는 공동체의 법칙은 더 이상 구속력이 없다. 우리는 정신생활이 어떤 목표를 설정하고 나면 필연적으로 활동을 개시한다는 사실을 확인할 수 있다.

역으로 우리는 한 사람의 행동Bewegung으로부터 그가 추구하는 목표를 추론해낼 수 있다. 많은 사람들이 자신의 목표를 명확하게 의식하지 못하고 있다는 점에서 이 작업은 큰 의미가 있다. 실제로 이것은 인간이해의 지식을 얻고자 할 경우 반드시 거쳐야 할 과정이다. 그러나 인간의 행동은 다양한 의미를 지니고 있기 때문에 이 작업은 간단하지 않다.

우리는 한 사람의 특이한 행동들을 선별하고 비교한 뒤에 두 지점을 하나의 선으로 연결하는 작업을 시도했다. 서로 다른 두 시점에 나타난 상이한 태도나 행동들을 하나의 선으로 연결함으로써 우리는 그 사람을 이해할 수 있는 단서를 얻을 수 있었다. 이를 통해 우리는 하나의 체계를 구성하고, 행동의 통일된 방향을 발견하였다. 여기에서 우리는 유아기 때 형성된 고정된 패턴이 노년까지 그대로 유지된다는 놀라운 사실을 확인할 수 있었다. 다음의 사례가 이것을 잘 설명해주고 있다.

성장 과정에서 많은 어려움을 경험했지만 지금은 사회적으로 인정을 받고 있는 아주 공격적인 성격의 서른 살 된 남자가 있었다. 그는 매우 심한 우울증 상태에서 의사를 찾았다. 그는 일과 삶에 대해 의욕이 없다고 자신의 문제를 털어놓았다. 그는 곧 약혼을 앞두고 있는데, 미래에 대해 아주 비관적이라고 말했다. 그는 질투심에 시달리고 있었으며, 파혼의 위기에 처해 있었다. 파혼을 하려는 이유는 별로 설득력이 없었다. 약혼녀를 비난할 근거도 미흡했다. 그는 극심한 불신감에 차 있었다. 우리는 이 사람이 상대에게 호감을 가지고는 있지만 아주 공격적이며, 불신감 때문에 자기가 이룬 것을 모두 파괴하는 사람들 중의 하나가 아닌가 의심하게 되었다.

앞에서 언급한 행동의 연결점을 찾기 위해 우리는 과거의 사건과 그 사건에 대한 그의 평가를 비교해 보고자 했다. 우리가 늘 하듯이 먼저 그의 유년 시절의 기억을 들었다. 물론 그로부터 들은 내용의 객관성은 담보할 수 없다. 그의 기억은 다음과 같다.

어느 날 그는 어머니와 동생과 함께 시장에 갔다. 북새통에 어머니가 그를 들어 안았다. 그런데 동생 대신 잘못 안았다는 것을 안 어머니는 그를 내려놓고 동생을 안았다. 그는 마음이 상한 채 어머니를 따라갔다. 네 살 때의 일이었다. 우리는 이 기억을 들으면서 그가 지금 겪고 있는 고통과 유사하다는 것을 알게 되었다. 그는 남들만큼 사랑을 받지 못한다고 생각했으며, 다른 사람이 자기보다 더 사랑받는다는 것을 참을 수 없었다. 이 점을 주목하면 금방 놀라운 연관성을 발견할 수 있다.

한 사람의 행동 표현이 지향하는 목표는 유아기 때 외부 세계로부터 받은 인상에 의해 결정된다. 개인의 목표나 이상은 생후 몇 개월 사이에 형성된다. 왜냐하면 어린아이는 주로 기쁨과 불쾌감으로 반응하는데, 이 감정들이 중요한 역할을 하기 때문이다. 아이는 이 시기에 바깥 세상에 대해 명확하지는 않지만 어느 정도 윤곽이 드러난 이미지, 즉 세계상Weltbild을 처음 갖게 된다. 정신생활을 구성하는 근본 요소들도 이때 형성되기 시작한다. 이것들은 변화와 변형을 겪으며 계속 형성되어 간다. 이런 영향은 아이가 삶에 대해 특정한 입장을 취하게 만든다.

우리는 한 인간의 기본 성격이 유아기 이전에 이미 형성된다고 주장하는 학자들의 견해를 부정할 수 없다. 그렇기 때문에 많은 사람들은 성격이 선천적인 것이라고 주장한다. 그러나 한 사람의 성격이 유전된다는 견해는 위험할 수 있다. 왜냐하면 그것은 교육자가 신념을 가지고 자기의 과제를 수행하는 것을 방해할 수 있기 때문이다. 이 점을 강조하는 이유는 학생들의 오류를 선천적인 성격 탓으로 돌리는 교육자들에게 면죄부와 책임 회피의 근거를 주지 않기 위해서이다. 그러한 태도는 당연히 교육의 목표와 배치된다.

문화적 영향도 한 개인이 자신의 목표를 세우고 발전시키는 데 중요한 역할을 한다. 문화는 어린아이에게 하나의 틀로써 작용한다. 어린아이는 자기의 소망이 성취될 때까지, 그리고 안전과 적응을 보장해줄 수 있는 미래의 가능성을 발견할 때까지 이 틀과 충돌한다. 어린아이는 자기가 얼마나 안전을 갈망하는지, 그리고 문화에 대한 적응이 자기에게 얼마나 많은 것을 보장해주는지를 곧 인식하게 된다. 안전은 단순히 위험을 피하는 것만이 아니다. 그것은 잘 만들어진 기계처럼 최적의 조건에서 우리의 존재를 지속적으로 보장해줄 수 있는 요소들까지 포함한다. 어린아이는 단순한 생존과 편안한 성장보다 더 많은 안전과 욕구 충족을 요구하면서 이것을 확보해 나간다.

이러는 동안 어린아이의 정신생활에는 새로운 성향이 생겨나는데, 여기서 우리가 관찰하게 되는 어린아이의 성향이 바로 우월Üerhebung이다. 성인과 마찬가지로 어린아이도 남들보다 더 많은 것을 성취하려고 한다. 또한 애초의 목표였던 안전과 적응을 보장해줄 수 있는 우위를 차지하기 위해 노력한다. 그러나 우위를 차지하려는 욕구가 너무 과도해지면 아이의 정신생활은 불안해지기 시작하며, 경우에 따라 극심한 불안감에 빠질 수도 있다. 자연의 영향이 커지면 커질수록 이에 대해 더 강력한 대응이 필요하게 되는 것과 같은 이치이다. 곤경에 빠져 불안해지거나, 주어진 과제를 해결할 수 없다고 확신하게 되면 아이는 회피할 방법이나 변명을 열심히 찾는다. 그러면 잠재되어 있던 우월욕구가 평소보다 더 강하게 표출된다. 이러한 상황에서는 목표 수정이 불가피하다. 어려움을 회피하고 거기에서 벗어나는 것이 새로운 목표가 된다.

우리는 여기서 가장 인간적인 면모를 지닌 인간 유형을 찾을 수 있다. 즉 어려움에 봉착하면 불안해지고 주어진 과제를 일시적으로 회피하기 위해 도피처를 찾는 사람들이 바로 그런 유형이다. 이러한 사실을 통해 인간 정신의 반응은 결정적인 것이 아니라 정당화될 수 없는 임시대응에 불과하다는 것을 알 수 있다. 특히 성인의 기준으로 판단할 수 없는 어린아이들의 정신발달은 임시적인 목표 설정과 연관되어 있다. 우리는 좀 더 멀리 보아야 하며, 아이들을 지배하고 있는 힘이 그들을 어디로 이끌고 갈지를 생각해야 한다.

어린아이의 관점에서 정신세계를 관찰하게 되면 아이의 성격을 통해 표현되는 것들은 최종적으로 그가 원하는 삶에 적응하겠다고 어느 정도 결정했음을 의미한다. 이와 관련하여 아이들의 태도는 다양한 모습으로 나타난다. 첫째, 점점 커져 가는 과제를 잘 해결할 수 있다고 믿는 낙관적인 태도가 나타날 수 있다. 그러면 자신의 과제를 잘 해결할 수 있다고 생각하는 성격이 형성된다. 즉 용기, 열린 마음, 신뢰감, 부지런함 같은 성격이 생기게 된다. 둘째, 이와 달리 비관적인 태도가 나타날 수 있다. 자신의 과제를 해결할 수 있다고 스스로 믿지 못하는 아이의 목표를 보면 우리는 그의 내면세계가 어떤 모습일지 가히 짐작할 수 있다. 거기에는 소심함, 수줍음, 폐쇄성, 불신 등 유약한 아이들이 자신을 방어하기 위해 개발한 여러 특성들이 있다. 이러한 아이의 목표는 도달하기 어려운 먼 곳에 있거나 삶의 현장에서 멀리 떨어져 있다.

2장

정신생활의 사회적 특성

한 사람이 어떻게 생각하는지를 이해하기 위해서는 그 사람이 주변 사람들에 대해 어떤 태도를 취하는지를 관찰해야 한다. 사람과 사람의 관계는 자연적으로 주어지기 때문에 늘 변화를 겪게 된다. 한편, 이러한 관계는 한 민족의 정치적 삶, 국가 형성, 공동체에서 찾아볼 수 있듯이 계획적인 관계이기도 하다. 이러한 사회적 연관 관계를 함께 고찰하지 않고서는 인간의 정신생활을 제대로 이해할 수 없다.

1. 절대진리

인간의 정신은 마음대로 움직일 수 있는 것이 아니다. 우리의 정신은 어디선가 한 번 일어났던 문제들과 항상 직면하고 있으며, 이 모든 문제들은 공동생활의 논리와 불가분의 관계에 있다. 공동체의 요구는 개인에게 지속적인 영향을 미치지만 개인은 어느 한도까지만 그 영향을 수용한다. 공동생활의 조건을 완전히 다 파악할 수는 없다. 그 조건은 매우 복잡하며, 게다가 역사적으로 늘 변해왔기 때문이다. 이런 이유로 인해 인간의 정신을 일일이 다 밝힌다는 것은 불가능한 일이며, 심리학의 영역을 벗어나면 이것은 더 어려워진다.

이러한 딜레마를 벗어나고 인간이해를 도모하기 위해서는 공동생활의 논리를 절대진리absolute Wahrheit로 받아들여야 한다. 이것이 바로 근본적인 사실로써 고려해야 할 부분이다. 우리는 불완전한 사회 조직과 우리의 제한된 능력 때문에 생기는 오류와 시행착오를 경험하고 나서야 비로소 이 진리에 조금씩 접근할 수 있다.

우리가 고찰한 사실 중에서 가장 중요한 부분은 맑스와 엥겔스가 주창한 유물론적 역사관에 기초하고 있다. 이에 따르면 민중이 삶의 수단을 획득하는 기술적 방식이 경제적 하부구조(토대)이다. 이것은 인간의 사고와 행동을 결정하는 이데올로기적 상부구조를 제약한다. 이는 절대진리인 '인간 공동생활의 논리'에 대한 우리의 생각과 상당히 일치한다. 역사도 그렇지만 특히 개인의 삶을 통찰하는 개인심리학은 우리에게 다음과 같은 교훈을 준다. 인간의 정신은 경제적 토대의 자극에 대해 잘못 반응한다. 그러나 이 오류로부터 벗어나기 위해서는 많은 시간이 필요하다. 절대진리에 도달하려면 수많은 오류를 거쳐야 한다.

2. 공동체의 요구

우리가 공동체의 요구에 따르는 것은 기후 변화에 맞춰 월동 준비나 가옥 건조와 같은 조치를 취하는 것처럼 당연한 일이다. 인간이 공동체나 공동생활에 의해 얼마나 구속을 받고 있는지는 우리가 잘 인식하지 못한 채 지나치는 여러 제도들에서 잘 드러난다. 예를 들어 종교에서는 논리적, 객관적 사고 대신 특정한 사회적 행동을 신성시함으로써 종교 공동체의 결속을 다진다. 우리의 삶은 먼저 자연적인 요소에 의해 규정되며, 그 다음에 사회적으로 규정되는데 이로부터 법과 규율이 생겨난다. 공동체의 필연성은 인간의 관계를 제한한다. 왜냐하면 개인보다 공동체가 우선하기 때문이다. 인간은 사회 밖에서 존재할 수 없기 때문에 인간이 이룩한 문화에서 비사회적인 삶의 형태는 하나도 없다. 이에 대한 설명은 간단하다. 모든 동물의 세계에서 개별적인 생존 능력이 낮은 종들은 군락을 이루고 힘을 결집하며, 새롭고 독특한 방식으로 외부 세계에 대처한다. 인류도 이러한 목적을 위해 공동체를 형성하였다. 이렇게 공동체를 구성하는 삶의 조건들에 의해 인간의 정신도 결정되었다. 다윈에 따르면 단독 생활을 하는 허약한 동물은 없다. 혼자 살기에 충분한 힘을 가지고 있지 않은 인간도 마찬가지이다. 인간은 자연에 대항할 충분한 힘을 가지고 있지 않기 때문에 삶을 영위하고 종을 보존하기 위해서는 모든 인위적인 수단이 필요하다. 아무런 문화적인 혜택 없이 원시림 속에서 혼자 사는 인간을 상상해보라! 그는 다른 어떤 생물보다도 훨씬 위험한 상태에 놓일 것이다. 그는 빨리 달릴 수 있는 다리도 없고, 맹수와 같이 강한 근육도 없으며, 포식자들처럼 강한 이빨이나 뛰어난 청력, 예리한 눈도 가지고 있지 않다. 인간은 존재의 당위성을 확보하고 멸종의 위기로부터 자신을 지키기 위해서 많은 도구가 필요하다. 우리의 음식은 독특하며, 우리의 삶의 방식은 집중적인 보호를 요한다.

    이제 우리는 아주 특별한 조건 속에서만 인간이 생존할 수 있다는 것을 알았다. 이러한 조건들을 갖추기 위해서 인간은 집단생활을 하게 되었다. 그것은 필연적일 수밖에 없다. 개인은 노동분화Arbeitsteilung에 참여해야만 공동체의 일원이 될 수 있다. 왜냐하면 인간은 노동의 분화 없이 생존 문제를 해결할 수 없기 때문이다. 오직 노동분화를 통해 인간은 생존에 필요한 공격 무기와 방어 수단, 다시 말해 오늘날 문화라는 개념으로 요약할 수 있는 모든 재화를 보유하게 되었다. 출산의 어려움과 아이의 생존에 필요한 특별한 보살핌, 동물과 달리 많은 질병과 위험에 노출되어 있는 아이를 오래 보살피고 보호하는 것은 혼자의 힘이 아닌 노동분화를 통해서만 가능하다. 이런 점을 감안할 때 우리는 인간의 삶이 얼마나 많은 보호가 필요한지, 그리고 공동생활의 필요성이 무엇인지 깨닫게 된다. 공동체는 인류의 지속적인 생존을 보장해 주는 필수 조건이다.

3. 안전과 적응

우리는 지금까지 논의한 것으로부터 다음과 같은 사실을 확인했다. 자연의 관점에서 볼 때 인간은 열등한 존재이다. 위축과 불안감으로 표현되는 열등함은 인간의 의식 속에 늘 존재한다. 이것은 삶에 적응할 수 있는 방법을 찾도록 자극하였고 자연계에서 인간이 차지하는 열등한 위치를 만회할 수 있는 계기를 마련해 주었다. 인간의 정신은 적응과 안전을 도모하는 능력을 가지고 있다. 원시인들은 뿔, 발톱, 이빨 등과 같은 방어 수단을 가지고 있었지만 적대적인 자연을 극복하기에는 역부족이었을 것이다. 오직 정신만이 신체적인 결함을 보상해줄 수 있는 수단을 제공할 수 있었다. 인간은 끊임없이 부족함을 느끼면서 예측하는 능력을 개발하였으며, 오늘날 우리가 생각하고 느끼고 행동하는 기관, 즉 정신을 발달시켜 왔다. 이러한 노력과 적응 과정에서 사회는 아주 중요한 역할을 해왔다. 그러므로 인간의 정신은 처음부터 공동체의 여러 조건들과 상호 작용하는 관계에 있었다고 할 수 있다. 인간의 모든 능력은 사회생활의 토대 위에서 개발된 것이며, 인간의 모든 사고는 공동체에 적합하도록 만들어진 것이다.

정신발달의 다음 단계는 보편성을 지닌 논리를 인식하는 능력이다. 보편적으로 유용한 것만이 논리적인 것이다. 공동생활이 낳은 또 다른 중요한 산물은 언어이다. 언어는 동물과 인간을 구분 짓는 경이로운 수단이다. 인간의 사회적 기원을 말해 주는 언어 현상은 보편적 유용성을 전제하지 않고는 생각할 수 없다. 이것은 언어가 인간의 사회생활에 근원을 두고 있다는 말이다. 언어는 사회적 환경에서만 유용할 뿐 혼자 사는 존재에게는 불필요하다. 이는 언어가 공동생활의 산물이자 동시에 공동체의 구성원들을 연결해 주는 수단이라는 것을 보여준다. 언어적 장애나 결함을 가진 사람들은 대인관계가 어렵거나 소외되고, 때로는 스스로 관계를 거부하기도 하는데, 이는 언어와 사회의 밀접한 관계를 증명한다. 언어는 인간관계가 보장될 때 비로소 형성되며 유지될 수 있다. 언어는 정신발달의 과정에서 아주 중요한 의미를 갖는다. 또한 논리적인 사고는 공동의 개념을 형성하고 차이를 확인해 주는 언어를 통해서만 가능하다.

우리의 사고와 감정은 그 보편성이 전제될 때 비로소 이해가 가능하다. 아름다움이 주는 기쁨도 미와 선에 대한 우리의 감정과 인식이 일반적이기 때문에 가능한 것이다. 이에 따라 우리는 이성, 논리, 윤리,

미학과 같은 개념이 인간의 사회생활에 근원을 두고 있다는 사실과 그것들은 문화를 수호하기 위해 개인을 연결시켜 주는 수단이라는 점을 인식하게 된다.

인간의 의지도 이러한 상황에 의해 설명된다. 의지란 부족함을 느끼는 감정이 충분함에 도달하려는 움직임이다. 이 과정을 상상하고 느끼고 행하는 것이 바로 의지이다. 모든 의지는 부족함, 열등함에서 비롯되며, 포만과 만족 그리고 충분한 가치가 인정되는 상태로 이행하려는 강박을 만들어낸다.

4. 공동체감

이제 우리는 인류의 존속을 위해 필요한 규율, 교육, 미신, 토템, 터부, 법 등도 공동체의 이념에 부합해야 한다는 것을 이해하게 되었다. 앞에서 우리는 공동체의 이념을 종교와 연관지어 확인하였다. 우리는 공동체가 요구하는 것들을 정신의 중요한 기능에서뿐만 아니라 개인의 삶이나 일반적인 삶에서도 발견하게 된다. 우리가 정의라고 부르는 것이나 지고한 인간성으로 간주되는 것들은 다름 아닌 인간 사회가 요구하는 조건들을 구현한 것이다. 바로 이러한 것들이 정신기관을 형성한다. 그래서 신뢰, 신의, 열린 마음, 진리에 대한 믿음 그리고 이와 유사한 것들은 공동체의 보편적 원칙에 의해 제기되고 지켜지는 미덕이 된다. 우리는 오직 공동체의 관점에서 좋은 성격인지, 나쁜 성격인지를 판단한다. 학문이나 정치 혹은 예술에서 이룩한 성과는 그것이 보편적인 가치를 가질 때 비로소 위대하고 가치 있는 것이 된다. 개인의 경우에도 역시 보편성의 관점에서 얼마나 가치 있고 유용한 사람인가가 기준이 된다. 개인을 비교하는 기준은 공동체 인간^{Gemeinschaftsmensch}이라는 보편상이다. 이는 자기 앞에 놓여 있는 과제를 보편적인 방식으로 해결하려는 사람이며, 공동체감을 크게 발전시킨 사람이다. 푸르트뮐러$^{Carl\ Furtmüller}$는 이런 사람을 '공동체의 규칙을 잘 준수하는' 사람이라고 말했다. 공동체감을 키우고 실천하지 않는 사람은 결코 성숙한 인간이 될 수 없다. 이 사실은 앞으로의 논의를 통해 밝혀질 것이다.

3장

아동과 사회

사회는 우리에게 많은 것을 요구한다. 이런 요구는 우리의 삶의 규범과 형식, 그리고 정신발달에 영향을 미친다. 사회는 유기적인 원칙을 가지고 있다. 인간이 남성과 여성으로 이루어져 있다는 사실도 우리를 공동체와 연결시키는 중요한 요소이다. 고립이 아닌 공동체만이 삶에 대한 욕구를 충족시켜 줄 수 있으며, 안전과 삶의 기쁨을 보장해 준다. 어린아이의 긴 성장 과정을 살펴보면 아이는 자신을 보호해줄 공동체 없이는 정상적인 발달을 하지 못한다. 삶과의 연결은 노동분화의 필요성을 낳았으며, 이것은 인간을 고립시키지 않고 하나로 결합시켰다. 우리는 누구나 다른 사람에게 유익한 과제를 갖고 있으며, 서로 연결되어 있다고 느낀다. 어떤 방식으로든 인간 정신에 하나의 요구로써 내재되어 있는 커다란 연관 관계들은 이렇게 형성된다. 아이들이 일찌감치 발견하는 이러한 관계들 중에 몇 가지를 자세히 살펴보고자 한다.

1. 유아기의 상황

공동체의 도움이 전적으로 필요한 아이들은 어떤 때는 주고 어떤 때는 뺏으며, 어떤 때는 요구하고 어떤 때는 만족을 주는 세계와 직면하게 된다. 이 때 아이는 자신의 욕구 때문에 어려움을 겪게 되는데, 이를 극복하는 것은 아이에게 고통스러운 일이다. 어려움을 경험한 아이는 예측과 판단을 가능케 하는 정신을 계발하기 시작한다. 이를 통해 아이는 무리 없이 욕구를 충족시킬 수 있으며 힘들지 않은 삶을 살 수 있을 것이라고 믿는다. 따라서 아이는 누가 자기의 욕구를 쉽게 충족시켜 주는지, 즉 자기에게 없는 능력을 누가 가지고 있는지를 금방 알아차린다. 문을 열 수 있는 키 큰 사람의 가치를 알게 되고, 물건을 들어올릴 수 있는 사람의 힘과 명령하는 사람의 지위를 인정하게 된다.

어린아이는 다른 사람과 대등하거나 아니면 더 강해지고 싶은 동경을 갖게 된다. 어른들은 아이가 열등하지만 유약한 존재이기 때문에 어쩔 수 없이 아이의 욕구를 들어준다. 이를 경험한 아이는 그들을 지배하려는 마음을 갖게 된다. 그래서 아이들은 어른들이 가지고 있다고 느끼는 권력의 수단과 방법으로 자기의 욕구를 관철시키거나, 자신의 유약함을 이용하여 어른들이 자기의 요구를 들어 주지 않을 수 없게 만든다. 우리는 인간 정신의 여러 단면들을 아이들에게서 늘 발견한다.

성격은 유아기 때 이미 형성되기 시작한다. 어떤 아이들은 권력 지향적으로 발전하며 자기주장을 통해 인정을 받으려 한다. 어떤 아이들은 자기의 나약함을 다양한 방식으로 연출한다. 아이의 태도, 표정, 눈초리를 살펴보면 이 두 유형 중 어디에 속하는지를 알 수 있다. 모든 유형의 성격은 그것과 주변 세계와의 관계를 이해했을 때 비로소 나름의 의미를 갖는다. 아이들의 행동은 보통 아이들이 처해 있는 환경을 반영한다.

아이가 개발하는 수많은 능력들은 바로 이 나약함에서 비롯된다. 우리는 나약한 상태를 극복하려는 아이의 노력 속에서 교육 가능성 Erziehbarkeit을 발견할 수 있다.

아이들이 처해 있는 상황은 모두 다르다. 어떤 환경은 아이에게 늘 적대적인 인상만을 주며, 아이는 이 인상을 통해 세상을 적대적으로 바라보게 된다. 아이의 불완전한 사고가 이러한 인상을 만들어낼 수도 있다. 교육을 통해 이런 잘못된 인상이 교정되지 않으면 아이는 훗날 외부 세계를 적대적으로 바라보는 비뚤어진 성격을 갖게 된다. 이런 아이가 커다란 난관에 부딪히게 되면 적대적인 인상은 더 강화되는데, 이것은 무엇보다 신체적으로 열등한 아이의 경우에 더 자주 나타난다. 이러한 아이는 주변 환경에 대해 건강한 신체를 가진 아이와는 다르게 반응한다. 또한 신체가 열등한 아이는 활동 장애나 신체적 결함의 어려움을 가지고 있으며, 면역성이 낮기 때문에 각종 질병에 걸리기 쉽다.

그러나 신체적 결함만이 장애의 원인이 되는 것은 아니다. 아이에게 부과되는 무리하거나 부적절한 과제 역시 문제가 된다. 단적으로 말해 잘못된 주변 환경이 그 원인이 되는 것이다. 주변 환경에 적응하려고 노력하는 아이가 갑자기 장애물을 만나면 좌절한다. 특히 용기를 잃고 실의에 빠진 가정에서 자란 아이는 쉽게 비관적인 생각을 갖는다.

2. 어려움이 주는 영향

어린아이의 정신은 아직 충분히 발달하지 못했기 때문에 어디에서나 어떤 이유에서건 어려움에 부딪히기 마련이다. 외부 세계의 조건들과 불가피하게 직면한 아이는 대부분 잘못된 대응을 하게 된다. 정신의 발달은 삶의 문제에 올바르게 대응하려는 노력으로써 평생 지속되는 과정이다. 아이들이 범한 일련의 과오Verfehlungen는 정신생활의 발전과 밀접한 관계가 있다. 특히 흥미로운 것은 점점 성숙해가는 인간이 특정 상황에 대해 반응하는 행동 방식이다. 그 사람이 반응하는 방식이나 태도를 보면 우리는 그의 정신세계를 통찰할 수 있다. 그러나 한 개인이나 집단의 표현 방식을 고정적인 틀에 맞춰 판단해서는 안 된다는 점을 잊지 말아야 한다.

정신이 발달해가는 과정에서 어린아이가 극복해야 할 어려움은 일반적으로 공동체 의식의 결여나 왜곡을 초래할 수 있다. 이 어려움은 크게 두 가지로 나뉜다. 첫 번째는 가족의 경제적 곤궁과 같은 문화적 결핍이며, 두 번째는 신체적 결함이다. 우리의 문화는 건강하고 완전한 신체를 전제로 하고 있다. 그러므로 신체적으로 결함이 있는 사람은 삶의 문제를 해결하는데 불리한 위치에 있다. 예를 들어 늦게 걸음마를 배우거나 지체가 자유롭지 못한 아이, 그리고 보통 아이들에 비해 두뇌 발달이 더뎌 말을 늦게 배우거나 오랜 기간 서투른 행동을 하는 아이들이 여기에 속한다. 우리는 이러한 아이들이 행동이 더디고 서투르며, 육체적, 정신적 고통을 감내해야 한다는 것을 잘 알고 있다. 이들은 자기들을 위해 만들어지지 않은 세계에 대해 호감을 갖지 못하며, 이러한 발달장애로부터 많은 문제들이 발생하게 된다. 물론 경우에 따라 정신적 상처를 전혀 받지 않고 스스로 장애를 극복하는 아이들도 있다. 이것이 가능하기 위해서는 정신적 고통이 절망의 감정으로까지 발전하지 말아야 한다. 여기에 경제적인 어려움은 문제를 더 가중시킬 수 있다.

　이런 아이들은 사회의 규칙을 준수하지 않는다. 이들은 자기 주변에서 일어나는 일들을 불신에 찬 시선으로 바라보며, 스스로를 고립시키고, 자신의 과제를 회피하는 성향을 갖는다. 삶에 대해 강한 적대감을 가지고 있으며, 이를 과장하기도 한다. 또한 삶의 밝은 부분보다는 어두운 부분에 더 큰 관심을 가지며, 대부분 반대되는 것들을 과대평가하기 때문에 평생 전투 상황에서 벗어나지 못한다. 뿐만 아니라 주위의 관심을 과도하게 요구하며 타인보다는 자기 자신을 더 많이 생각한다. 삶의 의무를 자극이 아니라 어려움으로 간주하며, 지나치게 과장된 조심성을 가지고 행동한다. 이로써 이들과 주변 환경 사이에는 아주 큰 간극이 생기게 된다. 이들은 진리와 현실로부터 점점 멀어지게 되며 항상 새로운 난관에 부딪히게 된다.

　아이에 대한 가족들의 애정이 부족한 경우에도 이와 비슷한 어려움이 생길 수 있다. 이러한 상황은 아이의 성장에 아주 심각한 결과를 초래할 수 있다. 애정을 받지 못하고 자란 아이는 사랑의 감정을 모르며, 실제로 사랑하지 못하는 성격을 갖게 된다. 왜냐하면 아이의 애정 욕구가 충분히 발달하지 못했기 때문이다. 사랑이 없고 감정이 메마른 가정에서 성장한 아이는 애정을 적극적으로 표현하지 못하며, 또한 그렇게 만들기도 어렵다. 이런 아이는 애정 관계나 친밀한 관계를 기피하는 현실도피적인 성격을 갖게 된다. 부모나 교육자 그리고 주변 사람이 애정은 상스럽고 우스운 것이라고 가르칠 때에도 같은 결과가 나타날 수 있다. 이런 교육을 받은 아이들은 대부분 애정을 우스운 것으로 생각한다. 이러한 태도는 비웃음을 당하는 아이들에게서 자주 볼 수 있는데, 이들은 자기의 감정을 표현하는 것을 두려워한다. 또한 타인에 대한 애정은 유치하고 남자답지 못한 것이며, 다른 사람에게 예속되거나 놀림거리가 되는 일이라고 생각한다.

정상적인 사랑을 할 수 없게 만드는 요소는 유년기 때 생긴다. 부모의 냉정함은 아이의 애정욕구를 고갈시킨다. 이런 부모들은 보통 아이들을 엄격하게 교육하는데, 엄하게 자란 아이들은 애정에 대한 충동을 감추며 사람을 멀리하는 경향이 있다. 주변 사람들과의 관계 역시 아이의 정신적, 심리적 발달에 중요한 역할을 한다. 가까운 사람 중에 누군가가 아이에게 마음을 열고 우정을 나눌 기회를 제공하면 그 유대 관계는 아주 돈독해진다. 그러나 그의 인간관계는 오직 한 사람에게 고정되며, 다른 사람들과는 관계를 맺지 못한다. 어머니가 동생을 편애한다는 생각 때문에 마음에 상처를 받은 소년은 어렸을 때 받지 못한 애정을 찾기 위해 평생 방황한다. 우리는 이와 비슷한 경험을 가진 사람들이 어떤 어려움을 겪게 되는지 잘 알고 있다.

과도한 애정을 받고 자란 아이들도 이 부류에 속한다. 아이에게는 사랑이 너무 없어도 문제지만 사랑이 너무 많아도 문제가 된다. 특별한 사랑과 과잉보호 속에서 자란 아이는 과도한 애정욕구를 갖게 된다. 이러한 아이는 한 사람과 혹은 여러 사람과 남다른 관계를 맺으며 거기에 집착한다. 이러한 집착은 종종 안 좋은 경험을 겪으면서 더 심해진다. 아이는 자기의 애정 때문에 어른들이 일종의 의무감을 느낀다는 사실을 눈치챈다. 이는 어떤 사람이 "내가 너를 사랑하니까 너는 이것, 저것을 해야 돼"라고 말하는 것과 같은 맥락이다. 이러한 독단적인 유형의 사람은 일반적으로 가정 안에서 만들어진다. 이런 아이들은 사람들의 성향을 빨리 파악하고, 자기의 애정을 이용해 그들을 복종시킨다. 따라서 우리는 한 아이에게 지나친 애정을 쏟지 않도록 주의해야 한다. 편파적인 양육은 한 사람의 운명에 나쁜 영향을 미친다. 그렇게 자란 아이는 다른 사람의 애정을 독점하기 위해 아주 무모한 수단까지 동원한다. 부모의 사랑을 독차지하기 위해 라이벌인 형제들을 모함하고 그들의 단점을 찾아내려고 하며, 심지어 나쁜 짓을 하도록 부추기기도 한다. 혹은 부모의 관심을 끌기 위해서 압력을 가하기도 하고, 남보다 앞서기 위해 그리고 남보다 중요하게 보이기 위해 온갖 수단을 다 사용한다. 부모로부터 더 많은 관심을 받기 위해 게으름을 피우거나 나쁜 짓을 하기도 한다. 혹은 다른 사람이 보여주는 관심이 마치 보상인 양 모범적인 행동을 하기도 한다. 이를 통해 우리는 아이의 심리적인 패턴이 일단 정해지면 모든 것이 수단이 될 수 있다는 것을 알 수 있다. 아이는 목표를 달성하기 위해 나쁜 방향으로 발전할 수도 있고, 아주 훌륭한 사람이 될 수도 있다. 어떤 아이들은 제멋대로 행동하여 사람들의 시선을 끌지만, 어떤 아이들은 교활하게도 선행을 통해 타인의 시선을 끈다.

    모든 문제를 부모가 다 해결해 주고, 커다란 어려움 없이 모든 것을 다 가질 수 있는 아이들도 응석받이 유형에 속한다. 사람들은 그들의 독특한 행동을 그냥 너그럽게 받아준다. 이런 아이들은 유년기에 겪은 어려움 때문에 관계 형성 능력이 결여된 사람은 물론이고, 진정한 관계를 원하는 사람들과도 올바르게 사귈 기회를 갖지 못한다. 이들은 어려움을 극복할 기회가 없었기 때문에 삶에 대한 준비가 전혀 되어 있지 않다. 그들은 작은 온실 밖의 삶과 대면하게 되면 대부분 실망과 좌절을 경험한다. 왜냐하면 어느 누구도 자기 부모처럼 과잉보호를 해주지 않기 때문이다.

이러한 현상들은 모두 하나의 공통점을 가지고 있다. 정도의 차이는 있지만 아이의 고립이 문제가 된다. 예를 들어 소화 기관에 문제가 있는 아이들은 일반 사람들과 다른 식습관을 가지고 있다. 그 결과 정상적인 아이들과 전혀 다른 성장 과정을 겪는다. 열등한 신체기관을 가진 아이들은 독특한 생활 태도를 갖게 되며, 이로 인해 점점 고립된 삶을 살게 된다. 자기와 사회의 관계를 명확하게 구분하지 못하거나 이를 거부하는 아이들도 있다. 이런 아이들은 친구를 사귀지 못하며 또래들과 노는 것을 꺼린다. 부러운 시선으로 다른 아이들이 노는 것을 구경하거나 혹은 그것을 무시하고 자기만의 공간에서 독자적인 놀이를 한다.

엄격한 교육을 받고 성장한 아이들도 고립될 위험이 있다. 그들은 늘 어디를 가건 불쾌한 경험을 할 것이라고 생각한다. 그렇기 때문에 이들에게 세상은 편안한 장소가 되지 못한다. 그들은 모든 어려움을 참거나 아니면 자기에게 적대적인 주변 사람과 일전을 치를 각오를 하고 있다. 이러한 아이들은 삶과 삶의 과제를 아주 부담스럽게 여기며, 대체로 자기의 영역을 지키려고 애쓴다. 그래서 이들은 누가 자기의 영역을 침범하지 않을까 신경을 곤두세우며, 늘 불신에 가득한 눈초리로 주변을 바라본다. 지나친 조심성 때문에 심한 부담을 느끼는 아이들은 섣불리 도전하여 실패하느니 차라리 위험과 어려움을 미리 감지하고, 사전에 그것을 피해버리려는 성향을 갖는다.

이러한 부류의 아이들이 공통적으로 가지고 있는 또 다른 특징은 다른 사람보다 자기 자신을 훨씬 더 많이 생각한다는 점이다. 이것은 이들에게 공동체감이 결여되어 있음을 암시한다. 위에서 언급한 사람들은 모두 일반적으로 비관적인 세계관을 갖게 되기 쉽고 잘못된 삶의 패턴을 버리지 못하는 한, 평생 즐거운 삶을 영위할 수 없다.

3. 사회적 존재로서의 인간

　우리는 앞에서 개인의 성격을 이해하고 판단하기 위해서는 그가 처해 있는 특별한 상황을 함께 고려해야 한다고 말했다. 특별한 상황이란 세상에서 내가 차지하고 있는 위치, 주변 환경에 대한 태도, 그리고 일, 사교, 주변 사람과의 관계와 같은 삶의 문제를 의미한다. 우리는 갓난아이가 주변 환경으로부터 받은 영향이 성인이 되어서도 지속된다는 사실을 확인할 수 있다. 생후 몇 개월만 지나도 아이는 삶에 대해 어떤 태도를 취해야 할지 안다. 이 나이 때의 두 아이를 비교해보면 그들의 행동을 쉽게 구분할 수 있다. 왜냐하면 두 아이는 이미 서로 다른 행동 패턴을 가지고 있기 때문이다. 이 패턴은 이미 정해진 방향성을 유지하며 시간이 갈수록 점점 더 뚜렷해진다.

　아이의 사회적 관계는 그의 심리발달에 점점 더 각인된다. 아이의 타고난 공동체감은 사회적 관계 속에서 서서히 발아하며, 더불어 애정 욕구도 발현되기 시작한다. 아이는 이 감정에 이끌려 어른 곁으로 다가간다. 아이들의 애정은 항상 타인을 향하고 있는 것이지, 프로이트가 생각한 것처럼 아이 자신이 그 애정의 대상은 아니다. 애정을 갈구하는 강도나 방식은 사람마다 다르다. 이 차이는 두 살이 지난 아이들의 언어 표현에서도 확인할 수 있다. 소속감이나 공동체감이 이 시기 아이의 정신세계에 확고하게 자리를 잡지만, 심한 정신 병리학적 퇴행 상태에 있는 아이는 공동체감을 상실하게 된다. 공동체감은 평생 그대로 유지되는데, 어떤 경우에는 윤색되거나 제한되기도 하고, 어떤 경우에는 가족을 넘어서 친척, 민족, 인류까지 확장된다. 혹은 이 경계를 넘어서 동물, 식물, 무생물로 그리고 심지어는 우주로까지 확대된다.

이로써 우리는 인간이해를 위한 중요한 단서를 얻게 되었다. 그것은 다름 아닌 인간을 사회적 존재로 보아야 한다는 것이다.

4장

외부 세계가 아이에게 주는 인상

1. 일반적인 세계상

　모든 인간은 주어진 환경에 적응해야 한다. 그러므로 인간은 외부 세계로부터 수많은 인상들을 수용한다. 또한 인간의 정신은 늘 목표를 추구하는 독특한 메커니즘(기제)을 가지고 있다. 이 점으로 미루어 볼 때 한 개인이 가지고 있는 세계상과 이상적인 행동 패턴은 유아기 때 형성된다고 할 수 있다. 우리는 이 세계상이나 행동 패턴을 한마디로 표현할 수는 없다. 그럼에도 불구하고 그것은 왠지 익숙하고 어렴풋이 이해할 수 있을 것 같은, 생소한 느낌과는 다른 독특한 분위기를 가지고 있다.

　정신은 목표가 있을 때만 발달할 수 있다. 그리고 목표를 세우기 위해서는 활동의 가능성과 활동의 자유가 반드시 전제되어야 한다. 활동의 자유가 주는 정신적 풍요를 과소평가해서는 안 된다. 처음 두 발로 선 순간 아이는 완전히 새로운 세계를 접하게 되며, 주변 환경을 낯설게 느낀다. 일어서려고 애쓰는 동안 아이는 미래에 대해 강한 희망을 품을지 모른다. 처음 움직이려고 할 때, 특히 걸음마를 배울 때 경험하는 어려움은 아이에게 희망을 줄 수도 있고, 좌절을 겪게 할 수도 있다. 이런 상황은 어떤 아이에게는 아주 큰 어려움으로 다가오지만 어떤 아이는 어려움을 전혀 느끼지 않을 수도 있다. 성인들에게는 별 의미 없이 사소한 것이지만 이러한 인상과 사건은 어린아이의 정신세계에 지대한 영향을 미친다. 아이는 이러한 경험을 근거로 자기가 존재하는 세계에 대해 나름대로의 이미지를 만든다. 활동이 불편한 아이들은 민첩하게 움직이는 것을 이상으로 삼는다. 아이에게 좋아하는 놀이가 뭔지, 그리고 장래에 뭐가 되고 싶은지를 물어보면 그 이상을 쉽게 알 수 있다. 경주용 자동차를 운전하는 사람이나 기관사가 되겠다는 대답은 행동의 자유를 제약하는 모든 어려움을 극복하고 열등과 장애의 감정을 벗어나고 싶다는 소망의 표현이다. 이러한 감정은 특히 발육이 늦거나 잦은 병치레를 하는 아이들이 갖기 쉽다. 이와 비슷하게 나쁜 시력 때문에 사물을 완전하게 감지하지 못하는 아이는 보이는 것들을 강한 시각적 이미지로 바꾸려고 노력한다. 청각에 문제가 있는 아이는 자기가 좋아하는 특정 음에 대해 특별한 관심과 호감을 나타낸다. 한마디로 말해 이런 아이는 음악적인 특성을 가지고 있다고 말할 수 있다.

아이가 세계를 자기화 하는데 가장 중요한 역할을 하는 것이 감각기관이다. 아이는 감각기관을 통해 외부 세계와 긴밀한 관계를 맺는다. 또한 이것은 아이가 자기만의 세계상을 갖도록 도와준다. 아이는 무엇보다 눈을 통해 세상과 대면한다. 가시적인 세계는 우리에게 일차적으로 주어지는 세계이며 경험의 중요한 토대가 된다. 시각적인 세계의 이미지는 지속적이며, 변하지 않는 것을 대상으로 삼는다는 점에서 특별한 의미를 갖는다. 이와 달리 귀, 눈, 혀, 그리고 피부와 같은 다른 감각기관은 대개가 일시적인 자극에 반응한다. 어떤 사람에게는 청각이 주도적인 감각기관으로 작용하는데, 이런 경우 청각적 데이터를 더 신뢰하는 정신이 형성된다(청각적 심리akustische Psyche). 아주 드문 일이지만 운동 근육이 유난히 발달한 사람이나 냄새와 맛을 감지하는 능력이 뛰어난 사람들도 있다. (우리 문화는 특히 후각적 능력이 뛰어난 사람들을 비교적 폄하해 왔다.) 운동기관은 많은 아이들에게 아주 중요한 역할을 한다. 선천적으로 활동성이 강한 아이들은 늘 움직이려고 하며, 성장한 후에도 계속 활동을 멈추지 않는다. 이들은 오직 활동에만 관심이 집중되어 있기 때문에 계속 근육을 움직인다. 심지어 잠을 자면서도 계속 몸을 움직이는데, 잠자리에서 불안하게 몸을 뒤척이는 아이들을 자주 볼 수 있다. '안달하는zappelig' 아이들도 이 부류에 속한다. 이런 아이들의 성향을 제대로 이해하지 못한다면 우리는 그들의 불안에 대해 잘못된 판단을 내리게 된다.

일반적으로 아이들은 자기가 받은 인상과 가능성을 근거로 세계상을 만들어낸다. 이를 위해 아이들은 눈과 귀, 그리고 운동기관을 사용한다. 한 사람을 이해하기 위해서는 그가 특히 어떤 신체기관으로 세계를 경험하는지 알아내야 한다. 유아기 때 형성된 세계상과 그 이후의 발달 과정에 신체적 결함이 어떤 영향을 주었는지를 파악해야 그의 행동을 이해할 수 있기 때문이다.

2. 세계상을 발전시키는 요소

우리의 세계상은 다양한 능력들이 작용하여 형성된 것이다. 그런데 이 능력들은 하나의 공통점을 가지고 있다. 즉 여러 능력들 중에서 어떤 능력이 선택되며, 어떤 강도로 어떤 영향을 주는가의 문제는 우리의 목표가 무엇이냐에 따라 결정된다. 이는 삶이나 주변 환경으로부터 어떤 특정 부분만을, 그리고 특별한 사건만을 취사선택하는 우리의 특별한 경험 방식과 관계가 있다. 인간은 자신의 목표에 부합하는 것만을 가치 있게 여기며, 다른 것들은 무시한다. 따라서 한 사람의 은밀한 목표를 이해하지 않고서는 그의 정신세계를 충분히 파악할 수 없다. 우리는 그의 모든 행동이 목표에 따라 움직인다는 것을 알아야 한다.

1) 인지

외부로부터 받은 인상과 자극은 감각기관을 통해 두뇌에 전달되어 그 중 일부만이 남는다. 그 흔적이 상상의 세계와 기억의 세계를 형성한다. 그러나 인지하는 행위는 사진을 찍는 것과는 다르다. 왜냐하면 인지된 내용에는 그 사람의 개인적 특성이 항상 내재되어 있기 때문이다. 본 것이라고 다 인지하는 것이 아니다. 동일한 그림을 본 두 사람에게 인지한 내용에 대해 물어보면 각각 다른 대답을 한다.

아이는 주위 환경으로부터 어떤 이유에서건 자기의 행동 패턴에 맞는 것만을 인지한다. 시각이 특별히 발달한 아이들의 인지는 뚜렷하게 시각적 특징을 갖는다. 대부분의 사람은 이러한 시각적 성격을 가지고 있다. 이와 달리 어떤 사람들은 청각적 인지를 통해 자기의 세계상을 만든다. 이미 언급한 바와 같이, 인지한 것과 실제 현실이 반드시 일치하지는 않는다. 인간은 외부 세계를 자신의 특성에 맞게 변형시키는 능력을 가지고 있다. 개인의 고유한 특성은 무엇을 인지하고, 어떻게 인지하는가에 달려 있다. 인지하는 것은 단순한 물리적 현상을 넘어 하나의 정신적인 기능이다. 우리는 한 사람의 인지하는 방식과 상황으로부터 그의 내면세계를 이해하는 단서를 얻을 수 있다.

2) 기억

앞에서 확인한 바와 같이 정신발달은 신체기관의 활동성이나 인지된 사실과 밀접한 관계를 갖는다. 이 활동성의 목표와 목적은 인간의 행동을 결정한다. 인간은 외부 세계와의 관계를 정신 속에 요약하고 정리해야 한다. 정신은 적응에 필요한 기관으로 자신을 방어하고 자신의 존재를 유지하는 데 필요한 모든 능력을 개발해야 한다.

이러한 능력 중 하나가 기억이다. 정신은 삶의 문제에 대해 자기 나름대로 응답하며, 이것은 다시 정신 속에 그 흔적을 남긴다. 그러므로 기억과 판단의 기능도 적응의 필요성에 의해 결정된다. 기억이 없으면 미래에 대비할 수가 없다. 모든 기억에는 무의식적인 의도가 내재되어 있다고 볼 수 있다. 그것은 우리 안에 그냥 있는 것이 아니라 경고와 격려의 메시지를 전달한다. 임의의 기억이나 의미 없는 기억이란 없기 때문에 기억의 근저에 깔려 있는 최종적인 의도가 무엇인지 분명히 알게 될 때 비로소 기억의 의미를 평가할 수 있다. 어떤 것은 기억하면서 어떤 것은 왜 잊어버리는가 하는 질문은 매우 중요하다. 우리는 정신이 지향하는 방향을 유지하는데 필요한 중요한 사건만을 기억하며 불필요한 것들은 잊어버린다. 이로써 우리는 기억 역시 의도하는 목표에 적응하려는 노력의 일환이라는 것을 확인할 수 있다. 지속되는 기억은 왜곡되었거나 아이들의 기억처럼 종종 일방적일 수 있다. 그러나 지속되는 기억이 추구하는 목표에 기여할 수 있으면 의식의 수준에서 벗어나 우리의 태도, 감정, 그리고 세계관으로 바뀔 수 있다.

3) 상상

상상하는 행위는 인간만이 가지고 있는 고유한 특성 중의 하나이다. 상상Vorstellung은 지각된 대상이 실재하지 않더라도 지각한 것을 재생시키는 행위이다. 다시 말해 상상이란 재생된 지각이며, 생각 속으로 다시 소환된 지각이다. 상상은 인간 정신이 가지고 있는 창조적인 능력 중의 하나이다. 상상력의 산물은 과거의 지각 내용이 단순히 재생된 것이 아니며, 정신의 창조적 힘에 의해 만들어진 것도 아니다. 한 사람이 상상한 것은 그 사람만이 가지고 있는 고유한 특성에 의해 만들어진 새롭고, 독창적인 작품이다.

일반적인 수준을 뛰어 넘는 상상도 있다. 이러한 환상은 존재하지 않는 대상이 마치 있는 것처럼 생생하고 뚜렷하게 나타난다. 이 허상을 진짜로 믿는 상상을 환각Halluzination이라고 부른다. 환각은 상상과 같은 조건 속에서 일어나지만 모든 환각은 정신의 인위적인 산물이며 환각을 일으키는 사람의 목표와 목적에 의해 만들어진다. 이해를 돕기 위해 다음의 예를 들어 설명하고자 한다.

젊고 지적인 한 여자가 부모의 반대를 무릅쓰고 결혼을 했다. 부모의 반대가 너무 심했기 때문에 부모와 딸 사이의 관계는 완전히 끊어졌다. 시간이 지나면서 이 여자는 부모님이 자신을 너무 심하게 대했다고 확신했다. 몇 번 화해를 하려고 했지만 양쪽은 모두 자존심과 고집을 굽히지 않았기 때문에 관계 회복은 이루어지지 못했다. 명망 있는 가문 출신인 이 여자는 결혼 후 아주 곤궁한 처지에 놓이게 되었다. 그러나 어느 누구도 그녀의 불행한 결혼 생활을 눈치채지 못했다. 사람들은 얼마 전부터 나타나기 시작한 이상한 현상을 빼고는 그녀가 잘 지내고 있다고 믿었다.

그녀는 아버지가 아주 애지중지하던 딸이었다. 부녀 사이는 너무나 친밀했기 때문에 두 사람의 갈등은 더욱 의아하게 보였다. 아버지는 결혼 문제로 딸을 아주 심하게 대했고, 그 결과 두 사람의 관계는 완전히 벌어지고 말았다. 아이를 낳은 후에도 그녀는 부모님에게 자기와 아이를 보러 오라고 연락하지 않았다. 자존심이 강한 그녀는 자신이 분명 옳았는데 부당한 대우를 받았다는 생각에 부모님을 더욱 원망하였다.

우리는 그녀를 지배하는 것이 자존심이라는 사실에 주목하였다. 이 성격은 부모와의 갈등이 그녀에게 왜 깊은 상처를 남겼는지 말해준다. 그녀의 어머니는 아주 엄격하고 강직하였으며, 훌륭한 성품을 지닌 사람이었지만 딸에 대해서는 엄한 태도로 일관하였다. 어머니는 적어도 겉으로는 남편에게 순종하였지만 자신의 위치를 포기한 적이 없었다. 어머니는 순종적인 태도를 강조하였으며, 심지어 그것을 명예롭게 생각했다. 그러던 중 명문가의 대를 이을 남자 아이가 태어났다. 부모님이 자기보다 남동생을 더 귀하게 여기자 그녀는 자존심이 크게 상했다. 그리고 결혼 후 여태까지 경험하지 못했던 어려움과 곤경에 빠지게 되자 그녀는 부모님으로부터 받았던 부당한 대우를 더 원망하게 되었다.

어느 날 밤 잠이 들기 전에 다음과 같은 일이 일어났다. 문이 열리고 성모 마리아가 그녀에게 다가와 말했다.

"너를 너무 사랑하기 때문에 네게 말한다. 너는 12월 중순에 죽을 것이다. 미리 마음의 준비를 해라."

그녀는 전혀 놀란 기색 없이 남편을 깨워 조금 전에 일어난 일에 대해 말해 주었다. 다음날 그녀는 병원으로 가서 의사에게도 자기가 경험한 것을 얘기했다. 그것은 환각이었다. 그러나 그녀는 실제로 이것을 보고 들었다고 주장했다. 언뜻 봐서는 이해할 수 없는 일이었다. 그러나 심리학적인 지식을 적용하면 이 문제는 명확해진다. 그녀는 부모님과 불화를 겪고 있었고, 경제적으로 곤경에 처해 있었다. 게다가 그녀는 자존심이 강하고, 조사 결과 밝혀진 사실이지만 그녀는 모든 사람들보다 우월하고 싶은 성향을 가지고 있었다. 어떤 사람이 존재의 영역을 벗어나 신과 대화를 나눴다고 한다면 충분히 이해할 수 있다. 기도에 몰입한 사람이 상상 속에서 성모 마리아를 만났다면 크게 의아할 일이 아니다. 그러나 그녀는 무언가 더 강력한 논거가 필요했다. 이 모든 것이 정신에 의해 만들어진 일이라는 것을 알게 되면 그녀의 경험은 신비스러울 게 없기 때문이다. 그리고 누구나 꿈속에서 이와 비슷한 경험을 하지 않는가? 이 둘 사이의 차이점은 이 여자가 깨어 있는 상태에서 꿈을 꾸었다는 점이다. 우리는 굴욕감으로 인해 그녀의 감정이 극도의 긴장 상태에 있었다는 점을 다시 한 번 상기해 볼 필요가 있다. 그리고 생모가 아닌 다른 어머니, 즉 가장 위대한 어머니가 그녀에게 다가왔다는 점이 우리의 눈길을 끈다. 이 두 어머니는 어느 정도 상반된 위치에 있다. 성모가 나타난 이유는 생모가 오지 않았기 때문이다. 성모의 현현은 생모의 부족한 사랑을 암시한다. 그녀는 부모님의 부당함을 증명할 방법을 모색했던 것이다. 12월 중순이라는 날짜도 결코 이와 무관하지 않다. 기독교 문화권에서 이 시기는 사람들 간의 관계가 좀 더 돈독해지는 때이며, 선물을 주고받으며 서로 따뜻한 마음을 나누는 때이다. 또한 이때는 용서의 기회가 훨씬 쉽게 주어진다. 그렇기 때문에 이 특별한 시점은 곤경에 처한 그녀에게 커다란 의미가 있다.

이 환각에서 이상한 것은 그녀가 곧 죽을 것이라는 예고와 함께 성모 마리아가 다정하게 다가왔다는 점이다. 그녀가 남편에게 기쁜 마음으로 이 사실을 말했다는 점도 의미가 있다. 또한 이 예언은 가까운 가족들뿐만 아니라 바로 다음날 의사까지도 알게 되었다. 그녀는 이런 식으로 어머니의 방문을 쉽게 성취한 것이다.

며칠 후 성모 마리아가 두 번째 나타나 똑같은 말을 했다. 그리고 어머니와의 만남이 어땠냐는 질문에 대해 그녀는 어머니가 전혀 잘못을 인정하지 않는다고 답했다. 결국 과거의 문제가 다시 제기된 것이다. 즉 어머니보다 우월하고 싶은 욕구가 여전히 채워지지 않은 것이다.

딸의 문제를 이해하도록 그녀의 부모를 설득한 후에 모녀간의 성공적인 만남이 이루어졌다. 아주 감동적인 상봉이었지만 그녀는 이에 만족하지 못했다. 아버지의 태도에 무언가 진지하지 않은 데가 있으며, 아버지가 자기를 너무 오래 기다리게 했다고 불만을 털어놓았다. 그녀에게는 부당한 것의 책임을 타인에게 전가하고 자신은 승리자로 군림하려는 욕구가 그대로 남아 있었다.

이 사례를 통해 우리는 다음과 같은 결론을 내릴 수 있다. 인간은 목표에 도달하지 못할지 모른다는 불안한 상황, 즉 정신이 극도로 긴장된 순간에 환각을 경험하게 된다. 이러한 환각은 과거 원시 사회에서뿐만 아니라 오늘날에도 미개한 지역에서는 중요한 의미를 지니고 있다. 여행자들의 기록을 통해 잘 알려진 바와 같이 환각은 사막에서 배고픔과 갈증으로 고통 받는 사람들에게 나타나는 현상이다. 이것은 극한 상황에서 생기는 긴장으로 고통 받는 사람의 상상력을 자극하여 괴로운 상황으로부터 위안을 주는 상황으로 도피하게 만든다. 환각이 주는 위안은 피곤에 지친 사람에게는 격려를, 비틀거리는 사람에게는 힘을 주며, 그들을 강하게 만들기도 하고 무감각하게 만들기도 한다. 환각은 마취제나 향유와 같이 고통을 덜어주는 기능을 한다.

환각은 우리에게 결코 새로운 것이 아니다. 왜냐하면 우리는 이미 이와 유사한 현상들을 인지와 기억, 그리고 상상에서 발견했기 때문이다. 또한 이와 동일한 과정을 꿈에서도 관찰하게 될 것이다. 상상력이 너무 고조되거나 우리의 비판력이 완전히 마비되면 이러한 환각이 쉽게 일어날 수 있다. 곤경에 처했을 때나 자신의 권위가 크게 위협받고 있다고 생각될 때 사람들은 이 메커니즘을 통해 허약한 감정에서 벗어나려고 하고, 이를 극복하려고 한다. 이러한 상황에서 긴장이 너무 고조되면 비판 능력이 작용할 여지가 없어진다. 그렇게 되면 사람들은 "네가 할 수 있는 한, 너 자신을 도와라"라는 경구처럼 자신의 모든 정신적 에너지를 사용한다. 그러면 그의 상상은 환각의 형태로 바뀌게 된다.

환상과 환각은 유사한 현상이다. 두 현상의 동기는 정신적 위기 상황을 전제한다는 점에서 동일하다. 그러나 환각과 달리 환상에는 외적인 지시 대상이 있으며, 괴테의 「마왕Erlkoenig」에서 사경을 헤매는 아이가 사물을 잘못 보는 것처럼 오인의 요소가 내포되어 있다. 다음의 사례는 곤경에 처하면 정신의 창조적인 힘이 어떤 환각 내지 환상을 만들어내는지 보여준다.

공부를 못해서 아무것도 이루지 못한 명문 집안 출신의 한 남자가 있었다. 그는 하급 서기관으로 일하며 출세에 대한 희망을 다 포기한 상태였다. 절망감에다 주변의 비난까지 더해지자 그의 정신은 점점 더 긴장하게 되었다. 이러한 상황에서 그는 술에 빠지고 말았다. 술은 근심을 잊게 해주었고, 자신에 대한 변명거리를 제공해 주었다. 얼마 후 그는 정신 착란^{Delirium}으로 병원에 입원하였다. 정신 착란은 환각과 본질적으로 유사하다. 알려진 바와 같이 알코올 중독에 의한 정신 착란증 환자들은 일반적으로 환각 속에서 쥐나 검은 색 짐승을 보는 특징이 있으며 환자의 직업과 연관된 환각도 종종 나타난다.

　이 환자는 알코올 중독 치료를 받았다. 알코올 중독에서 완전히 벗어난 그는 3년간은 술을 입에 대지 않았다. 이후 그는 다른 문제로 인해 다시 입원하게 되었다. 그는 토목 일에 종사하고 있었는데, 일을 하고 있으면 늘 어떤 남자가 나타나 그를 조롱한다고 말했다. 한번은 너무 화가 나서 진짜 그 사람이 누구인지 확인하려고 그 남자에게 연장을 내던졌다. 그 남자는 몸을 피하더니 그에게 달려와 주먹질을 하였다.

　우리는 이것을 유령이나 환각이라고 말할 수 없다. 이에 대한 설명은 간단하다. 그 형상이 실제로 주먹을 휘둘렀기 때문이다. 그는 평소에 환각 상태를 종종 경험했지만, 이번에는 실제로 사람에게 연장을 던진 것이다.

　알코올 중독에서는 완전히 벗어났지만 퇴원 후 그의 상태는 점점 더 악화되었다. 실직한 그는 집에서 쫓겨났다. 지금 그는 가족은 물론 자기 스스로도 비천하게 여기는 잡역부 일로 생계를 이어가고 있다. 그를 지배해 온 정신적 긴장은 전혀 이완되지 않았다. 술은 끊어 다행이지만 위로받을 것이 없어진 것이다. 이전의 직장에서는 술에 의지하여 나름대로 일을 해나갈 수 있었다. 식구들이 그의 무능함을 점점 더 질책해오자 그는 알코올 중독보다 가족의 비난이 더 두려웠다. 알코올 중독에서 치유된 이후 그는 다시 현실과 직면하게 되었다. 이 상황은 예전보다 훨씬 더 견디기 힘든 것이었다. 이번에도 실패하게 되면 그는 더 이상 술 때문이라는 변명을 할 수 없었다. 이러한 스트레스 상황이 다시 환각을 불러일으킨 것이다. 그는 자신이 과거 속에 살고 있다고 착각했고, 여전히 알코올 중독자처럼 행동했다. 그리고는 술 때문에 자기의 삶이 망가졌으며, 더 이상 나아질 것이 없다고 말하곤 했다. 그는 환자가 되면 어떤 결정도 내릴 필요가 없으며, 비루한 일로부터 해방될 수 있을 것이라고 생각했다. 이러한 환각 현상은 그가 다시 입원하게 될 때까지 지속되었다. 이제 그는 알코올 중독이 자신의 삶을 망치지만 않았어도 더 많은 것을 이루었을 것이라고 스스로를 위로할 수 있게 되었다. 이런 전략으로 그는 자기의 자존심을 유지할 수 있게 된 것이다. 이런 불행만 없었다면 더 많은 것을 성취했을 것이라는 확신과 자존심을 지키는 일이 그에게는 일보다 더 중요했다. 이렇게 그는 다른 사람들이 자기보다 더 나은 것이 아니며 자신이 이렇게 된 것은 어쩔 수 없는 어려움 때문이라고 확신하게 되었다. 위안을 줄 수 있는 변명거리를 찾던 중에 비웃는 남자의 출현은 구원과 같은 것이었다.

3. 환상

환상^{Phantasie}도 정신이 가지고 있는 창조적인 능력이다. 우리는 이 활동의 흔적을 앞에서 언급한 모든 현상들에서 찾아볼 수 있다. 환상은 특정한 기억을 의식의 전면에 부각시키거나 혹은 상상을 통해 무언가를 그려내는 것과 비슷한 정신 행위이다. 활동성이 있는 유기체라면 반드시 가지고 있는 능력, 즉 예견과 예측은 환상을 구성하는 중요한 요소이다. 환상은 유기체의 활동성과 연관이 있으며, 다름 아닌 앞을 내다보는 방식 중 하나이다.

백일몽^{Tagträume}이라고 불리는 환상은 늘 미래와 관련이 있다. 허공에 세워진 이 누각은 백일몽을 꾸는 사람들이 추구하는 목표이며, 실제 행동을 위한 모델로서 그들 스스로 만들어 낸 허구적 구조물이다.

어린아이들의 환상을 조사해보면 권력 게임이 아주 중요한 역할을 한다. 또한 거기에는 명예욕^{Ehrgeiz}이 항상 자리 잡고 있다. 아이들의 환상은 대부분 '내가 어른이 되면'이나 혹은 이와 유사한 말로 시작된다. 물론 성인들 중에도 언젠가는 자신이 어른이 될 것이라고 생각하는 사람들이 있다. 이렇게 권력추구의 의지가 뚜렷하게 나타나는 것은 목표가 세워져야 비로소 정신발달이 진행된다는 점을 다시 보여준다. 누구나 추구하는 이 목표는 바로 사회적 인정이다. 인간은 중립적인 목표에 만족하지 못한다. 왜냐하면 인간의 공동생활은 지속적으로 자기평가를 동반하며, 여기에서 우월에 대한 욕구와 경쟁에서 이기려는 의지가 생기기 때문이다. 어린아이들의 환상에는 항상 그들이 권력을 행사하는 상황이 들어 있다. 이런 점에서 환상은 바로 권력에 대한 상상^{Machtvorstellungen}이다.

우리는 상상의 외연이나 환상의 정도에 대해 어떠한 규칙도 도출해낼 수 없다. 달리 말해 일반화의 오류를 범해서는 안 된다는 뜻이다. 위에서 언급한 것들은 대부분 유효하지만 경우에 따라 달리 이해될 수 있다. 삶을 적대적인 눈으로 바라보는 아이들은 환상의 힘을 크게 발전시키며, 어떤 생각을 하건 긴장하며 조심스럽게 행동한다. 따라서 어려움을 많이 겪은 유약한 아이들은 환상에 집착하는 경향이 있다. 이것이 더 발전하게 되면 환상의 힘을 빌려 현실을 회피하려고 한다. 즉 환상은 현실을 거부하는 수단으로 오용될 수 있으며, 하찮은 삶에서 벗어나려는 사람이 빠지는 권력이 된다.

환상 속에서는 권력추구뿐만 아니라 공동체감도 중요한 역할을 한다. 어린아이의 환상에는 권력욕만 있는 것이 아니라 그 힘을 어떤 방식으로든 사회적인 목적을 위해 사용하려는 의도도 포함되어 있다. 예를 들어 아이는 환상 속에서 구원자나 조력자가 되기도 하고 악을 물리치는 영웅으로 등장하기도 한다. 자기의 부모가 친부모가 아닐지 모른다는 생각도 아이들이 자주 하는 환상 중 하나이다. 많은 아이들은 자기는 원래 다른 집에서 태어났으며, 어느 날 진짜 아버지, 높은 지위와 명성을 가진 진짜 아버지가 나타나 자기를 데려갈 것이라고 굳게 믿는다. 이러한 현상은 심한 열등감을 갖고 있는 아이들이나 뒷전으로 밀려났다고 생각하는 아이들, 그리고 곤궁과 애정 결핍으로 인해 불만스러워 하는 아이들한테 주로 나타난다. 흔히 이러한 과대망상은 성인처럼 행동하는 아이들의 태도에서 엿볼 수 있다. 예를 들어 어른들의 물건에 집착한다든지, 담배를 몰래 피운다든지, 여자 아이가 남자 행색을 하려고 남자 아이의 옷이나 태도를 선호하는 경우이다.

어떤 아이를 두고 상상력이 너무 부족하다고 말하는 경우가 있다. 이는 분명히 잘못된 판단이다. 그런 아이에게는 자기 자신을 잘 표현하지 않는, 그리고 상상력을 억제하는 다른 이유가 있다. 아이는 자신의 상상력을 억제함으로써 스스로 강하다는 느낌을 갖기도 한다. 필사적으로 현실에 적응하려고 애쓰는 아이는 환상을 남자답지 못하고 유치한 것이라고 믿으며, 환상에 빠지기 싫어한다. 이러한 혐오감이 지나친 아이는 상상력이 전혀 없는 것처럼 보인다.

4. 일반적인 꿈

앞에서 기술한 백일몽 외에도 수면 중에 꾸는 꿈이 있다. 이것은 초기 유아기 때부터 나타나는 중요한 현상이다. 일반적으로 수면 중에 꾸는 꿈과 백일몽은 둘 다 같은 방식으로 이루어진다. 경험이 풍부한 심리학자들은 꿈을 통해 한 사람의 성격을 파악할 수 있다고 말한다. 실제로 꿈은 늘 인류의 관심이 집중되었던 주제이다. 백일몽과 마찬가지로 일반적인 꿈은 목표를 달성하기 위해 미래의 삶을 구상하고, 그것을 지향할 때 나타나는 현상이며, 미리 알고 싶은 것들을 동반한다. 그러나 둘 사이에는 뚜렷한 차이가 있다. 백일몽의 내용은 쉽게 이해할 수 있지만 꿈의 내용은 이해하기 어렵다. 이것은 놀라운 일이 아니다. 사람들은 꿈에 불필요하고 중요하지 않은 기호들이 들어 있다고 쉽게 판단한다. 그러나 우리가 강조하고 싶은 것은 문제를 해결하고 미래에 안정된 위치를 확보하고자 노력하는 사람의 권력욕구가 꿈속에 반영된다는 점이다. 꿈은 정신을 이해하는 데 중요한 단서가 된다.

5. 감정이입

인간의 정신은 실재하는 것을 지각할 뿐 아니라 미래에 일어날 일을 느끼고 추측하는 능력도 가지고 있다. 활동적인 유기체는 이 능력을 통해 자기에게 필요한 예측 기능을 습득한다. 활동적인 유기체는 항상 미래의 문제에 직면해 있기 때문에 예측하는 기능이 반드시 필요하다. 앞날을 예측할 때에는 실제로 존재하는 것을 인지하는 능력뿐만 아니라 미래에 일어날 일을 감지하고 추측하는 능력도 필요하다. 이 능력은 인간에게 특히 발달되어 있는 감정이입 Einfühlung과 연결되어 있다. 감정이입의 범위는 아주 넓기 때문에 인간 정신의 모든 부분에서 찾아 볼 수 있다. 그 전제 조건은 예견의 필연성이다. 어떤 문제가 생기면 우리는 어떻게 행동할 것인지를 미리 생각하고 판단한다. 당장 경험할 수는 없지만 예측된 상황에서 생길 수 있는 감정들을 토대로 판단을 내려야 한다. 경험하게 될 상황에 대한 생각, 느낌, 감정을 종합하고 나서야 비로소 입장을 정할 수 있다. 다시 말해 특별한 노력을 기울일 필요가 있는지 아니면 아주 조심스럽게 피해갈 것인지를 결정한다. 감정이입은 누군가와 대화하는 순간 바로 시작된다. 다른 사람과 감정을 함께 나누지 못하면 우리는 그 사람을 이해할 수 없다. 연극은 감정이입이 가장 예술적으로 형상화된 형식이다. 연극을 관람할 때 우리는 무대 위의 배우와 하나가 되고, 여러 역할들을 마음속에서 함께 연기한다.

일상에서 경험하는 감정이입의 형태는 위험에 처한 사람을 보았을 때 엄습하는 묘한 불안감이다. 때때로 감정이입의 정도가 아주 강해질 수 있다. 이런 경우 우리는 자기에게 아무런 위험이 없는데도 불구하고 자기도 모르는 사이에 방어 자세를 취하게 된다. 예를 들어 누군가가 유리잔을 떨어뜨렸을 때 우리는 반사적으로 두 손을 움츠린다. 혹은 볼링공을 던진 사람이 공의 움직임에 따라 몸동작을 취하는 것을 자주 관찰할 수 있다. 그는 이 동작을 통해 공의 진행 방향에 영향력을 행사하려는 것처럼 보인다. 이밖에 고층 건물에서 유리를 닦는 사람을 보았을 때나 연사가 말문이 막혀 곤혹스러워하는 것을 보았을 때 이런 느낌을 경험한다. 우리의 모든 경험은 감정이입 능력과 긴밀한 관계에 있다.

우리는 다른 사람이 되어 그의 입장에서 느끼고 행동할 수 있는 능력을 가지고 있다. 우리는 이 능력의 근원을 타고난 공동체감에서 찾을 수 있다. 이것은 보편적 감정이며 우주의 모든 것이 하나의 연관 관계 속에 있다는 것을 말해준다. 우리 안에 내재되어 있는 이 감정을 우리는 지울 수 없다. 이것은 경험할 수 없는 사물들과 교감할 수 있는 능력을 우리에게 부여해준다.

공동체감의 정도가 상이하듯이 감정이입의 정도도 상이하다. 유아기 때 이미 그 차이를 발견할 수 있다. 어떤 아이는 인형을 보고 그 안에 무엇이 들어있을까 하는 정도의 관심을 보이지만, 어떤 아이는 사람을 대하듯이 인형과 이야기하며 논다. 개인의 공동체적인 관계가 사람이 아닌 무생물이나 무가치한 것으로 전이되면 그의 성장은 정지될 수 있다. 아이들에게서 종종 볼 수 있는 동물 학대는 다른 생명체의 감정을 느끼고 공유하는 능력을 상실했을 때 일어난다. 다른 생명에 대한 감정이 결핍된 아이들은 사회적 인간이 되기 위해 필요한 요건과 무관한 것에 관심을 쏟는다. 이들은 오직 자기 자신만을 생각하며, 다른 사람에 대해 전혀 관심을 갖지 않는다. 이 모든 현상들은 감정이입 능력의 결핍과 관련이 있으며, 이 능력의 결핍은 다른 사람과의 협력을 완전히 거부하는 결과를 초래할 수 있다.

6. 타인에게 미치는 영향(최면과 암시)

"한 사람이 다른 사람의 행동에 영향을 미치는 것이 어떻게 가능한가?"라는 질문에 대해서 우리는 개인심리학의 관점에서 다음과 같이 답할 수 있다. 외부의 영향을 수용하는 감수성은 우리의 정신적 삶을 구성하는 중요한 부분 중의 하나이다. 우리의 삶은 사람들끼리 서로 영향을 주고받는다는 전제 하에서만 가능하다. 선생과 학생, 부모와 자녀, 남자와 여자 등과 같은 관계에서는 상호 간의 영향이 뚜렷하게 나타난다. 타고난 공동체감이 있기 때문에 인간은 어느 정도까지 타인의 영향을 수용한다. 그러나 그 정도는 영향을 주는 사람이 영향을 받는 사람의 권리를 얼마나 보장하느냐에 달려 있다. 누군가를 부당하게 대하면서 그 사람에게 지속적인 영향을 준다는 것은 불가능한 일이다. 자신의 권리가 보장되어 있다고 느끼는 사람에게 우리는 가장 큰 영향을 미칠 수 있다. 이것은 특히 교육에 있어서 아주 중요한 관점이다. 물론 이와 다른 식의 교육을 제시하거나 실천할 수도 있다. 그러나 이 관점을 중시하는 교육은 인간의 가장 근본적인 것, 즉 인간과의 연대감을 강조하기 때문에 효과적이다.

이러한 교육은 의도적으로 사회의 영향으로부터 벗어나려는 사람에게는 효과가 없다. 이런 사람은 아무 이유 없이 그렇게 행동하는 것이 아니다. 오랜 기간 투쟁하면서 그는 조금씩 주변 세계와 관계를 끊었고, 마침내 공동체감과 완전히 배치되는 감정을 갖게 된 것이다. 이제 그를 감화시킨다는 것은 몹시 어렵거나 불가능한 일이며, 설사 그러한 시도를 하더라도 그는 무조건 반대하거나 반항할 것이다.

따라서 억압적인 환경 속에 있는 아이들은 교육자의 영향을 제대로 수용하지 못한다. 많은 아이들은 외부 압력이 너무 강하기 때문에 전혀 저항하지 않는다. 그래서 이런 아이들은 모든 영향을 순순히 받아들이고 따르는 것처럼 보인다. 그러나 우리는 이러한 복종^{Gehorsam}이 무가치하다는 것을 금방 확인할 수 있다. 복종은 종종 그로테스크한 방식(맹목적인 복종)으로 표현된다. 그렇게 복종적인 사람은 독립적인 행동과 사고 능력이 결여되어 있기 때문에 누군가가 필요한 행동과 조치를 명령할 때까지 기다린다. 복종적인 성향 속에는 커다란 위험이 도사리고 있다. 이런 성향의 아이들은 권위적이고 폭력적인 명령에 쉽게 복종하고, 그 명령에 따라 범죄까지 저지를 수 있다.

범죄 조직은 이에 대한 좋은 예이다. 두목은 배후에서 조종하고 이들은 항상 행동대원의 역할을 한다. 폭력배들의 범죄를 보면 대부분 복종적인 부하들이 행동을 주도한다. 이들은 믿기 어려울 정도로 맹목적인 복종심을 가지고 있으며, 심지어 이를 통해 자기의 자존심이 충족된다고 느낀다.

이와 달리 정상적인 영향 관계가 이루어지는 경우를 살펴보자. 타인의 영향을 기꺼이 수용하고, 스스로를 이해시키려고 노력하고, 신뢰감을 주는 사람들은 온전한 공동체감을 지니고 있다. 그러나 지배욕과 우월에 대한 동경이 아주 큰 사람들에게 영향을 미치는 것은 매우 어려운 일이다.

아이가 너무 순종적이어서 부모가 속상해 하는 경우는 거의 없다. 부모가 속상해 하는 이유는 대부분 아이가 반항적이기 때문이다. 반항적인 아이들을 조사해보면 이들이 일상의 삶에서 벗어나고 싶어하며 자기들을 규제하는 삶의 규범을 파괴하려고 한다는 것을 알 수 있다. 지금까지 이들을 잘못 대해 왔기 때문에 이들에게 이제 정상적인 교육은 별 효과가 없다. 과도한 권력추구와 교육 가능성은 서로 대척 관계에 있다. 그럼에도 불구하고 우리의 가정교육은 대부분 아이의 야심을 자극하고, 아이의 과대망상을 조장한다. 이런 일이 일어나는 것은 우리의 무지함 때문이 아니라 우리의 문화 자체가 이와 유사한 과대망상에 빠져 있기 때문이다. 사회에서나 가정에서나 제일 중요한 것은 어떻게 해서라도 다른 사람보다 뛰어난 사람이 되는 것이다. 자만심을 다루는 장에서 우리는 야심과 명예를 중시하는 교육 방식이 얼마나 부적절하며, 정신발달에 어떤 장애 요소가 되는지를 상세하게 기술할 것이다.

최면 시술을 받는 최면 피험자Medium들 역시 대부분 무조건 복종하는 성향을 가지고 있으며, 주변 환경의 요구에 쉽게 따르는 사람이다. 이들은 요구하는 것을 그냥 따르면 된다고 생각한다. 최면Hypnose은 이러한 복종적인 태도를 전제로 한다. 많은 사람들이 최면에 걸리길 원한다고 말은 하지만 내심 그럴 의향이 전혀 없는 사람이 있는가 하면, 어떤 사람은 겉으로는 이를 거부하지만 잠재의식에는 순종할 준비가 되어 있기도 하다. 최면에서는 피험자의 정신적 태도가 그의 행동을 결정하는 것이지 그의 말이나 믿음은 중요하지 않다. 이러한 사실을 혼동하기 때문에 최면에 대한 편견이 조장되는 것이다. 대부분의 사람들은 최면을 완강히 거부하지만 나중에는 최면술사의 요구에 전적으로 따른다. 사람마다 최면에 응하는 마음 자세가 다 다르며, 그렇기 때문에 그 효과도 개인에 따라 상이하다. 그러나 최면에 적극적으로 응하는지, 그렇지 않은지는 최면술사의 의지와는 전혀 무관하다. 그것은 전적으로 피험자의 태도에 달려있다.

최면은 본질적으로 일종의 수면 상태이다. 신비스러운 것은 이 수면 상태가 다른 사람의 명령에 의해서 만들어진다는 점이다. 앞서 언급한 바와 같이 이 명령은 이를 받아들일 준비가 되어 있는 사람에게만 효과적이다. 여기서 중요한 변수로 작용하는 것은 피험자의 본성과 성격이다. 다른 사람의 명령을 아무 비판 없이 받아들이는 사람은 쉽게 최면에 걸린다. 일반적인 수면과 달리 최면은 운동 신경의 중심이 최면술사의 명령에 좌우될 정도로 자율 능력을 정지시킨다. 잠에서 막 깨어났을 때 우리는 어슴푸레한 의식 상태에 놓이게 된다. 이런 상태에서 피험자는 최면술사가 기억하라고 허락한 것만을 기억할 수 있다. 정신의 가장 중요한 표현인 비판 능력은 최면 중에는 완전히 마비된다. 최면에 걸린 사람은 최면술사의 도구가 되며, 그의 명령에 따라 움직인다.

사람의 마음을 쉽게 움직일 줄 아는 사람들은 대부분 이 능력이 자기만 가지고 있는 신비스러운 특별한 힘이라고 생각한다. 그러나 이것은 끔찍한 해악을 초래할 수 있다. 특히 엉터리 독심술사나 최면술사는 서슴없이 위해한 행동을 한다. 이러한 협잡꾼들은 사악한 목적을 위해 모든 수단을 다 동원하는 반인류적인 범죄를 저지른다. 물론 이들이 하는 일이 모두 속임수라는 뜻은 아니다. 인간이라는 피조물은 복종하는 성향을 갖고 있어 허풍쟁이의 속임수에 쉽게 현혹된다. 왜냐하면 군중은 아무런 검증 없이 복종하고 권위를 인정하는 습성을 가지고 있기 때문이다. 군중은 우매해지길 원하며, 아무 비판 없이 터무니없는 이야기를 곧이곧대로 믿으려 한다. 이러한 행동은 인간의 공동생활에 어떠한 안녕도 가져다준 적이 없다. 그것은 오히려 한때 복종했던 사람들의 저항과 반란을 거듭 초래했다. 독심술사나 최면술사의 실험이 오랜 기간 성공한 적은 없다. 이들이 자주 만나는 피험자들 중에는 자신을 '속이는' 사람들도 있다. 학계의 유명 인사들은 가끔 자신의 힘을 과시하기 위해 그런 실험을 한다. 거짓과 진실이 혼합되는 경우도 있다. 이 경우 피험자는 최면술사를 속이지만 한편으로는 자신의 의지에 복종한다. 그렇게 함으로써 그는 기만당한 기만자 ein betrogener Bütrüger가 되는 것이다. 이 경우에 작용하는 힘은 최면술사의 힘이 아니라 자진해서 복종하는 피험자의 태도이다. 피험자에게 작용하는 마술적인 힘이란 없다.

단지 최면술사의 속임수일 뿐이다. 그러나 합리적인 삶과 사고에 익숙한 사람이나 다른 사람의 결정을 비판적으로 수용하는 사람은 당연히 최면에 걸리지 않으며, 텔레파시와 같이 특이한 힘을 보이려고 하지 않는다. 최면이나 텔레파시와 같은 것은 맹목적인 복종에서 비롯된 현상들이다.

이와 더불어 암시Suggestion에 대해서도 언급하고자 한다. 암시를 인상의 범주 안에 포함시키면 그 본질을 쉽게 이해할 수 있다. 인간은 특정한 상황에서만 인상을 받는 것이 아니라 그것의 지속적인 영향 하에 있다. 인상은 그냥 받아들이는 것이 아니다. 인상은 우리에게 지속적인 영향을 주면서 끊임없이 작용한다. 그 인상이 다른 사람의 요구, 설득, 간청의 형태를 띠면 그것을 우리는 암시라고 말한다. 어떤 사람이 가지고 있는 관점을 강화하거나 바꿀 때도 마찬가지이다. 문제는 외부 세계로부터 받는 인상에 대해 사람들마다 각기 다르게 반응한다는 사실이다. 어떤 사람이 쉽게 영향을 받는지, 그렇지 않은지는 그 사람의 독립성과 관계가 있다.

여기서 우리는 두 가지 유형의 인간에 대해 주목하고자 한다. 첫 번째 유형은 다른 사람의 의견을 과대평가하며, 자기의 관점이 맞건 틀리건 자기의 견해를 과소평가하는 사람들이다. 이들은 다른 사람의 가치를 과대평가함으로써 그 사람의 의견을 쉽게 받아들인다. 이런 유형의 사람들은 암시나 최면에 아주 쉽게 빠진다. 두 번째 유형의 사람은 외부의 영향이나 암시를 불쾌한 것으로 간주한다. 이들은 오직 자기 의견만이 옳다고 믿으며, 그것이 실제로 맞는지 틀리는지에 대해서는 무관심하다. 그리고 다른 사람이 제시하는 의견은 모두 무시해 버린다. 두 유형 모두 결점을 지니고 있다. 첫 번째 유형은 무조건 순응하는 결점, 두 번째 유형은 다른 사람으로부터 어떤 것도 수용하지 않는 결점을 가지고 있다. 두 번째 범주에 속하는 사람들은 겉으로는 타인의 암시나 제안을 받아들일 자세가 되어 있다고 말하지만, 대부분 호전적이어서 쉽게 갈등을 유발한다. 이들은 열린 마음과 사리 분별에 대해 말하지만, 그것은 자신의 고립된 입장을 공고하게 하기 위한 수단에 불과하다. 실제로 이들은 고집불통이기 때문에 이들과 무슨 일을 함께 한다는 것은 불가능하다.

5장

열등감과 인정욕구

1. 초기 유아적 상황

　우리가 알고 있는 바와 같이 어린 시절부터 삶의 기쁨을 경험하며 자란 아이들과 태어나면서부터 천덕꾸러기라고 생각하며 자란 아이들은 삶이나 사람을 대하는 태도가 전혀 다르다. 신체적으로 열등함을 가진 아이들은 공동체감이 결여되어 있기 때문에 삶과의 투쟁에 쉽게 연루된다. 이것이 우리의 기본 명제이다. 삶의 투쟁 과정에서 공동체감을 상실한 아이들은 쉽게 고정 관념을 갖고, 다른 사람보다는 자기 자신에 대해 더 많은 관심을 기울이며 자기가 다른 사람들에게 어떤 인상을 주는지에 대해 더 신경을 쓴다.

　신체적 열등함 외에 외부의 영향도 아이에게 커다란 영향을 미친다. 외부의 영향은 그 강도에 관계없이 아이를 강하게 압박하는 요소로 작용하며, 주변 환경에 대해 적대적인 생각을 갖게 만들 수 있다. 결정적인 변화는 유아기 때 일어나는데, 생후 2년이 지나면 벌써 이러한 아이들은 자기가 다른 아이들에 비해 열등한 조건 속에 있다는 것을 감지한다. 자신은 그들과 다르며 동등한 권리를 갖고 있지 않다고 느낀다. 이들은 다른 아이들과 함께 어울려 놀지 않으며, 공동의 일을 기피하는 성향을 보인다. 또한 여러 가지 결핍 때문에 위축감을 느끼고, 다른 아이들보다 더 큰 기대감과 더 많은 요구를 표출한다. 아이들은 삶에 대해 열등한 존재이며 주변 사람들의 공동체감 없이는 생존할 수 없다. 아이의 열등함과 미숙 상태는 오랜 기간 지속되기 때문에 스스로 삶의 역경을 헤쳐 나갈 수 없다. 이런 점을 감안할 때 우리는 아이들의 정신 활동이 심한 열등감Minderwertigkeitsgefühl과 함께 시작된다고 전제해야 한다. 유아기의 모든 노력과 발전은 열등감에서 출발하여 그것에 의해 움직인다. 아이들은 열등감 때문에 목표를 세우고, 향후 안정이 보장된 삶에 대해 기대감을 가지며, 이 목표에 적합한 길을 선택한다.

　　이런 독특한 태도는 신체적 능력과 밀접한 관계가 있으며, 그 영향을 받는다. 바로 이러한 태도가 아이를 교육시킬 수 있는 근거가 된다. 일반적으로 모든 아이들은 열등감을 갖고 있지만, 교육하기 어려운 데는 두 가지 이유가 있다. 첫째는 오랜 기간 지속되는 강한 열등감이고, 둘째는 아이가 가지고 있는 목표이다. 우리는 아이들의 발달 과정에서 이 두 가지 요소를 항상 발견할 수 있다. 목표는 안락함, 안정, 대등함을 보장해줄 뿐 아니라 주위 환경에 대해 우월감을 가질 수 있도록 권력욕을 발달시킨다. 열등감이 심한 아이들을 교육시키는 것은 힘들다. 왜냐하면 그들은 어떤 상황에 있건 항상 무시당했다고 생각하기 때문이다. 그들은 태어날 때부터 불이익을 받아왔으며, 이유가 정당하건 부당한 건 간에 사람들로부터 무시당한다는 생각을 버리지 못한다. 이런 관계를 자세히 살펴보면 열등감이 강한 아이의 발달 과정이 왜 많은 실패로 점철될 수밖에 없는지 그 이유를 미루어 알 수 있다.

모든 아이들은 이러한 위험에 노출되어 있다. 왜냐하면 누구나 다 이와 비슷한 상황에 놓일 수 있기 때문이다. 어른들 사이에서 자란 아이들은 스스로를 작고 연약한 존재로 여기며 자기는 부족하고 열등하다는 잘못된 판단을 한다. 이런 분위기 속에서는 자신감을 갖기 어려우며, 주어진 과제를 무리 없이 잘 해낼 수 없다.

잘못된 교육은 대부분 이렇게 시작된다. 너무 지나친 요구에 직면한 아이는 자신을 가치 없는 존재로 여기는데, 이러한 감정은 그의 마음속 깊이 각인된다. 심지어 어떤 사람들은 아이에게 그들이 작고 열등하며 중요하지 않은 존재라는 사실을 계속 주입시킨다. 또 어떤 사람들은 아이를 장난감 공이나 오락물로 취급하기도 한다. 혹은 애지중지하는 물건으로 여기거나 아니면 귀찮은 짐으로 간주하기도 한다. 아이들은 이런 일들을 한꺼번에 경험하기도 하며, 때로는 이 사람을 통해 때로는 저 사람을 통해 자기가 단지 어른들에게 기쁨을 주거나 아니면 불쾌감을 주는 존재에 불과하다는 것을 깨닫게 된다. 이런 식으로 아이들의 마음속에 싹트기 시작한 심한 열등감은 우리 문화의 독특한 성격 때문에 한층 더 심해질 수 있다. 아이들을 진지하게 대하지 않는 습관뿐 아니라 아이들은 근본적으로 아무 것도 아니며 아무런 권리도 없으며, 어른들에게 항상 양보해야 하고 공손해야 한다고 가르치는 행위가 바로 그런 것이다. 아무리 옳은 것이라도 적절하지 못한 방식으로 가르치게 되면 아이들은 당연히 반발한다. 많은 아이들은 무슨 일을 하건 웃음거리가 되지 않을까 하는 두려움을 갖고 자란다. 아이를 비웃는 악습도 아이의 성장 과정에 악영향을 미친다. 비웃음을 두려워하는 아이는 나이를 먹어도 늘 마찬가지이며, 성인이 되어도 이 공포에서 벗어나지 못한다. 아이들에게 거짓말하는 것을 대수롭지 않게 생각하는 경향도 해롭기는 마찬가지이다. 거짓말을 하게 되면 아이들은 자신의 삶뿐만 아니라 주변 사람들의 진지함마저도 쉽게 의심하게 된다. 학교에 갓 입학한 아이들 중에는 학교 공부를 부모가 만들어낸 장난이라고 생각하며, 자기는 학교 공부를 진지하게 생각하지 않는다고 웃으면서 말하는 경우도 간혹 있다.

2. 열등감의 보상, 인정욕구와 우월욕구

열등감, 불안감, 무력감은 삶의 목표를 세우게 하고, 그 목표가 구체화 되도록 도와준다. 아이는 이미 신생아 때부터 관심을 받고 싶어 하며, 어떻게 하든 부모의 주의를 끌려고 노력한다. 이것이 바로 인정욕구Geltungsstreben가 눈뜨기 시작하는 첫 번째 신호이다. 인정욕구는 열등감의 영향 속에서 발전해가며, 아이로 하여금 주위 환경보다 더 우월해 보이는 목표를 설정하도록 유도한다.

남보다 우월하고 싶은 욕구는 한 사람이 가지고 있는 공동체감의 정도와 크기에 의해 결정된다. 권력욕이나 우월욕구를 그의 내면에 존재하는 공동체감과 서로 비교하지 않고서는 아이건 어른이건 그 사람에 대한 판단을 제대로 내릴 수 없다. 우리는 목표를 달성하면 우월감을 느끼며, 우리의 인격은 삶의 보람을 느낄 정도로 고양된다. 목표는 우리의 감정에 가치를 부여할 뿐만 아니라 우리의 지각을 조정하고 그것에 영향을 미친다. 그리고 목표는 우리가 어떤 것을 표상하거나 혹은 기억을 지우려고 할 때 사용하는 상상력을 동원하기도 한다. 우리의 감정은 정신이 추구하는 목표에 따라 좌우되는 것이지 절대적인 것이 아니다. 우리는 숨겨진 의도에 따라 선별적으로 지각하며, 목표에 부합하는 것만을 체험한다. 이렇게 보면 이 모든 것은 상대적이며, 남는 것은 단지 요지부동한 가치들의 허상뿐이다. 우리는 인위적으로 만들어낸 고정된 한 점^{Punkt}에 맞춰 행동한다. 그러나 이 점은 현실에 존재하지 않는 하나의 가상에 불과하다. 이러한 가상을 전제하는 이유는 인간의 정신생활이 불완전하기 때문이다. 이와 유사한 전제들을 우리는 과학과 삶의 현장에서도 발견한다. 그 예로 지구를 분할하는 자오선은 실제로 존재하지 않지만 하나의 전제로서 중요한 가치를 지닌다. 분명히 존재하지 않는 고정점을 가정한다는 것은 우리의 정신생활이 가지고 있는 허구적 특징 중의 하나이다. 우리는 삶의 혼돈 속에서 방향을 잃지 않고 올바른 인식에 도달하기 위해 이러한 가정이 필요하다. 감정에 의해 유발된 것들을 예측이 가능한 영역으로 옮겨 놓음으로써 우리는 그 안에서 활동할 수 있게 된다. 한 사람의 정해진 목표가 무엇인지 추측할 수 있다면 우리는 그것을 근거로 그의 정신생활을 관찰할 수 있다.

이렇게 개인심리학은 독자적인 해석 방법$^{heuristische\ Methode}$을 발전시켰다. 이에 따르면 인간의 정신생활은 타고난 잠재 능력이 어떤 목표를 설정하고, 그 영향에 따라 특정 기질로 형성되는 과정이다. 이 해석 방법은 단순히 학문 연구를 위한 보조 수단이 아니다. 이 방법에 의해 규명되는 내용은 그것이 의식적인 경험이건 무의식에서 비롯된 것이건, 정신의 발달 과정에서 실제로 일어나는 사건과 근본적으로 거의 일치한다. 우리의 경험과 우리가 받은 인상들이 이를 입증하고 있다. 목표에 도달하려고 하는 심리적 성향은 결코 직관이 아니라 하나의 근본적인 사실이다.

인류의 문화에서 가장 죄악시 취급되어 온 권력추구를 어떻게 하면 유익한 것으로 받아들이고, 어떻게 하면 그것에 대해 잘 대응할 수 있을까 하는 질문은 끊임없이 제기되었다. 이 문제와 관련하여 우리가 겪게 되는 어려움은 권력을 추구하기 시작하는 시기의 어린아이와 의사소통을 할 수 없다는 점이다. 사람은 어느 정도 시간이 지나야 분별력을 갖게 되며, 그때 가서야 비로소 자기의 잘못을 고치기 시작한다. 그러나 아이들 안에 내재된 공동체감을 자극하여 과도한 권력욕을 억제시킨다면 유아기에도 교정은 가능하다.

우리가 직면하고 있는 또 다른 어려움은 아이들이 권력을 추구하면서 그것에 대해 솔직하게 말하지 않고 숨긴다는 점이다. 아이들은 관심과 애정을 볼모로 자신의 권력욕을 은밀하게 관철시키며, 이러한 의도가 드러나지 않게 조심스레 행동한다. 남보다 더 강해지고 싶은 과도한 권력욕은 어린아이의 정신생활을 기형적으로 발달시킨다. 안정을 도모하고 권력을 성취하려는 욕구가 극도로 고조되면 용기는 무례함으로, 공손은 비굴함으로 변할 수 있으며, 애정은 타인의 양보와 굴복, 그리고 복종을 강요하는 책략이 될 수 있다. 이밖에 겉으로 표출되지 않는 다른 성격들 속에도 우월해지려는 은밀한 욕망이 숨겨져 있다.

아이에게 좋은 영향을 주는 교육은 아이가 불안감에서 벗어날 수 있게 의식적 그리고 무의식적 동기를 부여하며, 삶에 필요한 기능과 지식, 학습된 이해심 그리고 이타심을 갖게 해준다. 이러한 것들은 어디에서 비롯되었건 아이가 불안감과 열등감에서 벗어날 수 있게 새로운 길을 제시해준다. 아이의 마음속에서 일어나는 일들은 점차 특징적인 성격으로 발전되어 가는데, 이것은 정신세계의 변화를 의미한다.

불안감과 열등감의 강도는 무엇보다 아이가 자신의 상황을 어떻게 평가하느냐에 따라 상이하게 나타난다. 객관적으로 열등감이 어느 정도인지 그 강도를 아는 것은 나름대로 의미가 있으며, 아이들도 그것을 느끼게 된다. 그러나 아이가 정확한 평가를 내릴 것이라고 기대하기는 어렵다. 이것은 성인의 경우도 마찬가지로 이로 인해 어려운 문제가 생기게 된다. 어떤 아이는 자신의 상황을 좀 더 정확하게 평가할 수 있지만, 어떤 아이는 너무 복잡한 환경 속에서 성장했기 때문에 자기의 열등감과 불안 정도를 제대로 파악하지 못한다. 그러므로 우리는 아이들의 유동적인 감정을 항상 관찰해야 한다. 기복이 심한 감정은 점차 형태를 갖추게 되고, 마침내 자기평가Selbsteinschaetzung의 모습으로 표현된다. 자기평가의 결과에 따라 아이는 열등감의 극복, 즉 열등감을 보상Kompensation하려 하며, 이에 상응하는 목표를 설정하게 된다.

정신은 늘 열등감 때문에 생기는 괴로운 감정을 극복하기 위해 노력한다. 보상을 추구하는 정신의 메커니즘은 신체의 세계에서도 똑같이 찾아 볼 수 있다. 이미 증명된 바와 같이 신체기관은 문제가 생기면 스스로의 생존 능력을 배가시킨다. 즉 혈액 순환에 장애가 생기면 심장은 더 강한 힘으로 작동한다. 심장은 이 힘을 다른 신체기관으로부터 끌어들여 정상적인 심장보다 훨씬 더 커지게 된다. 이와 유사하게 왜소함, 나약함, 열등감 때문에 괴로워하는 정신기관도 고통스러운 감정들을 통제하고 제거하기 위해 엄청난 노력을 기울인다.

열등감의 압박이 너무 심해지면 아이는 앞으로의 삶에 대해 충분히 준비하지 못했다는 두려움에 사로잡히게 된다. 그러면 아이는 단순한 보상에 만족하지 못하고 과도한 반응(과잉보상Übrkompensation)을 하게 된다. 권력과 우월을 확보하려는 과도한 노력은 마침내 병적인 상태로까지 고조된다. 일상적인 삶의 관계는 아이의 욕구를 충족시키지 못한다. 아이는 높은 목표를 설정하고, 거기에 맞춰 아주 비범하고 눈에 띄는 행동을 하게 된다. 또한 남을 전혀 고려하지 않은 채 오직 자신의 위치를 확보하는 데만 급급하며, 이를 위해 과도한 힘을 쏟는다. 유별난 행동을 하면서 다른 사람들을 방해할 뿐만 아니라 타인의 삶에도 개입한다. 그러면 다른 사람들은 당연히 방어적인 태도를 취할 수밖에 없으며, 아이는 모든 사람들에게 그리고 모든 사람들은 아이에게 적대적이 된다. 그러나 모든 것이 곧바로 최악의 상태로 진행되는 것은 아니다. 이런 아이의 행동은 오랜 기간 겉으로 보기에 정상적인 것처럼 보이며, 이 과정에서 생기는 명예욕은 사람들과 갈등을 빚을 정도로 뚜렷하게 나타나지는 않는다. 그러나 이 아이가 내심 준비하고 있는 것이 어느 누구에게도 기쁨과 유익함을 주지 않을 것이라는 것은 자명하다. 왜냐하면 우리 문화가 그것을 허락하지 않기 때문이다.

　유년 시절에 억제되고 통제되지 못한 명예욕은 좋은 방향으로 승화되지 못하면 그 정도가 더 심해진다. 이런 사람은 타인을 방해하거나 불쾌하게 만든다. 시간이 지나면서 명예욕과 함께 다른 현상들이 나타난다. 사회적 유기체인 인간 사회의 입장에서 볼 때 이 현상들은 적대감Feindseligkeit을 의미한다. 허영심Eitelkeit, 교만Hochmut, 그리고 어떤 대가를 치르더라도 타인을 압도하려는 노력 등이 여기에 속한다. 달리 표현하면 그것은 자기가 높이 올라가려고 노력하는 것이 아니라 다른 사람이 추락하는 것을 보고 만족해하는 모습이다. 이렇게 되면 그는 오직 거리감, 즉 자신과 다른 사람 사이에 존재하는 큰 차이만을 중시하게 된다. 삶에 대해 이런 태도를 가진 사람은 주변 사람들을 방해하는 것은 물론 자기 스스로도 주변 환경을 불편하게 느낀다. 왜냐하면 그들의 마음은 삶의 어두운 부분으로만 채워져 있어서 진정한 삶의 기쁨을 전혀 향유하지 못하기 때문이다.

남보다 우월하려고 애쓰는 아이들은 공동의 과제에 모순되는 행동을 한다. 권력을 갈망하는 사람의 이상과 공동체감을 가진 사람의 이상을 비교해보면 첫 번째 유형의 사람이 얼마나 공동체감을 적게 가지고 있는지 어느 정도 파악할 수 있다.

인간의 본성을 이해하는 것은 아주 세심한 주의를 요하는 일이다. 인간을 잘 이해하는 사람^{Menschenkenner}은 한 사람의 신체적, 정신적 결함에 주목한다. 이들은 심리적 발달 과정의 문제가 거기에서 비롯된다는 것을 감지한다. 여기에 주목하게 되면 우리는 뭔가 유익한 일을 하고 있다는 의식을 갖게 된다. 물론 이를 위해서는 우리 스스로가 충분한 공동체감을 가지고 있어야 한다. 이는 혐오스럽고 불쾌감을 주는 성격의 소유자일지라도 비난하지 않고, 그들이 불만을 토로할 수 있도록 최대한 권리를 보장해 주는 것을 뜻한다. 또한 우리 모두가 죄책감을 가져야 하며, 충분하지 못한 배려와 이해 부족에서 생긴 사회적 불행에 대해 공동의 책임을 진다는 것을 뜻한다. 이러한 입장을 견지한다면 우리는 무거운 짐을 다소 덜 수 있으며, 결함이 있는 사람들을 더 이상 쓰레기나 인류의 퇴화물로 대하지 않게 될 것이다. 이러한 인식을 통해 우리는 이들이 자유롭게 성장할 수 있는 분위기를 조성할 수 있다. 그 안에서 이들은 자신이 다른 사람들과 결코 다르지 않으며, 동등한 관계 속에 있다는 것을 스스로 깨닫게 될 것이다.

선천적으로 열등한 외모를 가진 사람은 종종 불쾌감을 불러일으킨다. 이 점을 생각할 때 공동체감이라는 절대진리에 맞게 행동하기 위해서는 우리 스스로가 어떤 교육을 선행해야 할지, 그리고 우리의 문화가 이들에게 얼마나 많은 잘못을 저질렀는지 알게 된다. 신체적 결함을 가지고 태어난 아이는 남모르는 삶의 무게를 느끼기 때문에 비관적인 세계관을 갖기 쉽다. 눈에 띄는 신체적 결함은 없지만, 어떤 이유에서건 열등감을 갖고 있는 아이들도 이와 같은 상황에 있다. 예를 들어 엄격한 교육과 같은 특별한 환경은 열등감을 고조시킬 수 있으며, 결국 위와 같은 불행을 초래하게 된다. 그들은 유년기 때 박힌 가시를 빼내지 못하며, 일찍이 경험한 냉대 때문에 선뜻 주변 사람들에게 다가서지 못한다. 마침내 그들은 끝내 함께 할 수 없는 무정한 세계와 마주하고 있다고 확신하게 된다.

걷는 모습이 항상 중압감에 시달리는 것처럼 보이고 남다른 책임의식과 자기 행동의 중요성을 유난히 강조하는 환자가 있었다. 그는 부인과 아주 심각한 관계에 있었다. 두 사람은 늘 팽팽히 맞섰으며, 서로 자기가 상대보다 낫다고 주장했다. 그 결과 불화와 부부 싸움은 계속되었으며, 이런 가운데 상대에 대한 비난의 목소리는 점점 더 커져갔다. 결국 두 사람 사이를 잇는 끈은 끊어졌고, 파경은 불가피하게 되었다. 그는 공동체감을 가지고 있었지만 남보다 우월하고 싶은 성향 때문에 아내와 친구, 그리고 다른 사람들에게 마음을 줄 수 없었다.

그는 자신의 삶에 대해 다음과 같이 이야기했다. 열일곱 살이 될 때까지 그는 신체 발육이 부진하여 작은 키와 어린아이와 같은 목소리를 가지고 있었다. 게다가 수염도 나지 않아 외모상으로는 여전히 어린아이였다. 이제 그는 서른여섯 살이 되었다. 그에게서 이상하게 보이는 것이라고는 하나도 없으며, 그의 남성적인 외모는 전혀 나무랄 데가 없다. 자연은 그에게 열일곱 살이 될 때까지 억류해 놓았던 것을 다시 되돌려주었다. 그러나 8년간 성장의 단절 속에서 고통을 받아 왔던 그는 자기가 다시 성장할 것이라고 전혀 생각하지 못했다. 계속 어린아이로 살아가야 한다는 사실 때문에 그는 늘 괴로워했다. 훗날 그에게 나타나게 될 특징이 이미 그 당시에 보이기 시작했다. 누군가를 만나면 겉모습과 달리 자신이 그렇게 어린아이가 아니라고 끊임없이 설명했다. 그는 자기가 중요하다고 생각했고, 중요한 사람인 양 행동했다. 또한 주위의 시선을 끌기 위해서 온갖 표현과 행동을 다 동원하였다. 이렇게 시간이 흐르면서 지금 그가 갖고 있는 성격이 형성된 것이다. 그는 아내가 생각하는 것보다 훨씬 크며, 자기의 가치 또한 훨씬 크다는 것을 아내에게 계속 주지시키려고 했다. 반면에 그의 아내는 자기 남편이 스스로 생각하는 것보다 훨씬 작다고 주장하였다. 이런 상황은 이들의 친밀한 부부 관계 형성을 방해했다. 약혼 시기에 이미 보이기 시작했던 불화의 조짐은 결혼 생활을 완전히 파경으로 몰아갔다. 그렇지 않아도 손상된 두 사람의 자의식은 결혼 생활의 실패로 인해 더 큰 충격을 받게 되었고, 마침내 그는 의사를 찾게 되었다. 그는 의사와 함께 인간에 대한 지식을 터득해가며 그간 어떤 오류를 범했는지를 인식할 수 있었다. 그는 왜곡된 열등감 때문에 지금까지 늘 똑같은 오류를 반복한 것이다.

3. 기본 원칙과 세계상

우리의 연구는 유아기 때 받은 인상과 현재 환자가 가지고 있는 불만을 하나의 선으로 연결할 수 있다는 전제에서 출발한다. 그 둘 사이의 연관성을 파악하면 대부분의 경우 한 사람을 지금까지 이끌어 온 정신적 노선을 찾을 수 있다. 이것이 그의 동선Bewegungslinie이다. 그의 삶은 어려서부터 지금까지 이 패턴을 벗어나지 못한다. 우리는 이러한 생각이 인간의 운명을 중시하고, 운명을 스스로 만들어가는 근거, 즉 자유판단freies Ermessen을 부정하는 것은 아닌가하는 인상을 받게 된다.

자유판단을 부정한다는 지적은 맞다. 왜냐하면 어느 정도 수정이 가능하긴 하지만 실제로는 늘 고정적인 행동 패턴이 작용하기 때문이다. 유아기 때 형성된 행동 패턴의 근본적인 내용과 에너지, 그리고 그 의미는 변하지 않고 그대로 남는다. 이 노선은 아이의 주변 환경과 밀접한 관계가 있는데, 이 주변 환경은 훗날 인간 사회라는 더 큰 환경에 의해 대체된다. 따라서 한 사람의 역사를 밝히기 위해서는 유아기 초기까지 그 사람의 삶을 추적해 가야 한다. 그 이유는 신생아 때 받은 인상들이 아이를 일정한 방향으로 인도하며, 삶의 문제에 대해 일정한 방식으로 대응하게 만들기 때문이다. 삶의 문제에 대응하기 위해 아이는 자기가 가지고 있는 발전 가능성을 모두 동원한다. 그리고 유아기 때 느낀 압력은 바로 그 아이의 삶의 방식, 즉 세계상에 영향을 미친다.

사람의 외모는 유아기 때와 비교하여 크게 변하지만, 놀랍게도 삶에 대한 태도는 그다지 변하지 않는다. 그러므로 신생아 때부터 삶에 대해 잘못된 견해를 갖지 않도록 적절히 환경을 조성해 주는 것이 중요하다. 이 과정에서는 특히 신체기관의 힘과 지구력, 사회적 상황, 그리고 교육자의 자질이 중요한 역할을 한다. 어린아이가 삶에 대응하는 방식은 자동적이며 반사적이지만, 그의 태도는 곧 합목적성을 띄게 된다. 즉 초기에는 물리적 필요라는 외적 요인이 아이의 고통과 행복을 결정하지만, 시간이 지나면서 아이는 자기 힘으로 이 1차적 요인이 주는 압박에서 벗어나려고 한다. 아이들은 자기가 옳다고 주장하며 교육자의 억압으로부터 벗어나려고 반항한다. 이것은 소위 자기발견Ichfindung의 시기에 일어나는데, 이때가 바로 자신에 대한 이야기를 하거나 혹은 '나는 …하다'라고 1인칭으로 말하기 시작하는 시기이다. 이때 아이는 자신이 주변 환경과 밀접한 관계 속에 있다는 것을 의식한다. 그러나 주변 환경은 그에게 중립적이지 않으며, 특정한 태도를 요구한다. 이에 따라 아이는 자신의 세계상에 맞는 편안함을 추구하면서 주변과 관계를 맺게 된다.

정신생활이 목표를 지향한다면 행동 패턴이 통일성을 갖는다는 것은 당연하다. 그러므로 우리는 인간을 통일성을 가진 인격체로 파악한다. 이러한 생각은 어떤 사람의 표출행동^{Ausdrucksbewegungen}이 모순적일 때 특히 중요한 의미를 갖는다. 예를 들어 어떤 아이는 학교와 집에서 서로 모순된 행동을 한다. 어떤 사람의 성격은 여러 가지 모순된 특징을 가지고 있기 때문에 사람들은 그의 본성을 오인하게 된다. 또한 두 사람의 표출행동이 겉으로 보기에는 일치하지만, 자세히 살펴보면 그들의 근본적인 행동 패턴은 정반대일 수 있다. 두 사람의 행동이 같더라도 그 행동의 내용은 전혀 다를 수 있으며, 두 사람이 서로 다르게 행동하더라도 실제로는 같은 행동일 수 있다.

정신생활의 현상들은 이렇게 다의성^{Vieldeutigkeit}을 지니고 있다. 그러므로 우리는 이것들을 개별적이고 서로 고립된 것으로 볼 것이 아니라 상호 연관성 속에서 관찰해야 한다. 즉 모든 현상들은 통일성을 가지고 있으며, 공통된 목표를 지향하고 있다. 어떤 현상을 관찰할 때 이것이 삶의 전체 관계 속에서 어떤 의미를 지니는지 파악하는 것이 중요하다. 모든 현상들이 하나의 통일된 방향성을 가진다는 생각은 한 사람의 정신생활을 이해하는데 중요한 단서를 제공한다.

인간의 사고와 행위가 목표 지향적이고 목적론적^{final}이며, 방향성을 가진다면 커다란 오류의 원인이 무엇인지도 역시 추정할 수 있다. 인간이 오류를 범하는 이유는 자기가 성취한 성공이나 기득권을 자기의 특성과 연관지으며, 그것들을 개인적인 틀, 즉 자기의 근본적인 행동 패턴을 공고히 하는데 이용하기 때문이다. 무엇보다 객관적인 검증 없이 모든 것을 의식과 무의식의 어둠 속에 묻어 두기 때문에 오류를 범하는 것이다. 우리의 학문은 이 어둠을 밝혀줄 것이다. 우리 스스로도 이 과정을 모두 파악하여 개인이 변화할 수 있게 도와줄 것이다.

이제 우리는 이 논의를 하나의 사례를 통해 끝내고자 한다. 지금까지 터득한 개인심리학적 인식은 모든 개별 현상들을 분석하고 설명하는 근거가 될 것이다.

어느 날 심한 불만을 호소하는 젊은 여자가 찾아왔다. 그녀는 하루 종일 고되게 일해야 한다고 말했다. 그녀는 이 상황을 불만스럽게 생각했다. 우리는 그녀의 외모에서 급한 성격과 불안한 시선을 관찰할 수 있었다. 그녀는 외출을 하거나 혹은 어떤 일을 시작하면 심한 불안감에 빠진다고 했다. 주변 사람들은 그녀가 모든 것을 너무 심각하게 생각하며, 일에 대한 부담 때문에 쓰러질 것처럼 보인다고 이야기했다. 우리에게도 그녀는 모든 것을 너무 심각하게 생각하는 사람처럼 보였다. 물론 이런 인상은 많은 사람들이 가지고 있는 특이한 현상 중 하나일 뿐이다. 그런데 그녀가 늘 호들갑을 떤다는 말을 주변 사람으로부터 전해 들었다.

우리는 자기에게 부과된 일을 힘겨워하고 너무 진지하게 생각하는 성향에 대해 그리고 이러한 태도가 집단생활이나 부부 생활에 어떤 결과를 초래할지에 대해 생각해보았다. 이러한 성향을 가진 사람은 해야 할 일을 제대로 하지 못하며, 이제는 더 이상 부담을 견딜 수 없다고 주위에 호소한다.

이 여자에 대해 우리가 알고 있는 정보는 아직 불충분했다. 그러므로 우리는 더 많은 정보를 얻기 위해 그녀의 마음을 움직여야 했다. 이런 조사를 할 때는 섬세한 감각이 필요하다. 환자에게 반발심을 불러일으킬지 모르는 자기과시Selbsterhebung는 피해야 하며, 추측을 하거나 질문을 던지면서 천천히 유도해 나가야 한다. 대화를 시작하면서 우리는 그녀에게 남편의 성격이나 행동은 이해하지만 더 이상 부담을 견딜 수 없으며, 세심한 대우와 애정을 갈구하고 있다는 암시를 주었다. 또한 계속 공감대를 형성해 가면서 어딘가에 이 모든 것의 원인과 동기가 있을 거라고 말해 주었다. 그러자 그녀는 마음을 열고 남편과 애정 없이 살았던 시기를 견뎌내야 했다고 털어 놓았다. 이로써 우리는 그녀가 자신을 배려해 달라는 요구를 하고 있으며, 마음의 상처를 받지 않기 위해 애쓰고 있다는 것을 인식할 수 있었다.

우리가 내린 진단은 그녀의 다른 진술에 의해 확인되었다. 그녀는 자기와 여러 면에서 다른 한 친구에 대해 이야기하였다. 그 친구도 불행한 결혼 생활을 하고 있으며, 당장 그 생활에서 벗어나고 싶어한다고 말했다. 언젠가 우연히 만난 친구는 어느 날 읽고 있던 책을 손에 든 채 따분한 목소리로 남편에게 점심 식사 준비가 늦어질지 모르겠다고 말하자 친구의 남편은 흥분하여 그 친구의 성격에 대해 신랄한 비난을 퍼부었다고 했다. 그녀는 이 사건에 대해 다음과 같이 말하였다.

"이 일을 보면, 내가 사는 방식이 훨씬 더 낫다고 생각해요. 나는 저런 비난은 받지 않아요. 왜냐하면 이른 아침부터 저녁까지 일에 파묻혀 살기 때문이죠. 만일 내가 점심 식사를 제때에 준비하지 못하더라도, 늘 바쁘고 긴장의 연속인 내 일상을 생각한다면 어느 누구도 나에게 뭐라고 할 수 없어요. 그러니 이렇게 사는 방식을 포기할 것까지는 없어요."

우리는 그녀의 마음속에서 어떤 일이 일어나는지 알 수 있었다. 그녀는 악의는 없지만 우월한 위치에 서고 싶어하며, 어떤 비난도 받지 않고 항상 다정하고 부드러운 대우를 원했다. 다만 실제로 그녀가 원하는 대로 되는데도 불구하고 왜 계속 이런 요구를 하는지 이해하기 어렵다. 이러한 태도 뒤에는 무언가 다른 것이 숨겨져 있었다. 애정을 호소하는 일은 결국 남보다 우월하고 싶은 욕구로 이어지는데, 그것이 단번에 충족될 수는 없다. 때문에 여러 가지 원하지 않는 일들이 초래된다. 그녀는 물건을 분실하거나 혹은 잃어버린 것을 찾지 못하면 야단법석을 떨었고 '집안일'은 항상 두통과 불면을 일으켰다. 왜냐하면 그녀는 늘 근심에 싸여 있었으며, 오직 자기가 애쓰고 있다는 점을 부각시키기 위해 근심거리를 과장하기 때문이다. 그녀에게는 이제 누구에게 초대받는 것조차 힘든 일이 되었다. 초대에 응하려면 너무나 많은 준비가 필요했다. 아주 사소한 일도 그녀에게는 너무 큰일같이 보였다. 그래서 누군가를 방문하는 것은 많은 시간, 심지어 여러 날이 소요될 정도로 힘든 일이 되었다. 우리는 그녀가 초대를 거절하거나 아니면 초대받은 시간보다 늦게 갈 것이라는 것을 충분히 예상할 수 있다. 이러한 사람의 사회성은 일정한 한계를 넘지 못한다.

부부처럼 두 사람의 관계에서는 상대에게 애정을 호소하는 것이 특별한 의미를 갖는 상황들이 많다. 남편이 직업상 집에 들어가지 못할 수도 있으며, 자기만의 친구 모임이 있을 수도 있다. 또한 남편 혼자 누군가를 방문할 때도 있으며, 혼자 동호회에 참석할 때도 있다. 이 경우 애정과 배려를 요구하는 아내가 혼자 집에 남게 되면 '상처를 받지 않을 수 없다. 우리는 결혼이 한쪽 배우자를 집에 묶어놓을 수 있는 당연한 제도라고 쉽게 생각할지 모른다. 사실 그렇게 생각하는 사람들도 적지 않다. 애정과 배려에 대한 요구를 어느 정도는 호의적으로 받아들일 수 있지만, 실제로 직업을 가진 사람의 입장에서 그 요구를 다 들어준다는 것은 쉬운 일이 아니다. 그렇게 되면 갈등은 불가피하다. 우리의 사례에서와 같이 늦은 시각에 귀가한 남편이 조용히 침실에 들어갔을 때 아내가 비난에 가득 찬 표정으로 자기를 맞이한다면 놀라지 않을 사람은 없다. 익히 잘 알려진 이 상황에 대해 더 설명할 필요는 없을 것이다. 우리는 아내의 작은 실수만을 문제 삼을 것이 아니라 똑같은 실수를 반복하는 남편들도 그만큼 많다는 사실을 간과해서는 안 된다.

여기서 중요한 것은 특별한 애정의 요구가 가끔은 이와 전혀 다른 식으로 표현될 수 있다는 점이다. 이 여자 환자의 경우에서는 보통 다음과 같은 패턴으로 나타난다. 남편이 어쩌다 저녁 시간에 외출을 해야 되면 그녀는 남편에게 다음과 같이 말한다. "평소에는 사람들과 잘 어울리지 못하니까 오늘은 늦게 와도 괜찮아요." 비록 농담조로 한 말이지만, 그녀의 말에는 아주 진지한 의미가 담겨 있다. 이것은 지금까지 보여준 그녀의 모습과 모순된다. 그러나 좀 더 자세히 관찰해보면, 그것들이 일치한다는 것을 알 수 있다. 아무 생각 없이 한 말은 아니지만, 그녀는 영리하게도 부드러운 어조로 말했다. 외견상 그녀는 모든 관계에서 아주 사랑스러운 모습을 보인다.

이 사례는 그 자체로는 문제될 게 없지만, 심리학적인 면에서 우리의 주목을 끈다. 남편에게 한 말의 진정한 의미는 명령을 내린 사람이 다름 아닌 그녀라는 사실이다. 그녀가 허락한 뒤에 비로소 남편의 외출이 가능해진 것이다. 만약 남편이 자기 마음대로 행동했다면 그녀는 몹시 기분이 상했을 것이다. 따라서 그녀의 말은 전체 상황을 덮고 있는 베일처럼 작용한다. 이제 그녀는 지휘하는 쪽이며, 남편의 행위는 사회적 의무를 수행하는 것이지만 아내의 소망과 의지에 종속되어 있다.

    이 여자는 자기에게 통제권이 있는 일은 아무런 거부감 없이 잘 해낸다. 이 점을 특별한 애정을 요구하는 그녀의 태도와 연결시켜 보면 우리는 엄청난 충동이 그녀의 삶을 지배하고 있다는 것을 금방 알게 된다. 이것은 2등 역할을 싫어하며, 항상 남보다 우월하고 싶어하고 누구도 그녀의 위치를 위협할 수 없으며, 작은 모임에서조차 늘 중심에 서고 싶어하는 충동이다. 그녀가 어떤 상황에 있건 우리는 항상 똑같은 패턴을 발견하게 된다. 언젠가 가정부를 새로 들여야 할 일이 있었는데, 이때도 마찬가지였다. 그녀는 새 가정부가 오면 통제를 잘할 수 있을지 걱정하였다. 외출 준비를 할 때도 비슷했다. 통제권이 완전히 보장된 공간에서 생활하는 것과 집 밖에 '낯선 곳'으로 나가는 것은 그녀에게 완전히 다른 일이다. 거리에서는 아무 것도 자기 뜻대로 할 수 없으며, 자동차를 피해야 하고, 기껏해야 아주 작은 역할밖에 할 수 없다. 그녀가 집에서 어떤 권력을 행사하는지 생각해보면 이 긴장의 원인과 의미가 무엇인지 명확해진다.

    이러한 현상들은 종종 아주 호의적인 모습으로 나타나기 때문에 우리는 이 사람이 고통 받고 있다는 생각을 하지 못한다. 이 고통의 정도는 아주 심해질 수 있는데, 이 환자의 경우처럼 긴장감을 확대시켜 보면 알 수 있다. 전차를 타는 것이 두려운 것은 그곳에서 자신의 의지를 전혀 행사할 수 없기 때문이다. 이러한 두려움이 심해지면 결국 집 밖으로 나가지 못하게 된다.

    위의 경우는 유년기 때 받은 인상이 평생 지속된다는 것을 보여주는 아주 교육적인 사례이다. 그녀의 입장에서 보면 그녀의 행동은 모두 다 옳다. 이를 부정할 수는 없다. 어떤 사람의 생각과 삶의 목표가 타인으로부터 온정과 존중을 받고 애정을 차지하는 데에 집중되어 있다면, 항상 힘겨워하고 흥분된 모습을 보이는 것은 목표를 달성하기 위한 수단이 된다. 그것은 모든 비난을 피할 수 있는 길이며, 동시에 주변 사람들에게 자기를 도와주고, 부드럽게 경고하며, 자신의 정신적 균형을 깨뜨리지 말라는 요구이기도 하다.

이 환자의 과거로 거슬러 올라가보자. 수업 중에 문제를 풀 수 없으면 그녀는 심한 흥분 상태에 빠졌다. 이렇게 함으로써 선생님이 자기를 야단치지 못하게 만들었다. 그녀는 세 아이 중 맏이이며 바로 밑은 남동생이고, 그 다음은 여동생이다. 그녀는 특히 남동생과 자주 싸웠다. 남동생은 다른 형제보다 더 사랑받는 존재로 보였고, 사람들이 그의 성적에 큰 관심을 보이면 몹시 화가 났다. 그녀 역시 우수한 학생이었지만, 좋은 성적을 받아 와도 다들 별 관심을 보이지 않자 그녀는 동생과 자기가 왜 다른 대접을 받는지 고민하게 되었다.

우리는 이 소녀가 동등한 권리를 요구하고 있으며 어린 시절부터 강한 열등감에서 벗어나려고 애썼다는 것을 쉽게 이해할 수 있다. 열등감에서 벗어나기 위해 그녀가 행동으로 보인 것은 성적이 나쁜 학생이 되는 것이었다. 그녀는 나쁜 성적으로 동생을 능가하려고 했다. 도덕적 관점이 아니라 유아적 의미에서 부모의 주의를 끌려고 한 것이다. 이것은 어느 정도 의도된 행위이다. 왜냐하면 성적이 나쁜 학생이 되고 싶었다는 것을 지금도 생생하게 기억하기 때문이다. 그러나 부모님은 성적이 나빠졌는데도 전혀 신경을 쓰지 않았다. 그러자 아주 흥미로운 일이 일어났다. 갑자기 그녀가 다시 좋은 성적을 받아 온 것이다. 그런데 이번에는 그녀의 막내 여동생이 여기에 끼어들었다. 여동생도 학교 성적이 나빴으나, 엄마는 남동생처럼 여동생을 각별히 보살폈다. 왜냐하면 우리의 환자는 성적만 나빴지만, 그녀의 여동생은 품행도 좋지 않았기 때문이다. 품행이 나쁘다는 것은 아주 다른 사회적 효과를 지닌다. 따라서 여동생은 부모님의 관심을 훨씬 더 끌 수 있었던 것이다. 부모님은 이에 대해 특별한 조치를 취하고, 더 적극적으로 여동생을 보살폈다. 동등한 대우를 받기 위한 그녀의 투쟁은 일단 실패로 끝났다. 그러나 동등함을 쟁취하려는 투쟁이 좌절됐다고 해서 이 과정이 중단되었다고 생각할 수는 없다. 좌절을 쉽게 받아들이는 사람은 없다. 여기에서 다시 새로운 충동과 노력이 시작되며, 이는 그 사람의 성격 형성에 적지 않은 영향을 미친다.

이제 우리는 호들갑을 떨고 성급한 행동을 하는 것이 무엇을 의미하며, 다른 사람에 의해 항상 억눌림을 받고, 아주 힘들어 하는 모습을 보이려고 애쓰는 것이 무엇을 뜻하는지 좀 더 잘 이해하게 되었다. 이 모든 것은 어머니를 겨냥한 것이며, 여동생처럼 자신에게도 관심을 쏟아 달라는 요구이며, 동시에 자기를 홀대한 것에 대한 비난이기도 하다. 이때 형성된 그녀의 기본 정서는 오늘까지 그대로 남아 있다.

그녀는 좀 더 과거로 거슬러 올라가 아주 인상 깊었던 유년기의 경험에 대해서 이야기했다. 그녀가 세 살 무렵, 태어난 지 얼마 안 된 남동생을 나무 조각으로 때리려고 한 적이 있었는데, 어머니의 주의로 간신히 큰 사고는 막을 수 있었다. 그러나 어린 소녀는 자기가 무시당하고 인정받지 못하는 것은 여자이기 때문이라고 생각했다. 그녀는 남자가 되고 싶다는 말을 수없이 했다고 기억하고 있다. 남동생이 태어나면서 따뜻한 보금자리를 빼앗겼을 뿐만 아니라 남동생이 자기보다 훨씬 좋은 대우를 받는다는 사실이 그녀를 우울하게 만들었다. 이러한 결핍을 극복하기 위해 그녀는 항상 힘겨워하는 사람처럼 보이는 방법을 선택하였다.

꿈도 한 인간의 행동 패턴이 정신생활에 얼마나 깊이 자리 잡고 있는지를 보여준다. 이 여자는 집에서 남편과 대화를 나누는 꿈을 꾸었다. 꿈속의 남편은 전혀 남자처럼 보이지 않았고, 오히려 여자의 모습을 하고 있었다. 이 내용은 상징적인 하나의 패턴을 보여주고 있다. 그녀는 이 패턴에 맞게 경험을 하며 인간관계를 맺는다. 이 꿈은 남편과 동등해지고 싶은 소망을 나타내고 있다. 남편은 더 이상 유년기의 남동생처럼 우월한 존재가 아니며, 거의 여자와 다를 바가 없다. 두 사람 사이에는 높고 낮음의 차이가 더 이상 존재하지 않는다. 그녀는 꿈속에서 비로소 유년기 때부터 늘 꿈꾸어 왔던 것을 성취한 것이다.

우리는 이렇게 한 인간의 정신생활 속에 내재된 두 개의 상이한 지점을 연결시킴으로써 그의 삶의 방향과 기본 패턴을 발견하였다. 다시 말해 그 사람에 대한 통일된 이미지를 얻게 된 것이다. 우리는 이 통일된 이미지를 다음과 같이 요약할 수 있다. "우리 앞에 있는 사람은 남보다 우월한 역할을 하기 위해 모든 수단을 다 동원하는 사랑스런 한 인간의 모습을 하고 있다."

6장

삶을 위한 준비

정신생활에 나타나는 모든 현상들은 목표에 도달하기 위한 준비이다. 이것은 개인심리학이 원칙으로 삼는 명제 중 하나이다. 앞에서 기술한 바와 같이 정신생활은 개인의 소망이 실현될 미래를 위해 준비하는 과정이다. 이것은 모든 인간이 경험하는 일반적 현상으로 누구나 이 과정을 겪어야 한다. 고대 신화, 민담, 전설들은 언젠가 한 번은 존재했을, 아니면 언젠가 한 번은 실현될 이상향에 대해 이야기하고 있다. 모든 민족들이 믿고 있는 과거의 낙원도 이 이상향에 속한다. 종교에는 언젠가 과거에 낙원이 존재했다는 믿음과 이를 갈망하는 인류의 동경이 여전히 남아 있다. 종교에서는 모든 고난을 극복한 미래를 예견하고 있다. 성스러운 것이나 영원한 회귀에 대한 암시, 그리고 영혼은 항상 새로운 모습으로 다시 형상화될 수 있다는 믿음도 같은 맥락에서 해석될 수 있다. 해피엔드로 끝나는 모든 동화들도 인류가 행복한 미래에 대한 희망을 한 번도 버린 적이 없음을 입증한다.

1. 놀이

　아이들이 미래를 준비하는 모습을 뚜렷하게 발견할 수 있는 현상이 있다. 바로 놀이이다. 놀이는 부모나 교육자들이 즉흥적으로 고안해 낸 것이 아니다. 그것은 아이의 정신, 상상력, 능력을 자극하는 교육적 보조 수단이다. 모든 놀이는 미래의 삶을 위한 준비이다. 이것은 아이가 놀이에 임하는 태도나 어떤 놀이를 선택하는지, 그리고 아이가 놀이에 부여하는 의미가 무엇인지를 관찰해보면 잘 알 수 있다. 주변 환경과의 관계와 주변 사람을 대하는 태도, 다시 말해 친절한지 아니면 적대적인지 혹은 지배 성향이 유난히 강한지 등도 아이의 놀이를 통해 파악할 수 있다. 또한 아이가 노는 모습을 보면 우리는 이 아이가 삶에 대해 어떤 태도를 취하고 있는지 알 수 있다. 그러므로 놀이는 아이에게 매우 중요하다. 그로스^{Groß}는 아이의 놀이가 미래를 위한 준비라는 사실을 처음 밝혀낸 교육학자이다. 그는 동물들의 놀이에서도 이러한 성향을 확인하였다.

　놀이가 단순히 미래를 위한 준비만은 아니다. 놀이는 아이의 공동체감을 발달시켜 주는 행위이기도 하다. 아이에게 잠재된 공동체감은 매우 크다. 그래서 놀이는 아이에게 만족감을 주며 아이의 관심을 끈다. 놀이를 회피하는 아이는 늘 실패에 대한 두려움을 가지고 있다. 이런 아이는 놀이를 싫어하며, 다른 아이들과 같이 놀더라도 훼방꾼이 된다. 자만, 자신감의 결여, 그리고 낭패를 볼지 모른다는 두려움이 이런 행동의 주요 원인이다. 일반적으로 놀이는 아이가 가지고 있는 공동체감의 강도를 측정할 수 있는 척도이다.

　이밖에 놀이를 통해 남들보다 우월하려는 아이의 목표를 확인할 수 있다. 이것은 명령하거나 지배하고 싶어하는 아이의 성향 속에 잘 나타난다. 앞에 나서기를 얼마나 좋아하는지, 그리고 이러한 욕구와 지배욕을 충족시켜 주는 놀이를 얼마나 선호하는지를 보면 그 아이의 성향을 알 수 있다. 삶을 위한 준비, 사회적 감정, 지배욕구, 이 세 가지는 놀이를 구성하는 중요한 요소이다. 이 요소들 중에서 한 가지라도 포함되어 있지 않은 놀이는 없다.

놀이에는 이외에 또 다른 요소가 하나 더 있다. 그것은 아이가 놀이를 통해 유희적으로 뭔가를 할 수 있는 기회를 갖는다는 것이다. 아이들은 모여 있어도 대부분 혼자 놀이를 한다. 그러나 무엇인가를 만들어 내는 것은 다른 아이들과의 관계를 통해서 이루어진다. 창조적 재능을 강조하는 놀이는 수없이 많다. 창조적인 재능이 개발될 수 있는 기회를 제공해 주는 놀이에는 미래의 직업을 위해 필요한 요소들이 들어 있다. 어릴 적에 인형 옷 만들기를 좋아하던 아이가 훗날 패션 디자이너가 되기도 한다. 우리는 이와 유사한 예를 많은 사람들에게서 발견한다.

놀이는 아이의 정신발달과 아주 밀접한 관계를 갖고 있다. 놀이는 소위 일종의 직업 활동이며, 또 그렇게 간주해야 한다. 그러므로 아이의 놀이를 방해하는 것은 옳지 않다. 놀이를 시간을 허비하는 쓸데없는 짓으로 생각해서는 안 된다. 놀이가 미래를 위한 준비라는 점을 고려한다면 거기에는 아이가 성인이 되었을 때의 모습이 이미 배태되어 있다. 그러므로 한 인간을 평가하기 위해서는 그의 유년기에 대해 아는 것이 중요하다.

2. 주의력과 산만함

주의력은 인간의 활동 능력 중에서 가장 중요한 정신 능력이다. 자기 내부나 외부에서 일어나는 일에 주의를 기울이면 누구나 심한 긴장을 느낀다. 우리는 이 긴장을 몸 전체로 느끼는 것이 아니라 눈과 같은 특정한 감각기관을 통해 감지한다. 우리는 수집된 정보들이 어디에선가 처리되고 있다는 느낌을 받는다. 눈을 예로 들면 초점을 맞추기 위해 눈의 회전축이 움직이면 이러한 긴장이 시작된다.

어딘가에 주의를 기울이면 정신기관이나 근육은 긴장한다. 그러면 다른 긴장은 저절로 차단된다. 즉 우리가 어떤 일에 집중하면 이에 방해가 되는 것을 모두 치워버리는 것과 같은 이치이다. 주의를 기울인다는 것은 목표 달성을 위해 노력을 기울여야 하는 특별한 상황, 즉 위급한 상황이 생기면 공격 자세나 혹은 방어 자세를 취한다는 것을 의미한다.

정신 질환을 앓고 있는 환자를 제외하고 인간은 누구나 주의력을 가지고 있다. 그러나 어떤 사람은 주의력이 부족하다. 여기에는 여러 가지 이유가 있다. 우선 피로나 질병으로 인해 주의력이 떨어질 수 있다. 일부러 주의를 기울이지 않기 때문에 주의력이 떨어지는 사람도 종종 있다. 이것은 주의를 요하는 대상이 그의 인생관이나 행동 패턴에 부합되지 않기 때문이다. 그러나 그의 인생관이나 행동 패턴에 맞는 대상이 나타나면 주의력은 바로 향상된다. 반골 성향도 주의력 결핍의 원인이 된다. 아이들은 뭐든지 반대로 하려고 한다. 그래서 그들은 어떤 것을 제안하더라도 늘 '아니요'라고 대답하며, 그 이유를 분명하게 밝히지 않는다. 이런 경우 현명한 교육자는 아이의 무의식에 잠재된 의도나 행동 패턴을 학습 대상과 연결시킨다. 그러면 아이는 자기가 배워야 할 것과 화해를 하며 그것과 친숙해진다.

　보통 사람들은 모든 것을 보고 들을 수 있으며 모든 현상과 변화를 감지한다. 그러나 어떤 사람은 오직 눈으로만 세상을 경험하며, 어떤 사람은 청각에만 의존해야 한다. 후자에 해당하는 사람은 시각적인 대상을 전혀 감지하지 못할 뿐만 아니라 주의를 기울이지 않는다. 이것은 주의력이 요구되는 상황에서 주의를 기울이지 않는 사람의 태도를 설명해준다. 그것은 주요 감각기관이 작용하지 않기 때문이다.

　주의력을 가장 잘 집중시키는 것은 진정한 관심이다. 관심은 주의보다 마음속 깊은 곳에 위치하고 있다. 관심이 있으면 주의를 더 기울이게 된다. 이럴 때는 교육자가 개입할 필요가 없다. 주의력은 목표 달성을 위해 관심 영역을 확장할 때 동원되는 수단이다. 그런데 인간은 누구나 성장 과정에서 오류를 범한다. 잘못된 태도가 습관이 되어 버린 사람은 별로 중요하지 않은 것에 관심을 쏟는다. 예를 들어 자기 자신이나 자기의 권력에 관심이 집중되어 있는 사람은 어떤 종류의 권력이건 그의 관심을 끌면 거기에 주의를 기울인다. 자기에게 득이 되건, 자기의 권력이 침해되건 이에 관계없이 그의 주의력은 고조된다. 권력에 대한 관심이 다른 새로운 관심으로 대체되지 않는 한 변하지 않는다. 아이들은 인정받을 일이 생기면 바로 주의를 기울이지만 그런 자극이 없으면 주의력은 곧 저하된다.

　주의력 결핍은 주의력이 요구되는 상황을 벗어나려고 할 때 생기는 현상이다. 우리는 어떤 사람의 주의를 다른 곳으로 향하게 함으로써 그의 주의를 그쪽으로 돌릴 수 있다. 그러므로 어떤 사람이 집중을 못한다고 말하는 것은 부정확한 표현이다. 그는 단지 다른 것에 집중을 더 잘할 뿐이다. 의지박약이나 추진력 부족도 주의력 결핍과 유사한 현상들이다. 이 경우에도 강한 의지와 추진력은 있지만, 그것이 다른 곳을 향하고 있을 뿐이다.

주의력 결핍은 쉽게 치료되지 않는다. 치료를 위해서는 먼저 그 사람의 전체적인 삶의 계획을 파악해야 한다. 어떤 경우이건 결함이 있다면 그것은 남들과 다른 목표를 추구하기 때문이다.

많은 사람에게 있어서 부주의는 변하지 않는 성격의 특징이 된다. 자신에게 주어진 과제를 거부하거나 그 일을 제대로 하지 않는 사람은 항상 타인에게 부담이 된다. 부주의는 누군가가 무엇을 하라고 요구하는 순간 나타나는 성격의 특징이다.

3. 태만과 건망증

어떤 사람의 안전과 건강이 부주의나 소홀로 인해 위협을 받게 되면, 우리는 보통 이것을 태만Fahrlässigkeit이라고 말한다. 태만은 극도의 부주의와 무관심 때문에 생기는 현상이다. 주변 사람들에 대해 관심이 없으면 사람은 주의를 기울이지 않는다. 놀이를 하는 아이들 중에서 유난히 태만한 아이를 관찰하게 되면 우리는 그가 자기만을 생각는지, 아니면 다른 아이들을 충분히 배려하고 있는지를 판단할 수 있다. 이러한 현상은 한 사람이 가지고 있는 공동체 의식과 사회적 감정을 측정할 수 있는 지표가 된다. 공동체감이 충분히 발달하지 못한 사람은 불이익을 당하더라도 자기 동료에 대해 쉽게 관심을 갖지 못한다. 공동체감이 충분히 발달된 사람이나 이미 그런 감정을 가지고 있는 사람은 당연히 타인에 대해 더 많은 관심을 기울인다.

그러므로 태만함은 공동체감이 결여된 상태라고 볼 수 있다. 그렇다고 태만한 사람들을 질책해서는 안 된다. 왜냐하면 이들이 왜 우리가 기대하는 만큼 타인에 대해 관심을 기울이지 않는지 먼저 살펴봐야 하기 때문이다.

물건을 분실하는 것과 건망증은 주의력 부족에서 생긴다. 이 경우에는 주의와 관심을 충분히 기울일 수 있지만 분실하거나 망각을 해도 상관없다는 모순된 태도 때문에 주의력이 떨어지는 것이다. 실례로 책을 잘 잃어버리는 아이가 있다. 이것은 아이가 학교생활에 잘 적응하지 못하고 있다는 것을 말해준다. 열쇠를 어디에 두었는지 몰라 늘 찾거나 혹은 열쇠를 자주 잃어버리는 주부들도 마찬가지이다. 이들은 집안일에 전혀 만족하지 못하는 사람들이다. 건망증이 심한 사람은 노골적인 반란 대신에 건망증을 통해 자기 일에 대한 무관심을 우회적으로 표현한다.

4. 무의식

앞에서 묘사한 인물들은 자신의 심리적 현상이나 과정을 잘 이해하지 못하는 사람들이다. 주의력이 아무리 뛰어나도 모든 것을 제대로 볼 수는 없다. 어떤 심리적 현상은 의식의 영역에서는 찾아볼 수 없다. 우리의 주의력은 어느 정도까지는 의식적으로 조절된다. 그러나 주의를 환기시키는 힘은 의식이 아닌 관심이며, 또 이것은 대부분 무의식의 영역에 있다. 무의식은 정신활동의 결과이며, 동시에 정신활동 중에서 가장 강력한 요소이다.

우리는 무의식 속에서 한 인간의 행동 패턴과 (무의식적인)삶의 계획을 발견할 수 있다. 의식 속에는 그것들의 반사체만 존재하며, 가끔은 그와 상반된 모습으로 나타난다. 예를 들어 허영심이 많은 사람은 대부분 자신이 그렇다는 사실을 전혀 의식하지 못한다. 이런 사람은 자신이 겸손하다는 것을 세상 사람들에게 보이려고 오히려 정반대로 행동한다. 허영에 찬 행동을 하기 위해서는 자기가 허영심이 많다는 사실을 알거나 깨달을 필요가 없다. 실제로 이런 사람에게는 허영심을 의식하는 것이 자기의 목표를 위해 오히려 역효과를 초래할 수 있다. 의식하게 되면 더 이상 계속 그렇게 행동할 수 없기 때문이다. 자신의 허영심에 대해서는 전혀 의식하지 못한 채 다른 곳에 주의를 돌리면, 마치 배우가 된 것 같은 확실한 느낌을 받게 된다. 이 모든 과정은 대부분 아무도 모르게 진행된다. 허영심이 많은 사람과 허영심에 대해서 이야기를 할 경우 그 대화는 쉽게 풀리지 않는다. 왜냐하면 이런 사람은 이 주제를 피해 도망가려는 성향을 가지고 있기 때문이다. 이 사람은 계속 연극을 하길 원하며, 누군가 자신의 가면을 벗기려고 하면 즉시 방어적인 태도를 취한다.

이러한 행동 방식에 따라 우리는 사람을 두 부류로 나눌 수 있다. 즉 자기의 내면세계에 대해 평균 이상의 지식을 가지고 있는 사람과 거의 무지한 사람이다. 후자에 속하는 사람은 대부분 작은 일에 집중하는 반면, 전자에 속하는 사람은 다방면으로 관계를 맺으며 인간사나 세상사에 폭넓은 관심을 가진다. 주변으로 밀려났다고 생각하는 사람들은 자기의 삶을 작은 부분에 국한시키며, 스스로를 이방인으로 여긴다. 이들은 삶의 경기를 성실히 치루는 사람들과 달리 자기의 문제를 직시하지 못하기 때문이다. 이들은 삶의 세세한 부분까지 이해하지 못하며 삶에 대해 아주 제한적인 관심만을 가지고 있다. 때문에 단지 삶의 작은 문제만을 감지한다. 이런 사람들은 대부분 삶에 대해 폭넓은 관점을 가지면 자기의 힘을 잃어버릴지 모른다는 두려움을 가지고 있다.

자신을 과소평가하기 때문에 자신의 능력에 대해 잘 모르는 사람이 있는가 하면, 자신의 결점을 충분히 깨닫지 못하는 사람도 있다. 후자에 속하는 사람은 자기가 착한 사람이라고 생각하지만, 실제로는 이기적인 행동을 한다. 이와는 반대로 자기를 이기주의자라고 생각하는 사람이 자세히 살펴보면 오히려 좋은 사람일 때가 많다. 자기 자신을 어떻게 생각하고 있는지, 혹은 다른 사람들이 자신을 어떻게 생각하는지는 중요하지 않다. 중요한 것은 사회에 대한 그의 총체적인 태도이다. 왜냐하면 이것이 한 개인의 모든 소망과 관심을 결정짓기 때문이다.

우리는 다시 두 가지 유형의 인간을 접하게 된다. 첫 번째 유형의 사람은 좀 더 많은 것을 의식하며 삶의 문제에 대해 객관적으로 접근할 뿐 아니라 편협한 생각을 갖지 않는다. 두 번째 유형의 사람은 편견에 사로잡혀 삶이나 세상의 아주 작은 부분만을 바라본다. 이러한 행동은 항상 무의식의 지배를 받으며 무의식적인 태도로 표현된다. 두 사람이 공동생활을 하고 있는데 그 중 한 사람이 늘 반대 입장을 내세우면 이들은 갈등을 겪을 수밖에 없다. 두 사람이 서로 반대 입장을 내세우는 경우가 아마 더 흔할 것이다. 그런데 정작 당사자들은 이 사실을 모른다. 그들은 자기가 평화를 신봉하며 화합의 가치를 누구보다 높이 평가한다고 주장할 뿐만 아니라 스스로 그렇게 행동한다고 믿고 있다. 그러나 사실은 그들의 생각과 다르다. 이런 사람들은 상대가 말하기 전에 항상 말을 가로막거나 반대 의견을 내놓는다. 겉으로 보기에는 별게 아니며 의도적인 것 같지 않으나 자세히 관찰해보면 그들의 행동은 적개심과 호전적인 태도로 가득 차 있다.

많은 사람들은 자기 자신도 모르게 자기 안에 활동 중인 힘을 발달시킨다. 무의식 안에 숨겨져 있는 이 힘은 우리의 삶에 영향을 미친다. 만일 이 힘을 발견하지 못하면 심각한 결과가 초래될 수도 있다. 도스토옙스키의 『백치Der Idiot』는 심리학자들조차 놀랄 정도로 이 문제를 훌륭하게 다루고 있다. 사교 모임에서 한 귀부인이 이 소설의 주인공인 제후에게 옆에 있는 중국 도자기가 떨어지지 않게 조심하라고 비아냥거린다. 그러자 그는 주의하겠다고 말한다. 그러나 잠시 후 꽃병이 바닥에 떨어져 산산조각 나버렸다. 이 모임에 참석한 사람 중 이것을 우연이라고 보는 사람은 아무도 없었다. 사람들은 귀부인의 말에 모욕감을 느낀 주인공이 고의적으로 한 행동이라고 생각했다.

어떤 사람을 평가할 때 우리는 단순히 그의 의식적인 행동이나 진술에만 의존하지 않는다. 그 자신도 미처 생각지 못한 아주 사소한 행동이나 생각이 오히려 더 정확하고 확실한 정보를 제공한다. 예를 들어 손톱을 뜯거나 코를 후비는 것과 같은 나쁜 버릇을 가지고 있는 사람은 그런 행동이 자기의 고집 센 성격을 드러내고 있다는 사실을 모른다. 왜냐하면 그는 무엇이 이런 나쁜 버릇을 갖게 만들었는지 모르기 때문이다. 이러한 버릇을 가지고 있는 아이는 당연히 계속해서 꾸중을 들을 것이다. 그런데도 그 버릇을 고치지 못했다면 그 아이는 아마 고집이 센 아이일 것이다. 전문가적인 관찰력이 있는 사람이라면 한 사람의 사소한 움직임으로부터 그것과는 멀리 떨어져 있는 결론을 도출해내야 한다. 왜냐하면 거기에 그 사람의 본질이 숨겨져 있기 때문이다.

이전에 경험한 사건들은 우리의 무의식 속에 분명히 남아 있는데,

그것은 우리의 정신생활에 아주 중요한 의미를 갖는다. 우리의 정신은 의식을 조정하는 능력을 가지고 있다. 즉 정신의 관점에서 중요하다고 생각하는 것은 의식으로 편입되지만, 이와 반대로 어떤 것은 필요에 따라 무의식에 그냥 놓아두거나 아니면 의식하지 못하게 만든다. 다음의 두 사례는 이를 명확히 보여 준다.

첫 번째 사례는 여동생과 함께 자란 한 청년의 이야기이다. 그의 어머니는 열 살 때 돌아가셨다. 그때부터 그의 아버지가 아이들의 양육을 맡았다. 아버지는 매우 지적일 뿐 아니라 착하고 정직한 사람이었다. 그는 아들이 명예심을 갖도록 늘 독려하였다. 아들도 늘 일등을 하려고 노력하였다. 실제로 그는 또래 아이들 중에서 성적이 가장 뛰어났으며, 성품도 아주 반듯하였다. 아들이 훌륭한 사람이 되기를 일찍부터 기대해왔던 아버지에겐 커다란 기쁨이 아닐 수 없었다.

하지만 아버지는 이 청년의 생활 태도가 걱정되기 시작했다. 아버지는 그것을 고쳐주려고 노력했다. 여동생이 점점 커가면서 그의 라이벌이 된 것이다. 그녀도 역시 훌륭히 자랐지만, 자기가 약자라는 것을 빌미 삼아 항상 이기려 했고, 오빠를 제치고 관심을 독차지하려고 했다. 그녀는 집안일을 맡아 하면서 중요한 위치를 차지하게 되었다. 청년은 이 점에 관해서는 동생을 이길 수 없었다. 그는 밖에서는 노력만 하면 명예와 인정을 쉽게 얻을 수 있었지만, 집안에서는 그렇게 되지 않았다. 아버지는 사춘기에 접어든 아들이 특이한 행동을 보인다는 것을 눈치챘다. 그는 사교성이 전혀 없었으며, 새로운 인간관계는 물론이고 이성 교제도 기피하는 유별난 행동을 보였다. 초기에는 그의 행동을 이상하게 여기지 않았다. 그러나 시간이 지날수록 두문불출할 정도로 그의 사회적 억압은 심해졌으며, 늦은 시간에만 산책을 갔다. 그는 아주 폐쇄적으로 변했고, 마침내는 아는 사람들에게조차 인사를 하지 않았다. 그런 가운데에서도 학교생활이나 아버지를 대하는 태도는 항상 나무랄 데가 없었다.

어떻게 할 수 없을 정도로 상태가 심각해지자 아버지는 아들을 의사에게 데리고 왔다. 몇 번 상담한 끝에 다음과 같은 사실을 확인할 수 있었다. 그는 귀가 작아서 사람들이 자기를 추하게 생각한다고 믿고 있었다. 그러나 그의 귀는 정상이었다. 당신의 귀는 다른 사람의 귀와 다른 점이 하나도 없으며 그것은 사회적 접촉을 회피하기 위한 변명에 불과하다고 말하자, 이번에는 자기 치아와 머리카락이 혐오스럽다고 주장하였다. 그러나 이것도 사실이 아니었다.

다른 한편 이 청년은 과도한 명예욕을 가지고 있는 것이 분명했다. 그는 이 사실에 대해 알고 있었으며, 명예욕을 갖게 된 원인이 아버지가 항상 그에게 출세하라고 강요했기 때문이라고 생각했다. 그가 계획하고 있는 장래의 꿈은 위대한 학자가 되는 것이었다. 이 계획에 인간애와 공동체 의식이 포함되었다면 전혀 문제가 되지 않았을 것이다. 이 청년은 왜 자신의 외모가 혐오스럽다고 유치한 핑계를 댄 것일까? 그가 말한 이유가 맞다면 삶에 조심스레 접근하는 그의 불안한 태도가 정당화됐을지 모른다. 왜냐하면 우리 문화는 혐오스러운 외모에 대해 호감을 보이지 않기 때문이다.

상담 결과 다음과 같은 사실이 밝혀졌다. 이 청년의 명예욕은 특별한 목표를 추구하고 있었다. 그는 항상 일등을 했고, 계속 이 상태를 유지하고 싶어했다. 그는 이 목표를 달성하기 위해 필요한 집중력, 성실함 등과 같은 능력들을 가지고 있었다. 그러나 그것만으로는 부족했다. 그는 불필요하다고 생각되는 것들을 모두 자기의 삶으로부터 제거하려고 했다. 그는 아마도 스스로에게 다음과 같이 말했을지 모른다.

"나는 유명해지고 싶어, 이를 위해서는 공부에만 전념해야 해. 그렇기 때문에 나는 모든 사회적 관계를 끊어야 해."

그러나 그는 이런 말을 한 적도 없고 이런 생각을 해본 적도 없다. 이와 반대로 그는 자기의 혐오스러운 외모를 구실로 삼았으며, 그것을 목적 달성을 위한 수단으로 이용했다. 그는 별로 중요하지 않은 것을 과장하여 자기가 원하는 것을 얻기 위한 근거로 삼은 것이다. 은밀한 목표를 추구하기 위해서 거짓 근거를 대고 과장된 설명만 하면 됐다. 최고가 되기 위해 금욕주의자처럼 살고 싶다고 이야기했다면 사람들은 그의 의도를 금방 간파했을 것이다. 그는 무의식적으로는 영웅 역할을 하고 싶었지만, 의식적으로는 그것을 전혀 깨닫지 못하고 있었다. 왜냐하면 그는 이 목적을 위해서 모든 것을 끊고 싶다는 생각을 한 번도 해본 적이 없기 때문이다. 만약 모든 것을 희생해서라도 목표를 위해 매진하겠다고 의식적으로 결정했다면 추한 외모 때문에 정상적인 사회생활을 할 수 없다고 변명을 하며 목표를 추구할 때보다 훨씬 안전하지 못했을 것이다. 누군가에게 일등이 되기 위해 모든 인간관계를 포기하겠다고 공공연하게 말한다면 그는 비웃음거리가 될 것이 뻔하다. 그 자신도 이런 생각에 무척 놀라게 될 것이다. 그것은 두렵고 생각하기 어려운 일이다. 자기 자신을 위해서나 다른 사람들을 위해서도 노골적으로 표현할 수 없는 생각들이 있다. 그러므로 이 청년의 삶을 지배해 온 원칙이 그의 무의식에 있다는 것은 당연하다.

이와 같이 누군가의 은밀한 내적 동기를 찾아내어 당사자에게 말해주면 그는 당연히 정신적 균형을 잃게 될 것이다. 무슨 수를 써서라도 막고자 했던 일이 이제 일어난 것이다. 그의 무의식적인 생각이 폭로된 것이다. 의식하게 되면 그의 행동 전체를 방해할지 모를 생각이, 그리고 스스로도 몰랐던 생각이 숨김없이 드러나게 된 것이다. 인간은 자신을 방해하는 생각은 거부하지만, 자신의 행동을 정당화시키는 생각은 받아들인다. 이것은 인간의 보편적 현상이다. 인간은 대부분 자신의 입장과 가치관에 도움이 되는 것만을 생각한다. 그러므로 우리에게 도움이 되는 것은 의식되지만, 우리에게 맞지 않는 것은 무의식에 남게 된다.

두 번째 사례는 한 소년에 관한 이야기이다. 교사인 그의 아버지는 일등을 해야 한다고 아들을 늘 강하게 압박했다. 이 경우에도 역시 소년의 뛰어남은 의심할 여지가 없었다. 그는 항상 우수한 학생이었다. 그는 학우들 사이에서 매력적인 사람 중 하나였으며, 친구도 여러 명 있었다.

그런데 열여덟 살이 되었을 때 그에게 커다란 변화가 일어났다. 그는 삶의 기쁨을 모두 잃어버렸고, 의기소침하고 우울해졌으며, 대인관계를 회피하기 시작했다. 어쩌다 친구를 사귀더라도 금방 그 관계가 깨졌다. 아무도 그의 행동을 이해할 수 없었다. 그러나 그의 아버지는 고립된 삶으로 인해 아들이 공부에 더 전념할 수 있게 되기를 희망했다.

상담 중에 이 소년은 아버지가 삶의 기쁨을 앗아갔으며, 자신감과 용기를 다 잃어버려서 이제 남은 것이라고는 고독 속에서 살아가는 것뿐이라고 불만을 토로하였다. 그의 성적은 자꾸 떨어졌으며, 결국 대학 진학에도 실패했다. 이러한 변화는 어느 한 모임에서 시작되었다. 그 자리에서 그는 현대 문학에 대한 지식이 없었기 때문에 친구들의 조롱거리가 되었다. 이와 유사한 일이 몇 번 더 되풀이되자, 그는 점점 더 고립되어 인간관계를 회피하기 시작했다. 그는 자기가 이렇게 된 것이

전적으로 아버지 책임이라고 생각했다. 아버지와의 관계는 날로 악화되었다.

이 두 사례는 여러 가지 면에서 유사하다. 첫 번째 사례에서는 여동생과의 경쟁, 두 번째 사례에서는 아버지와의 잘못된 관계가 좌절의 원인이다. 두 환자는 모두 영웅적 이상Heldenideal이라 불리는 관념에 사로잡혀 있다. 영웅적 이상이 깨지는 순간 이들은 삶과의 모든 관계를 상실하고 좌절하게 된 것이다. 두 번째 환자는 어쩌면 "나는 더 이상 다른 사람보다 나은 영웅이 못돼. 이제 나는 삶에서 벗어나 남은 인생을 고독 속에서 살게 될 거야"라고 스스로에게 고백했을지 모른다. 그런데 과연 그랬을까?

아버지가 부당했으며, 그의 교육이 잘못된 것도 사실이다. 그런데 우리가 주목하는 부분은 이 소년이 아버지의 잘못된 교육 방식만 질책할 뿐 다른 것에는 전혀 눈길을 돌리지 않는 점이다. 그는 늘 아버지의 잘못된 교육을 지적하면서 자신의 사회적 회피를 정당화했다. 그렇게 하면 더 이상 실패의 고통을 감수하지 않아도 되고, 자기 불행에 대한 책임을 항상 아버지에게 떠넘길 수 있다. 이런 식으로 그는 자신의 존재 가치와 최소한의 자존심을 구할 수 있게 된 것이다. 그는 적어도 대단한 과거를 가진 사람이며, 승리의 행진을 계속하지 못한 것은 아버지의 잘못된 교육 탓이기 때문이다.

따라서 우리는 다음과 같은 생각이 그의 무의식에 남아 있을 것이라고 추측할 수 있다. "나는 삶의 치열한 전선에 와 있다. 이제 일등을 한다는 것은 더 이상 쉬운 일이 아니다. 경쟁을 하느니 차라리 경기를 포기하는 것이 낫다." 하지만 이것은 도저히 생각할 수 없는 일이다. 어느 누구도 이런 말을 스스로에게 하는 사람은 없을 것이다. 그렇지만 아주 신중하게 결정을 내린 것처럼 행동할 수는 있다. 뭔가 다른 구실을 찾는다면 그는 그렇게 할 수 있을 것이다. 아버지의 잘못에 집착하면 그는 사회로부터 도피할 수 있으며, 삶의 중대한 결정도 내릴 필요가 없게 된다. 그러나 그가 이러한 생각들을 의식하게 되면, 그의 은밀한 의도는 방해를 받게 될 것이다. 그러므로 그것은 무의식 상태에 남아 있어야 한다. 그는 자기가 재능이 없는 사람이라고 스스로 말할 수도 없다. 왜냐하면 그에겐 과거의 빛나는 이력이 있기 때문이다. 성공하지 못하더라도 그것은 그의 잘못이 아니다. 오히려 그는 자신의 행동을 통해 아버지의 교육이 잘못되었음을 증명할 수 있는 기회를 갖게 된 것이다. 그는 원고, 피고, 판사의 역할을 동시에 다 하고 있는 것이다. 이런데 그가 이 유리한 위치를 포기하겠는가? 그러나 그가 간과한 점이 하나 있다. 아버지가 잘못했다고 믿는 동안에만 그는 아버지의 잘못을 비난할 수 있다. 다시 말하면 손에 망치를 든 아들이 그것을 사용할 때만 아버지에게 책임이 있는 것이다.

5. 꿈

꿈으로부터 인간의 정신생활을 유추해낼 수 있다는 생각은 오래 전부터 있었다. 괴테와 동시대 인물인 리히텐베르크$^{\text{Georg Christoph Lichtenberg, 1742~1799, 독일의 자연과학자, 독일 아포리즘의 창시자}}$는 말이나 행동보다는 꿈으로부터 인간의 본질과 성격을 더 잘 유추해낼 수 있다고 말한 바 있다. 이것은 어쩌면 약간 과장된 말일 수도 있다. 개별적인 심리 현상들은 하나하나 조심스럽게 관찰해야 하며, 또한 그것들을 다른 현상들과 연결시켜 고찰해야 한다는 것이 우리의 관점이다. 그러므로 우리는 꿈의 해석에 필요한 보충 자료를 추가로 확보했을 때 비로소 한 사람의 꿈으로부터 그의 성격을 도출해낼 수 있다.

꿈을 해석하려는 노력은 선사 시대 때부터 있었다. 문화 연구는 물론이고 신화와 전설에 나타난 여러 요소들을 살펴보면 오늘날보다 고대의 사람들이 꿈의 해석에 더 많은 관심을 기울였음을 짐작할 수 있다. 또한 그 시대에 살던 사람들이 꿈에 대해 더 많이 이해하고 있었다는 것도 알 수 있다. 예를 들어 고대 그리스 시대에 꿈이 지니고 있었던 중요한 역할을 상기해보라. 키케로도 꿈에 관한 책을 썼으며, 성경에는 꿈에 대한 훌륭한 묘사와 해석이 자주 등장한다. 성경에 묘사된 꿈은 그것이 무엇을 의미하는지 금방 알 수 있는 기록들이다(예컨대 요셉이 형제들에게 말해준 볏단에 대한 꿈). 게르만 문화에서 유래된 니벨룽겐 전설에서도 꿈은 어떤 사실을 증명하는 힘을 가지고 있었다.

인간 정신을 이해하기 위한 방법으로 꿈을 연구하는 것은 꿈에서 어떤 초월적인 영향력을 찾으려고 하는 환상적인 꿈의 해석과는 무관하다. 우리는 확실한 경험적 방법으로 일관하며, 우리의 주장이 다른 분야의 연구 결과에 의해 입증되고 정당화될 때만 꿈을 통해 얻은 증거를 받아들인다.

꿈이 미래에 대해 특별한 의미를 지니고 있다고 믿는 경향은 오늘날까지 남아 있다. 꿈에 너무 의존한 나머지 꿈에 끌려다니는 환자들도 있다. 우리 환자 중에 좋은 직업을 모두 마다하고 주식 투자에 빠진 사람이 있었다. 그는 항상 자기가 꾼 꿈에 따라 주식 거래를 했다. 심지어 그는 꿈대로 하지 않았더라면 큰 손해를 보았을 것이라고 말할 정도였다.

물론 그는 평소에 그의 주의를 끈 대상들에 대해 꿈을 꾸었다. 다시 말하면 그는 꿈속에서 자기 자신에게 손짓을 한 것이다. 그러므로 그는 오랫동안 꿈 때문에 큰 이익을 보았다고 주장할 수 있었다.

그러나 얼마 후에 그는 더 이상 꿈을 믿지 않는다고 말했다. 돈을 다 날렸기 때문이다. 물론 그의 경험은 꿈과 상관없는 일이며, 또한 거기에는 기적이라 믿을 만한 것도 없다. 어떤 일에 몰두하는 사람은 밤에도 그 문제에 사로잡혀 있다. 어떤 사람은 잠도 자지 않으며 고심하고, 어떤 사람은 잠은 자지만 꿈속에서 그것에 몰두한다.

잠자는 동안 우리의 마음속에서 일어나는 특별한 현상은 전날과 그 다음 날을 연결하는 다리이다. 한 사람이 평소에 삶에 대해 어떤 입장을 취하고 있는지, 그리고 현재와 미래를 어떻게 연결하는지를 알면 우리는 그의 꿈이 보여주는 특별한 다리 구조를 이해할 수 있으며, 그것으로부터 결론을 도출해낼 수가 있다. 다른 말로 하면 삶에 대한 일반적인 태도가 꿈의 근간이다.

한 젊은 여자는 꿈속에서 결혼기념일을 잊어버린 남편을 비난하였다. 이 꿈은 여러 가지 의미를 갖는다. 이 꿈은 부부 사이에 문제가 있으며, 남편이 자기를 등한시한다고 느끼는 그녀의 생각을 반영하고 있다. 꿈속에서 그녀 자신도 결혼기념일을 잊어버렸지만 곧 기억해 냈다고 이야기했다. 그러나 남편은 그녀가 알려줄 때까지 몰랐다. 그녀가 더 나은 셈이다. 계속 질문을 하자 그녀는 이런 일은 지금까지 한 번도 일어나지 않았으며, 남편이 늘 결혼기념일을 기억했다고 설명했다. 이를 통해 이 꿈은 미래에 일어날지 모르는 일에 대한 그녀의 근심을 말해주고 있다는 것을 알 수 있다. 우리는 이 여자가 남편에게 잔소리를 잘하며 늘 어떤 가정하에 근거를 대며, 일어날지 모를 일로 남편을 들볶는 성향이 있다는 결론을 내렸다.

만약 우리의 결론을 뒷받침해줄 다른 증거가 없었다면 우리의 해석은 설득력을 갖지 못했을 것이다. 그녀의 유년기에 대해 묻자, 그녀는 기억 속에 늘 남아 있는 한 가지 사건에 대해 이야기해 주었다. 세 살 때 그녀는 이모로부터 문양이 새겨진 나무 숟가락을 선물 받고 몹시 기뻐했다. 그녀는 이 숟가락을 가지고 놀다가 냇가에 빠뜨렸는데, 끝내 찾지 못했다. 가족들이 모두 걱정할 정도로 그녀는 며칠을 두고 슬퍼했다. 이를 통해 알 수 있는 것은 지금의 결혼 생활도 어쩌면 숟가락처럼 떠내려갈지 모른다는 생각이다.

한 번은 남편이 자기를 고층 건물 위로 데려가는 꿈을 꾸었다. 계단의 경사가 점점 더 급해졌다. 너무 높이 올라간 것이 아닌가 하고 생각하는 순간, 그녀는 심한 현기증과 공포에 사로잡혀 기절하였다. 우리는 깨어 있는 상태에서도 이와 비슷한 경험을 할 수 있다. 고소공포증으로 인해 현기증을 느낄 때가 그런 경우이다. 이때 사람은 높이보다는 오히려 깊이 때문에 더 공포를 느낀다. 이 꿈을 첫 번째 꿈과 연결시켜 보면 꿈속에 들어 있는 생각과 감정들은 추락에 대한, 즉 불행에 대한 두려움을 분명히 표현하고 있다. 우리는 이것이 무엇인지 예감할 수 있다. 남편의 애정이 식었거나 이와 유사한 일일 것이다. 아무리 노력해도 서로 화합할 수 없거나 결혼 생활이 파경에 이른다면 어떤 일이 벌어질 수 있을까? 아마도 절망적인 행동이 뒤따를 것이다. 그녀가 의식을 잃고 쓰러지는 것으로 끝이 날 것이다. 실제로 이것은 가정생활에서 한 번 정도는 경험할 수 있는 장면이다.

이제 우리는 꿈의 의미에 대해 좀 더 접근한 것 같다. 평소에 갖고 있던 생각과 감정이 꿈속에서 어떤 형상으로 나타나는지, 이것들을 표현하기 위해 어떤 이미지가 사용되는지는 문제가 되지 않는다. 당면한 삶의 문제는 꿈속에서 비유적으로 표현된다(깊은 나락으로 떨어지지 않게 너무 높이 올라가지 마라!). 우리는 꿈을 문학적으로 형상화한 괴테의 결혼 축가를 한 번 상기해 볼 필요가 있다. 한 기사가 고향에 돌아와 보니 자신의 성城이 텅 빈 채로 있었다. 너무 피곤한 나머지 잠이 들었는데, 그는 꿈속에서 작은 형상들이 침대 밑에서 나오는 것을 보았다. 난쟁이들의 결혼식이었다. 이 꿈은 감동적이었다. 그는 꿈속에서 아내가 있으면 좋겠다는 생각을 확인한 것 같다. 꿈속에서 본 것이 얼마 후 현실에서 이루어졌다. 그는 결혼식을 올리게 되었다.

우리는 이 꿈속에서 이미 잘 알려진 요소들을 발견하게 된다. 이 꿈 뒤에는 분명히 시인의 결혼 문제에 대한 고민이 숨겨져 있다. 우리는 꿈꾸는 사람이 자기가 처해 있는 현재의 상황을 꿈과 어떻게 연결시키는지 알 수 있다. 그는 결혼하고 싶었다. 그는 결혼을 하면 더 이상 바랄 것이 없다고 결심하기 위해 꿈속에서 결혼 문제를 제기한 것이다.

다시 스물여덟 살 된 환자의 꿈을 살펴보자. 체온 곡선처럼 주기적으로 상하 운동을 하는 꿈의 패턴은 이 사람의 삶을 채우고 있는 생각들을 보여준다. 우리는 여기서 우월욕구와 명예욕 때문에 생긴 열등감을 뚜렷하게 확인할 수 있다. 그의 이야기는 다음과 같다.

> 나는 여러 사람과 함께 여행을 갔다. 우리가 타고 가던 배가 너무 작았기 때문에 중간 기착지에서 우리는 배에서 내려, 거기서 하룻밤을 묵었다. 그런데 한밤중에 배가 침몰한다는 소식이 들려왔고, 침몰하는 배에서 물을 퍼내기 위해 모두 불려나왔다. 나는 가방 안에 들어 있는 귀중품이 떠올라 급히 배를 향해 달려갔는데, 이미 사람들이 모두 물을 퍼내고

있었다. 나는 몰래 빠져 나와 짐칸으로 갔다. 그리고 창문을 통해 내 배낭을 끄집어냈다. 그때 배낭 옆에 주머니칼이 하나 놓여 있었는데, 너무 마음에 들어서 주머니 속에 집어넣었다. 배가 점점 더 가라앉자, 안전한 곳으로 가서 다른 사람과 함께 배에서 뛰어내렸다. 곧 육지로 올라왔지만 방파제가 너무 높아서 계속 걸어갔다. 그리고 가파른 해안 절벽에 닿았다. 나는 그 밑으로 내려가야만 했다. 나는 밑으로 미끄러져 내려갔다. 배에서 뛰어내린 뒤에 다른 동료들을 더 이상 보지 못했다. 점점 더 빠른 속도로 미끄러져 갔기 때문에 나는 죽을까봐 두려웠다. 마침내 나는 골짜기 아래로 내려 왔는데, 면식이 있는 어떤 사람 앞에 넘어져 있었다. 그는 내가 잘 모르는 젊은 남자였다. 그는 파업 기간 중 지도부에서 활동한 사람이었다는데, 그의 친절한 성품은 나에게 좋은 인상을 남겼다. 그런데 그는 내가 위험에 처한 다른 사람들을 배 위에 두고 온 사실을 알고 있다는 듯이 비난에 찬 목소리로 말했다. "도대체 여기서 무얼 찾는 거요?" 나는 절벽으로 둘러싸인 협곡을 빠져 나가려고 애를 썼다. 거기에 밧줄이 하나 걸려 있었지만 너무 가늘어서 사용할 수 없었다. 벼랑을 기어오르려고 여러 번 시도했지만 번번이 실패했다. 마침내 나는 벼랑 위로 올라왔다. 하지만 어떻게 올라올 수 있었는지 잘 모른다. 내 생각에 이 부분은 빨리 뛰어넘고 싶었기 때문에 의도적으로 꿈을 꾸지 않았던 것 같다. 벼랑 위 언저리에는 길이 하나 있었는데, 벼랑으로 떨어지지 않게 난간이 설치되어 있었다. 사람들이 지나가면서 나에게 친절하게 인사를 건넸다.

이 꿈을 꾼 사람의 삶을 살펴보면 그는 다섯 살 때까지 끊임없이 중병을 앓았으며, 그 후에도 자주 병마에 시달렸다. 그는 건강이 안 좋아 부모님의 세심한 보호를 받았으며, 다른 아이들과 어울릴 기회가 거의 없었다. 어른들과 접촉하려고 해도 그의 부모님은 버릇없게 어른들 사이에 끼어서는 안 된다고 주의를 주었다. 그래서 그는 항상 외톨이 신세였다. 그는 사회생활에 꼭 필요한, 사람들과 지속적인 접촉을 통해서만 얻을 수 있는 것들을 어린 나이에 배우지 못했다. 또 그는 또래 아이들보다 더디게 성장하여 그들과 보조를 맞출 수 없었다. 그가 친구들 사이에서 바보 취급을 받고, 늘 조롱거리가 된 것은 놀랄 일이 아니다. 이 상황에서 친구를 사귀는 것은 물론 친구를 찾는 것조차 그에게는 어려운 일이었다.

그는 이미 심한 열등감을 갖고 있었다. 그런데 가정 환경은 그의 열등감을 더 고조시켰다. 그는 인자하지만 성격이 급한 아버지(군인)와 나약하고 이해력이 부족하지만 지배욕이 강한 어머니 사이에서 컸다. 부모님은 항상 선의라고 말했지만 그들의 교육은 매우 엄했다. 그의 성장 과정에서 중요한 역할을 한 것은 모욕감^{Demütigung}이었다. 유년 시절에 대한 기억 중에서 가장 뚜렷하게 남아 있는 것은 어머니가 세 살밖에 되지 않은 그를 완두콩 위에 30분 동안 무릎을 꿇고 앉아 있게 한 사건이었다. 말을 듣지 않았다는 이유였다. 어떤 마부를 무서워해서 어머니가 시킨 심부름을 가지 않았던 것이다. 실제로 매를 맞은 적이 별로 없었지만 그런 일이 있게 되면 여러 가닥으로 엮어진 채찍으로 매를 맞았다. 그가 용서를 빌고, 왜 매를 맞는지 그 이유를 말해야 비로소 체벌이 끝났다. 아버지는 항상 이렇게 말했다. "뭘 잘못했는지 아이가 알아야 해." 그런데 한번은 그가 전혀 예상하지 못한 일로 매를 맞게 되었는데, 왜 매를 맞는지 이유를 댈 수 없었기 때문에 계속 매를 맞았다. 그는 그럴듯한 이유를 둘러댈 때까지 매를 맞아야 했다.

부모님에 대한 반감은 이미 어린 시절부터 존재했다. 아이의 열등감은 우월하다는 느낌이 무엇인지 전혀 알지 못할 정도로 심해졌다. 집에서나 학교에서나 그의 삶은 크고 작은 좌절의 연속이었다. 아주 작은 성취조차도 그에게는 허락되지 않았다. 열여덟 살이 됐어도 그는 학교에서 여전히 놀림감이었다. 심지어 선생님조차 그를 놀려댔다. 선생님은 그가 잘못해 온 숙제를 다른 아이들 앞에서 크게 읽으며 그를 웃음거리로 만들었다.

이 모든 사건들은 점점 그를 고립시켰다. 그 역시 의도적으로 다른 사람들과 점점 거리를 두기 시작했다. 부모님과의 관계에서 그는 아주 효과적이긴 하지만 큰 희생을 감수해야 하는 공격 수단을 찾아냈다. 그것은 말을 하지 않는 것이다. 이로써 그는 자기와 외부 세계를 연결하는 중요한 수단을 포기하고 말았다. 어느 누구와도 대화할 수 없게 되자 그는 곧 고립무원의 상태가 되었다. 아무도 그를 이해하지 못했고, 그 역시 누구하고도 이야기를 나누지 않았다. 특히 그는 부모님과 전혀 말을 하지 않았다. 마침내 아무도 그에게 말을 걸지 않았다. 다른 사람들과 어울리게 하려는 노력은 매번 수포로 돌아갔다. 훗날 이성 관계를 맺으려는 시도도 매번 실패로 끝났다.

이렇게 그는 스물여덟 살이 되었다. 그의 마음속 깊이 각인된 심한 열등감은 터무니없는 명예욕과 인정과 우월에 대한 억제할 수 없는 욕구를 만들어냈고, 그의 공동체감을 심하게 왜곡시켰다. 말수가 줄어들면 줄어들수록 그의 정신은 점점 더 긴장되어 갔다. 그의 정신은 밤낮없이 온갖 성공과 승리의 꿈으로 가득 찼다. 그러던 중 그는 앞에서 소개한 꿈을 꾸게 된 것이다. 이 꿈은 그의 정신활동을 잘 반영하고 있다.

끝으로 예언적인 꿈 중에서 가장 유명한 것으로 알려져 있는 키케로의 꿈을 생각해보자. 시인 시모니데스Simonides는 어느 날 길가에 버려진 시체 한 구를 발견하고 정성스레 장례를 치러주었다. 얼마 후 그가 배를 타고 여행을 하게 되었는데, 은혜를 잊지 않은 망자가 꿈에 나타났다. 만약 여행을 하게 되면 배가 난파되어 죽게 될 것이라고 경고하였다. 결국 그는 배를 타지 않았고, 배를 타고 간 다른 사람들은 모두 죽고 말았다. 키케로에 따르면 이 사건은 많은 사람들에게 깊은 인상을 남겼다고 한다. 우리가 이 사건을 해석하고자 할 때 우선 명심해야 할 것은 그 당시에는 배가 침몰하는 사건이 자주 일어났다는 점이다. 이런 이유 때문에 많은 사람들이 여행 전날 배가 난파되는 꿈을 자주 꾸었을 것이다. 이러한 수많은 꿈들 중에서 특히 이 특별한 꿈만이 후세에까지 명성을 유지하게 된 이유는 실제 일어난 사건과 꿈의 내용이 정확하게 일치했기 때문이다. 신비스러운 것을 좋아하는 사람들은 이런 이야기에 특히 매료될 것이다.

이와 달리 우리는 이 꿈을 다음과 같이 냉정하게 해석하고자 한다. 우리의 시인은 아마도 생존 본능의 차원에서 이 여행을 하고 싶지 않았을 것이다. 출발 날짜가 다가오자 그는 자기의 망설임을 정당화할 필요가 있었다. 그래서 그는 보은의 의무를 지고 있는 망자를 나타나게 한 것이다. 물론 그는 여행을 떠나지 않았다. 만약 이 배가 침몰하지 않았다면 세상 사람들은 아마 이 꿈에 관한 이야기를 듣지 못했을 것이다. 왜냐하면 우리는 우리를 불안하게 만드는 것들과 이 세상에는 불가해한 일들이 많다는 것을 일깨워주는 것에만 주목하기 때문이다. 우리는 꿈과 현실이 한 사람의 태도를 동일하게 반영할 때 꿈의 예언적 성격을 이해할 수 있다.

우리가 또 고려해야 할 점이 있다. 그것은 모든 꿈이 쉽게 이해되는 것은 아니라는 점이다. 실제로 쉽게 이해할 수 있는 꿈은 아주 드물다.

우리는 꿈을 꾸는 즉시 잊어버리거나 아니면 특별한 인상을 남긴 꿈이라 할지라도 해몽에 대한 지식이 없다면 그 꿈 뒤에 어떤 의미가 있는지 이해하지 못한다. 꿈은 한 개인의 활동과 행동 패턴을 비유나 상징으로 표현한다. 비유의 중요한 의미는 문제 해결의 통로를 제시한다는 데 있다. 우리의 성격은 일정한 방향성을 가지고 있다. 문제를 해결하기 위해 고심할 때 우리는 보통 그 방향에 맞는 결정을 하기 위해서 어떤 계기를 찾는다. 꿈은 이런 문제를 특정한 방식으로 해결하려고 할 때 이에 필요한 감정을 고조시키는 역할을 한다. 꿈을 꾼 사람이 이 연관 관계를 이해하지 못한다고 해도 사실은 바뀌지 않는다. 그는 필요한 소재를 가지고 있다가 어디선가 자극을 받기만 하면 된다. 꿈에는 어떤 식으로든 꿈꾸는 사람의 생각이 남아 있다. 즉 꿈은 그의 행동 패턴을 암시한다. 꿈은 어딘가에 불이 났다는 것을 알려주는 연기와 같다. 경험이 많은 산림청 직원은 연기를 보고, 지금 어떤 나무가 타고 있는지를 추측할 수 있다. 이와 같이 정신과 의사도 한 사람의 꿈을 해석하면서 그의 성격을 알아낸다.

끝으로 우리는 다음과 같이 요약할 수 있다. 우리는 꿈을 통해 꿈꾸는 사람이 삶의 문제를 해결하기 위해 노력하고 있다는 점과 그가 어떻게 이 문제에 접근해 가는지를 알 수 있다. 특히 공동체감과 권력추구는 꿈꾸는 사람과 주변 세계의 관계에 영향을 미치는 요소이다. 우리는 꿈에서 이것을 확인하거나 아니면 적어도 그 흔적을 찾을 수 있다.

6. 재능

인간의 본질에 대한 이해와 판단을 가능케 해주는 심리적 특성 중에서 재능Begabung에 대해서는 아직까지 살펴보지 못했다. 사람들은 자기 자신에 대해 생각하고 말하지만 거기에 큰 가치를 부여하지 않는다. 왜냐하면 모든 사람은 실수를 할 수 있으며 자기의 이해관계와 이기적이고 도덕적인 계산에 따라 움직인다고 생각하기 때문이다. 그럼에도 불구하고 우리는 특정한 사고 과정이나 언어 표현을 통해서 제한적이나마 판단할 수 있다. 어떤 사람에 대해 판단을 내릴 때 우리는 그의 생각과 언어를 관찰 대상에서 배제할 수 없다.

일반적으로 지능이라고 부르는 인간의 판단 능력은 수많은 관찰, 분석, 검사의 대상이다. 아이나 성인의 지능을 측정하는 IQ검사도 여기에 포함된다. 이 테스트는 오늘날까지 그다지 큰 성공을 거두지 못했다. 왜냐하면 이 테스트 결과는 교사들이 평소에 쉽게 확인할 수 있는 것이기 때문이다. 이 테스트의 불필요성이 어느 정도 밝혀지긴 했지만, 임상 심리학자들은 초기에 이 테스트에 대해 상당한 자부심을 갖고 있었다. 지능검사에 대해 이의를 제기하는 또 다른 이유는 모든 아이의 사고와 판단 능력이 균일하게 발달하지 않는다는 데 있다. 처음에는 지능검사 결과가 나빴지만, 몇 년 후에 지능 지수가 아주 높게 나오는 아이들도 많다. 이 밖에 대도시의 아이나 삶의 외연이 넓은 중산층 아이들은 일정한 연습을 통해 뛰어난 순발력을 갖게 된다. 그래서 그들의 지능이 더 높은 것처럼 보인다. 이런 준비가 덜 된 아이들은 당연히 뒤로 처지게 된다. 이미 잘 알려진 바와 같이 여덟 살에서 열 살 사이의 중산층 아이는 같은 나이의 빈곤층 아이들보다 순발력이 더 뛰어나다. 그러나 이것은 유복한 가정의 아이들이 더 뛰어난 지적 능력을 가지고 있다는 것을 의미하지 않으며, 그 차이의 원인은 단지 환경에 있을 뿐이다.

    오늘날까지 지능검사는 크게 향상된 것이 없다. 특히 베를린과 함부르크에서 실시한 지능검사의 결과를 보면 잘 알 수 있다. 처음에 지능 지수가 높았던 아이들 중 상당수가 훗날 교육적인 성과를 전혀 거두지 못했다. 이것은 지능 지수가 아이의 건강한 발전을 담보하지 않는다는 것을 입증한다. 이에 비해 개인심리학의 연구는 더 큰 신뢰를 주고 있다. 왜냐하면 이 연구의 방향은 발달 정도를 측정하는 것이 아니라 이 발달의 원인과 이유를 밝히며, 필요할 경우에는 아이에게 자기의 상황을 스스로 개선할 수 있는 기회를 마련해 주기 때문이다. 개인심리학은 아이의 사고와 판단 능력을 정신과 무관한 것으로 간주하지 않고, 정신의 전체적인 관계 속에서 관찰한다.

7장

남성과 여성

1. 성과 노동의 분화

지금까지의 논의를 통해 우리는 두 가지 성향이 우리의 정신을 지배한다는 것을 알게 되었다. 즉 공동체감과 권력추구 혹은 지배욕구이다. 이것은 인간의 모든 활동에 영향을 미치며, 삶의 세 가지 중요한 과제(사랑, 직업, 사회적 관계)를 수행하는 데 있어서 개인의 태도를 결정한다. 인간의 정신을 이해하려면 어떤 정신 현상이건 이 두 요소 사이의 양적, 질적 관계를 살펴보는 연습을 해야 한다. 이 요소들의 상호 관계는 한 사람이 공동생활의 논리를 얼마나 이해하고 있으며, 공동생활이 요구하는 노동분화Arbeitsteilung에 얼마나 잘 적응하고 있는지 그 정도를 결정짓는다.

노동분화는 인간 사회를 유지하는데 반드시 필요한 요소이다. 인간은 언제 어디에 있건 자기 몫의 일을 해야 한다. 이 요구에 응하지 않는 사람이나 공동생활의 가치를 부정하는 사람은 반사회적이며, 자기의 사회적 역할을 거부하는 사람이다. 그 정도가 심하지 않은 경우에는 '행실이 안 좋은 사람', '남에게 폐를 끼치는 사람', '이기적인 사람'이라고 말하지만, 정도가 심해지면 '기인', '부랑아', 더 나아가 '범죄자'가 된다. 이들을 비난하는 근거는 사회와의 괴리감, 즉 그들의 행동이 사회적 요구에 일치하지 않는다는 데 있다. 그러므로 한 인간의 가치는 사회가 요구하는 노동분화에 그가 얼마나 참여하느냐에 달렸다. 공동생활을 긍정하는 사람은 다른 사람에게 의미 있는 존재가 되며, 이를 통해 그는 인간 사회를 하나로 연결하는 거대한 사슬의 한 부분이 된다. 개인의 능력은 전체 생산 과정 속에서 그가 차지하는 위치에 의해 결정된다. 물론 이 진리는 수많은 착오와 혼동으로 인해 그 진의가 퇴색되었는데, 권력욕, 지배욕 등이 노동분화의 진정한 의미를 오도하고, 인간의 가치를 왜곡하는 잘못된 근거로 사용됐기 때문이다. 이기적인 이해관계만을 생각하는 개인의 권력욕과 잘못된 공명심도 공동생활과 공동의 노동을 방해하였다.

또 다른 분규는 우리 사회의 계급 차이에서 비롯되었다. 개인의 권력이나 경제적 이해관계가 노동의 분화에 영향을 미치면서 특정 그룹이 권력이 주어지는 자리를 독점한 반면, 다른 계층은 여기에서 배제되었다. 권력추구는 사회 구조에 심각한 영향을 미쳤다. 이 점을 염두에 두면 왜 노동분화가 순조롭게 진행되지 못했는지 그 이유를 쉽게 이해할 수 있을 것이다. 권력은 특정 계층에게는 특권을 부여했지만, 그 외의 계층에게는 억압의 수단으로 사용되었다.

성별에 따른 노동분화도 생기게 되었다. 여성은 남성과 다른 신체적 특성을 가지고 있다. 그렇기 때문에 여성은 처음부터 특정 활동 영역에서 배제되었다. 한편 어떤 일은 남성에게 주어지지 않았다. 왜냐하면 그들이 다른 일을 하는 게 더 유익하다고 생각했기 때문이다. 남녀의 노동분화는 아마도 공정한 원칙에 따라 이루어졌을 것이다. 이 문제를 냉정하게 바라보는 여성 운동가들도 이러한 관점을 받아들였다. 노동분화의 목적은 여성으로부터 여성성을 박탈하거나 남녀 간의 자연스러운 관계를 파괴하는 데 있지 않다. 인류의 발전 과정에서 노동분화는 남성이 노동력을 더 효율적으로 사용할 수 있도록 여성이 남성의 일을 일부 떠맡는 방식으로 이루어졌다. 노동력과 자원의 합리적인 사용 그리고 공정한 분배가 이루어진다면 이런 형태의 노동분화가 비합리적이라고 비난할 수는 없다.

2. 남성의 우위

우리의 문화는 권력추구의 방향으로 발전하였으며, 특권을 확보하려는 특정 개인과 특정 계층에 의해 주도되었다. 이를 통해 노동분화가 독특한 방식으로 진행되었다. 그 결과 남성의 중요성을 강조하는 오늘날의 문화가 생기게 되었다. 특권 집단인 남성에게 기득권이 보장되었고, 남성적 우위를 근거로 남성에게 유리한 노동분화가 이루어졌다. 그래서 우월한 위치를 점한 남성들은 유리한 것은 취하고 피하고 싶은 것은 여성에게 배정하였다. 여성의 활동 영역은 이런 식으로 확정되었다.

여성을 지배하려는 남성의 노력은 오늘날까지 계속되고 있다. 이에 상응하여 남성 지배에 대한 여성들의 불만도 계속되고 있다. 남성과 여성은 상호 의존적인 존재이기 때문에 이러한 갈등은 남성과 여성 모두에게 커다란 고통이 되고, 부조화와 갈등을 계속 조장할 것이다.

우리의 모든 제도, 전통적 태도, 법률, 풍속, 습관 등은 남성의 특권적 위치를 입증하는 증거들이다. 이것들은 모두 특권을 가진 남성들에 의해 제정되고 유지되어 왔다. 이러한 제도는 어린아이의 방에까지 침투하여 그들의 정신에 커다란 영향을 미친다. 남자 아이에게 여자 옷을 입히려고 하면 화를 벌컥 낸다. 이 예를 통해 우리는 이러한 연관 관계를 추적할 수 있는 근거를 제시할 수 있다. 아이의 인정욕구가 어느 정도 발달하면 그는 어디서나 자기의 우월함을 보장해줄 것 같은 남성적인 것을 선호하게 된다.

오늘날 가정교육은 권력추구를 너무 높이 평가하고 있다. 그 결과 남성의 특권을 유지하고 장려하는 성향이 당연한 것이 되었다. 왜냐하면 가족 내에서 권력의 상징은 항상 아버지, 즉 남자이기 때문이다. 수수께끼처럼 가끔 다가오는 아버지의 모습은 늘 옆에 있는 어머니보다 훨씬 더 아이의 관심을 끈다. 아이는 금방 아버지의 탁월한 역할을 눈치챈다. 아이는 아버지가 주도권을 가지고 있으며, 명령을 내리고 모든 것을 지휘한다는 것을 알아챈다. 아이는 사람들이 아버지의 명령에 복종하고 어머니가 항상 아버지에게 조언을 구하는 것을 보게 된다. 모든 점에서 아버지는 그에게 강하고 힘센 사람처럼 보인다. 어떤 아이는 아버지가 무엇을 말하든 다 옳다고 믿으며, 아버지를 존경스럽게 우러러본다. 그들은 자기 주장이 맞다는 것을 증명하기 위해 아버지가 그렇게 말씀하셨다고 말하기도 한다. 아버지의 영향력이 뚜렷하게 나타나지 않더라도 아이들은 아버지가 우월하다는 인상을 받는다. 왜냐하면 아버지가 집안일에 대해 모든 책임을 지고 있는 것처럼 보이기 때문이다. 노동분화는 현실에서 아버지의 힘을 유용하게 사용할 수 있는 기회를 제공한다.

남성 우월의 역사적 기원은 결코 자연발생적이지 않다. 남성의 지배를 보장하기 위해 수많은 법률이 제정되었다는 사실이 이를 입증하고 있다. 동시에 이것은 남성의 우월이 법률적으로 보장되기 전까지는 남성적 특권이 결코 확고하지 않았음을 말해준다. 실제로 우리는 그 시대를 역사적으로 증명할 수 있다. 모권^{Mutterrecht} 시대에는 어머니, 즉 여성이 중요한 역할을 담당했다. 특히 아이에 관해서는 어머니의 역할이 매우 중요했다. 이 시대에는 어머니의 위치에 대한 존경이 부족의 모든 남자들에게 하나의 의무였다. 오늘날에도 일부 관습에 그 영향이 남아 있다. 예를 들어 어떤 문화에서는 아이들이 모든 남성을 '아저씨'나 '삼촌'으로 부르는 흥미로운 관습이 있다. 모권 사회에서 부권 사회로 넘어가는 과정에서 치열한 투쟁이 있었을 것이다. 이것은 오늘날 남성들이 천부적인 것으로 여기는 그들의 특권이 처음부터 주어진 것이 아니라 투쟁을 통해 획득한 것임을 증명해준다. 남성의 승리는 곧 여성의 예속을 뜻하며, 법 제정의 역사는 이 예속 과정을 잘 보여주고 있다.

따라서 남성의 우월한 지위는 자연스러운 것이 아니다. 원시 시대에 부족들 간의 끊임없는 전투에서 남성의 지위가 인정되기 시작한 것은 필연적이다. 전투에서 남자들은 중요한 역할을 맡았으며, 마침내는 이 역할을 근거로 지배권을 확보하였다. 이 과정에서 사유재산^{Privateigentum}과 상속권이 발전하였는데, 원칙적으로 남자에게만 상속과 소유의 권한이 주어졌기 때문에 이 과정은 남성의 우월한 지위를 보장하는 근거가 되었다.

성장 과정에 있는 아이들은 이 주제에 관한 책을 읽을 필요가 없다. 아이들은 이런 것들에 대해서 전혀 모르지만 가족 안에서 상속권과 다른 특권을 가지고 있는 쪽이 남자라는 것을 금방 감지한다. 사려가 깊은 부모가 평등한 권리를 옹호하고 전통적인 특권을 포기한다 하더라도 상황은 마찬가지이다. 가사를 전담하는 어머니가 아버지와 동등한 권리를 가지고 있다는 사실을 아이에게 납득시키는 일은 쉽지 않다. 어디에서건 남자의 우월한 모습을 목격한다면 이것이 남자 아이에게 무엇을 의미할지는 충분히 상상할 수 있다. 태어나면서부터 남자 아이는 여자 아이보다 훨씬 더 귀여움을 받으며, 왕자와 같은 대접을 받는다. 일반적으로 부모들은 남자 아이를 더 선호한다. 남자 아이는 어디를 가건 자기가 집안의 후계자로서 더 많은 권리와 더 큰 사회적 가치를 지니고 있다고 느낀다. 사람들이 그에게 한 말이나 간혹 자기 스스로 한 말들은 남자의 역할이 훨씬 더 중요하다는 것을 늘 상기시킨다.

또한 하찮은 집안일을 하는 여자들을 보면서 아이는 남성이 우월하다는 것을 더 뚜렷하게 느낀다. 주변의 여자들이 남녀의 동등함을 믿지 않는다는 사실 또한 아이에게 강력한 인상을 남긴다. 여자들은 대부분 종속적이며 하찮아 보이는 역할만을 한다. 결혼 전에 여자들은 남자에게 "당신은 우리 문화에서, 특히 가족 내에서 남성 우위의 원칙을 어떻게 생각하세요?"라는 질문을 던지지만 평생 그 대답을 듣지 못한다. 이에 대해 여자들은 계속 남녀평등을 주장하거나 아니면 정도의 차이는 있지만 아예 체념해 버린다. 이와 달리 남자들은 어렸을 적부터 좀 더 중요한 일을 해야 한다는 신념을 가지고 자란다. 아이는 이 신념을 일종의 의무라고 느끼며, 삶과 사회의 도전에 대해 특권 의식을 갖고 남성적인 방식으로 대응한다.

아이는 이런 관계에서 발생하는 상황들을 모두 체험한다. 그러면서 아이는 여성의 본질에 대해 수많은 인상과 견해를 접하게 된다. 그 안에는 대개 가엾은 여성의 이미지가 담겨 있다. 이런 식으로 남자 아이는 남성적으로 성장한다. 권력을 추구하는 과정에서 그가 가치가 있다고 느끼는 것은 예외 없이 거의 남자다운 성격이거나 남자다운 생각이다. 이러한 권력 관계로부터 일종의 남성적 미덕이 생기게 되는데, 이 미덕이 어디서 연유하는지는 저절로 밝혀진다. 어떤 성격은 '남성적인' 것으로, 어떤 성격은 '여성적인' 것으로 분류된다. 그러나 이러한 판단을 정당화할 근거는 어디에도 없다. 소년과 소녀의 심리적 특성을 비교하여 이러한 구분을 뒷받침할 증거를 찾았다 할지라도 그것은 자연스러운 현상이 아니다. 우리는 일정한 틀에 갇혀 있고, 편향된 권력 관계에 의해 제한된 삶의 방식과 행동 패턴을 가지고 있는 사람들에게서만 이 현상을 확인할 수 있다. 이러한 권력 관계는 아이에게 권력욕을 발달시킬 수 있는 공간을 강제적으로 제공한다.

그러므로 남성적 성격과 여성적 성격을 구분하는 것만큼 부당한 일은 없다. 우리는 권력추구의 욕망이 성격의 구분에 의해 어떻게 충족되는지 볼 수 있다. 순종, 예속 등과 같은 '여성적' 특성을 통해서도 권력을 행사할 수 있다. 순종적인 아이나 반항적인 아이나 권력을 추구하기는 마찬가지이다. 경우에 따라서는 순종적인 아이가 말을 잘 듣지 않는 아이보다 훨씬 더 남의 주목을 끌 수 있다. 권력추구의 양상은 아주 복잡하게 나타나기 때문에 우리의 연구는 종종 어려움에 봉착하기도 한다.

남자 아이가 조금 나이를 먹게 되면 그의 남성성은 거의 의무가 된다. 명예심, 권력욕, 우월감은 완전히 하나로 연결되어, 남성적이어야 한다는 의무감과 동일시된다. 권력을 추구하는 아이들은 자기의 남성성을 의식하는 것만으로 만족하지 못한다. 자기가 남자이기 때문에 더 많은 특권을 가지고 있다는 것을 증명해야 한다. 이를 위해 그들은 한편으로는 남들보다 뛰어나려고 애쓰며, 자신의 남자다움을 과장되게 표현한다. 다른 한편으로는 온갖 수단을 다 동원하여 주변에 있는 여자들 위에 군림하며, 자기의 우월함을 보이고 싶어한다. 부딪히는 저항에 따라 어떤 아이는 고집을 부리거나 화를 내지만, 어떤 아이는 잔꾀를 부려 목적을 달성한다.

세상은 항상 특권을 가진 남성의 잣대로 판단되기 때문에 남자 아이에게 이 기준을 제시하는 것은 놀라운 일이 아니다. 필연적으로 아이는 이 기준에 따라 자신을 평가하고, 자신의 행동이 충분히 남성적인지, 자기가 정말 남자다운지 스스로 묻고 관찰한다. 오늘날 우리가 '남성적'이라고 간주하는 것들은 무엇보다도 이기적인 것들이며, 자기애自己愛를 충족시키거나 우월감을 주는 것들이다. 이 모든 것은 긍정적으로 보이는 성격, 즉 용기, 강인함, 자부심, 모든 종류의 승리감(특히 여성에 대한 승리), 직책의 획득, 명예와 지위, '여성적'인 것에 맞설 수 있는 성향 등에 의해 확인된다. 우월함은 남성적인 것으로 간주되기 때문에 우월감을 얻기 위한 투쟁은 끊임없이 지속된다.

이런 식으로 남자 아이는 성인 남자, 특히 아버지에게서 볼 수 있는 성격들을 모방한다. 우리 사회에는 인위적으로 만들어진 과대망상의 흔적이 도처에 있다. 그래서 남자 아이는 어릴 때부터 엄청난 권력과 특권의 유혹을 받는다. 권력과 특권은 곧 '남성'과 같은 의미이다. 잘못될 경우에 이것은 오만과 야만으로 변질될 수 있다.

여러 면에서 남성적인 것이 주는 장점은 아이들에게 하나의 유혹이 될 수 있다. 여자 아이들은 자기가 가지고 있는 남성적 이상^{ein männliches Ideal}이 실현될 수 없다는 것을 알고 있다. 그러나 이들은 남성적 이상을 자기 행동을 판단하는 척도로 삼으며, 그에 맞는 행동과 외모를 가지려고 노력한다. 우리 문화에서는 많은 여자들이 남자가 되기를 원한다. 신체적으로 남자 아이에게 더 적합한 놀이나 활동을 좋아하는 여자 아이들이 여기에 해당한다. 이들은 나무에 올라가고, 남자 아이들과 어울려 놀기를 좋아하며 여성적인 일은 수치스럽게 여기고 거부한다. 그들은 오직 남성적인 일을 통해서만 만족감을 얻는다. 이런 현상은 남성을 선호하는 문화에서 비롯된 것이다. 여기서 우리는 우월성의 추구가 현실이나 실제적인 지위가 아닌 허구와 연관되어 있다는 사실을 분명히 알 수 있다.

3. 여성의 열등함에 대한 편견

남성들은 남성의 지배를 정당화하기 위해서 그들의 위상이 자연적으로 주어진 것이며, 여성은 열등한 존재라는 주장을 펴왔다. 여성이 열등하다는 견해는 널리 퍼져 있어서 마치 모든 사람들의 공유물이 된 것 같다. 이런 편견과 함께 남성들에게는 모권에 대항하여 투쟁할 때부터 가지고 있던 불안이 남아 있다. 그 당시 여성은 실제로 남성들을 불안하게 만드는 존재였다. 우리는 역사와 문학에서 이를 입증하는 수많은 예를 찾을 수 있다. 로마의 한 작가는 다음과 같이 말했다. "남성에게 여성은 혼란이다. mulier est hominis confusio" 종교 회의에서는 여자가 영혼을 가지고 있는지에 대한 논의가 활발하게 진행되었고, 수많은 학술 논문들은 여자가 정말 인간일까 하는 주제를 다루었다. 수백 년 지속되어 온 마녀 사냥도 이 문제에 관한 당대의 엄청난 오류와 불안을 입증하는 슬픈 증거이다.

원죄에 대한 성서의 묘사나 호메로스의 『일리아드』에서 보듯이 여성은 종종 모든 재앙의 원인으로 간주되었다. 호메로스의 영웅 서사시는 여자 한 명이 민족 전체를 파멸로 몰아넣는 이야기이다. 전설이나 동화는 어느 시대이건 여성의 도덕적 열등함, 사악함, 표리부동, 배신, 변덕을 주제로 삼았다. '여자들의 우매함'은 법적 증거로도 채택되었다. 이와 반대로 여성의 현명함과 능력은 폄하되었다. 모든 민족의 상투어, 일화, 속담, 풍자는 여성을 비하하는 내용으로 가득 차 있다. 여성의 투기, 부정확함, 소심, 어리석음(치마는 길지만 생각은 짧다) 등은 비난의 대상이었다. 여성이 열등하다는 것을 증명하기 위해서 모든 것이 동원되었다. 스트린드베리August Strindberg : 1848~1912, 스웨덴의 자연주의 작가, 작품에 희곡 「죽음의 무도」 등이 있음, 뫼비우스Paul Julius Möbius : 1853~1907, 독일의 신경외과 의사, 정신분석가, 쇼펜하우어Arthur Schopenhauer : 1788~1860, 독일의 철학자, 바이닝거Otto Weininger : 1880~1903, 오스트리아의 철학자, 작품에 「성과 성격」 등이 있음와 같은 남성들은 물론이고, 적지 않은 여성들까지 이에 가담함으로써 여성의 열등함을 지지하는 유명인의 숫자는 더 늘어갔다. 여성들은 모든 것을 체념한 채 여성의 열등함과 자신들에게 부과된 예속적 역할을 받아들였다. 여성 폄하는 임금에서도 나타났다. 남녀의 노동이 동일한 가치를 지녔건 아니건, 이에 관계없이 여성의 임금은 남성의 임금보다 훨씬 적었다.

지능검사나 소양검사의 결과를 살펴보면 수학과 같은 영역에서는 남자 아이들이, 언어와 같은 다른 영역에서는 여자 아이들이 더 나은 재능을 보인다. 실제로 남자 아이들은 남성적 직업에 적합한 영역에서 여자 아이들보다 더 많은 재능을 보이는 것으로 나타난다. 그러나 이것은 외견상 그렇게 보일 뿐이지 실제로는 그렇지 않다. 여자 아이들이 처해 있는 상황을 좀 더 자세히 관찰해보면 여자 아이들의 열등함에 대한 담론은 꾸며낸 것이며, 진실처럼 보이는 거짓이라는 것이 밝혀질 것이다.

한 여자 아이가 매번 뉘앙스는 다르지만, 여자애들은 무능하며 간단한 일이나 혹은 시키는 일에나 적합하다는 말을 매일 듣는다고 생각해보자. 이 아이는 이 말의 진위를 검증할 수 없기 때문에 여자의 무능함을 어쩔 수 없는 운명으로 받아들이고, 마침내는 자기가 무능하다고 믿게 된다. 자신감을 상실한 그녀는 어쩌다 남자들의 일을 하게 되더라도 그 일에 대해 별 관심을 보이지 않거나 혹은 곧 관심을 잃어버린다. 이 아이는 내적으로나 외적으로나 그 일에 대한 준비가 전혀 되어 있지 않은 것이다. 이런 상황에서는 여성의 무능함을 쉽게 입증할 수 있으며, 그것은 설득력 있게 보일 수 있다. 그러나 이런 편견에서 출발한다면 우리는 능력과 성과가 심리적 발달과 어떤 관련이 있는지 연구할 수 없다.

이 문제에 좀 더 주의를 기울이면, 여성의 능력이 떨어진다는 잘못된 생각을 만들어낸 또 다른 원인을 찾을 수 있다. 여자 아이들은 어릴 때부터 세상의 모든 편견을 듣고 자란다. 이 편견들은 여자 아이들에게서 자신감을 앗아가며, 뭔가 가치 있는 일을 할 수 있을 것이라는 희망을 사장시킨다. 이러한 편견이 더욱 심해지고, 여자에게는 오직 종속적인 역할만이 주어진다는 것을 깨닫게 되면 여자 아이들은 용기를 잃고, 어떤 일에도 선뜻 나서지 못하며, 결국 삶의 모든 과제에 도전하지 못하게 된다. 이렇게 되면 그녀는 무능하고 쓸모없는 사람처럼 보이게 되는 것이다.

어떤 사람에게 사회의 지배적인 의견을 강요하여 그의 희망을 꺾

어버린다면, 그래서 용기를 잃고 그가 아무 것도 하지 못하게 된다면 과연 우리의 행동이 옳았다고 말할 수 있을까? 오히려 모든 불행에 대한 책임이 우리에게 있음을 인정해야 할 것이다.

우리의 문화적 여건을 고려할 때 여자 아이가 자신감과 용기를 갖는다는 것은 결코 쉬운 일이 아니다. 그러나 한 지능검사는 열네 살에서 열여덟 살까지의 여자 아이들이 남자 아이들보다 재능이 더 뛰어나다는 흥미로운 결과를 내놓았다. 후속 연구에 따르면 이들은 모두 어머니가 직업을 가지고 있거나 아니면 독자적인 직업을 가진 편모 가정의 아이들이었다. 이 아이들은 가정에서 여자들이 열등하다는 편견을 전혀 경험하지 못했거나 아니면 그것을 경험했더라도 그 정도가 크지 않았다. 이들은 능력 있는 어머니가 날로 발전해가는 모습을 직접 체험하였다. 그 결과 아이들은 훨씬 더 자유롭고 자립적으로 성장할 수 있었으며, 여성이 열등하다는 편견과 연관된 모든 억압으로부터 자유로울 수 있었다.

여성이 열등하다는 편견을 불식시킬 수 있는 또 다른 증거는 적지 않은 여성들이 여러 분야, 특히 문학, 예술, 과학, 의학 등의 분야에서 남자들과 대등한 업적을 일궈냈다는 점이다. 반면 아무 것도 성취하지 못하고 무능함을 보이는 남자들도 많다. 열등한 여자만큼의 열등한 남자를 찾아낸다면 우리는 여자들에게 대했던 것처럼 똑같이 남자들에게도 부당하게 대할 수 있으며, 남성이 열등하다는 편견도 일반화시킬 수 있을 것이다.

여성의 열등성에 대한 편견이 낳은 또 하나의 결과가 개념상의 이분법이다. 남성은 '가치 있고', '강하고', '성공적'인 것을 뜻하고, 여성은 '순종적', '헌신적', '종속적인' 것과 동의어가 되었다. 이러한 사고방식은 인류의 생각 속에 아주 깊숙이 박혀 있어서 우리 문화 속에서 탁월한 것은 모두 남성적인 모습을 띠고 있는 반면, 가치가 없거나 부정적인 것은 모두 여성적인 것으로 간주된다. 잘 알다시피 남자들에게 '여자 같다'고 말하는 것보다 더 모욕적인 말은 없다. 그렇지만 여자 아이에게 남성적인 성향이 있다고 말했을 때는 그다지 큰 모욕이 되지 않는다. 우리는 이렇게 여성적으로 보이는 것이 열등하다는 점을 늘 강조해왔다.

좀 더 자세히 관찰해보면, 여성의 열등함에 대한 편견을 명확히 드러내는 현상들은 다름 아닌 왜곡된 심리적 발달의 표현이다. 우리는 모든 아이들을 소위 말하는 천재, 즉 능력이 출중한 아이로 만들 수 있다고 주장하지 않는다. 그러나 무엇이 이 아이들을 능력 없는 사람으로 만들 수 있는지는 잘 알고 있다. 다행스럽게도 우리는 지금까지 그런 우매한 일을 범하지 않았지만 다른 사람들이 그렇게 할 수 있다는 것은 알고 있다. 그러한 운명은 남자 아이들보다 여자 아이들이 더 자주 경험한다. 우리는 전혀 능력이 없어 보였던 아이가 어느 날 전혀 다른 사람이 되어 나타나는 것을 종종 볼 수 있다.

4. 여성 역할로부터의 탈출

남성의 기득권은 여성의 심리적 발달에 심각한 혼란을 초래했으며, 이것은 여성들이 대부분 자신의 역할에 만족하지 못하는 결과를 낳았다. 여성의 정신발달은 지위가 낮은 사람이 열등감을 갖게 되는 방식과 그 전제 조건이 동일하다. 여기에 여성이 선천적으로 열등하다는 근거 없는 편견이 더해지면 문제는 더 심각해진다. 그럼에도 불구하고 많은 여자 아이들은 그들의 성격이나 지적 능력, 경우에 따라서는 어떤 특권에 힘입어 어느 정도 보상을 받는다. 그러나 우리는 이 특권을 통해 하나의 오류가 어떻게 또 다른 오류로 이어지는지를 볼 수 있다. 여성들의 특권이라 인식되는 의무의 면제, 사치, 교태 등은 여성만이 누리는 이점처럼 보이며, 여성을 매우 존중하는 듯한 착각을 불러일으킨다. 이것은 일종의 이상향이며, 근본적으로 남자들을 위해 만들어진 것이다. 조르주 상드 George Sand : 1804~1876, 프랑스의 여성작가, 작품에 「콩쉬엘로」등이 있음는 과장된 표현이긴 하지만 '여성의 미덕은 남성의 훌륭한 발명품'이라고 말한 바 있다.

일반적으로 우리는 여성의 전통적 역할에 반대하는 세 가지 유형의 여성을 구분할 수 있다. 첫 번째 유형은 이미 앞에서 언급한 바와 같이 적극적이며, '남성적인' 방향으로 발전한다. 그들은 유별나게 활동적이고, 포부가 크며 성취욕도 매우 강하다. 이들은 남자 형제나 남자 동료들보다 더 뛰어나려고 노력하며, 주로 남자 아이들이 선택하는 활동을 선호하는데 무엇보다 운동을 좋아한다. 이들은 종종 사랑이나 결혼과 같은 관계를 회피한다. 설사 이러한 관계가 성립되더라도 항상 지배적이고, 어떻게 하든 상대보다 나으려고 하기 때문에 이 관계는 깨지기 쉽다. 이들은 또한 가사에 대해 강한 혐오감을 가지고 있다. 혐오감을 직접 표시하기도 하지만, 때로는 우회적으로 가사에 재능이 없다고 말하거나 아니면 가사에 재능이 없는 것을 증명하려고 한다.

이러한 여성은 잘못된 남성적 태도를 남성적인 방식으로 보상한다. 여성의 역할을 거부하는 태도는 이 유형에 속하는 여성들이 가지고 있는 근본 특성이다. 때때로 우리는 이들을 가리켜 '남자 같은 여자

Mannweiber'라고 부른다. 잘못된 생각이긴 하지만 많은 사람들은 이런 여자 아이들이 선천적인 요소, 즉 남성적 본성을 가지고 태어났기 때문에 그렇게 행동한다고 믿는다. 그러나 인류의 문화사가 증명하듯이 여성들은 수많은 억압을 받아왔으며, 오늘날까지 수많은 제한들이 그들을 속박하고 있다. 이러한 제한들은 여성들의 반발을 불러일으킬 수밖에 없다. 이러한 반발이 우리가 '남성적'이라고 말하는 방향으로 표출되는 이유는 성역할의 가능성이 두 가지밖에 없기 때문이다. 이상적인 남성과 이상적인 여성, 우리는 이 두 가지 가능성 중에 하나를 선택해야 한다. 그러므로 여성의 역할에서 벗어나려는 시도는 모두 남성적인 것으로 보일 수밖에 없다. 그 반대의 경우도 마찬가지다. 그러나 이런 일이 생기는 것은 신비스러운 성호르몬 때문이 아니라 공간적으로나 심리적으로나 다른 역할을 선택할 여지가 없기 때문이다. 그러므로 우리는 어떤 어려움 속에서 여자 아이들의 심리적 발달이 이루어지는지를 주목해야 한다. 남성과 동등한 권리가 여성에게 보장되지 않는 한 여성들이 우리의 삶과 문화, 그리고 공동체와 완전히 화해하기를 기대할 수 없다.

두 번째 유형에 속하는 여성은 체념적인 태도로 살아가며, 무조건적인 적응과 순종 그리고 자기비하적인 태도를 보인다. 겉으로 보기에 이들은 어디에서나 잘 어울리고, 쉽게 적응하는 것처럼 보이나 실제로는 너무나 서툴고 속수무책이어서 무엇 하나 제대로 하지 못한다. 이들은 신경증적인 증상을 보이기도 하며, 자신의 허약함을 드러내거나 다른 사람에게 보호를 요청하기도 한다. 이들의 순치馴致된 태도나 이들이 받는 억압은 일반적으로 신경증적인 고통으로 그 대가를 치르게 되며, 사회생활을 불가능하게 만든다. 그들은 어쩌면 자기가 이 세상에서 가장 뛰어난 사람이지만, 몸이 아파서 주어진 일을 제대로 할 수 없다고 말할지 모른다. 그러나 이런 식으로 주변 사람들의 환심을 계속 끌 수는 없다. 이들의 예속감, 자기비하, 자기억압은 첫 번째 유형의 여성이 보이는 반발과 같은 정신에서 나온 것이다. 이 반란이 전하는 메시지는 "이것은 결코 행복한 삶이 아니야"이다.

세 번째 유형은 여성의 역할을 거부하지는 않지만, 열등한 존재로서 예속적인 역할밖에 할 수 없다는 불편한 의식을 가지고 있는 여성들이다. 이런 여성들은 남성만이 가치 있는 일을 할 자격이 있으며, 여성은 열등한 존재라는 확신을 가지고 있다. 그러므로 이들은 남성들의 특권적인 지위에 대해서도 찬성한다. 이들은 남성을 만능의 소유자로 찬양하고, 남성의 특별한 지위를 요구하는 목소리에 가세한다. 그리고 나약함에 대해 인정을 구하고 지원을 요구하려는 양 자신의 허약한 감정을 분명하게 드러낸다. 그러나 이런 태도도 오래 전부터 준비해 온 반란의 표현이며, 때때로 결혼 생활을 통해 표출된다. 그녀는 자기가 처리해야 할 일을 계속 남편에게 떠넘기며, "이것은 남자만이 할 수 있는 일이야"라고 혼잣말로 속삭인다.

여자가 열등하다는 편견이 지배적인데도 불구하고 가장 중요하고 가장 어려운 삶의 과제 중 하나인 양육은 대부분 여성이 책임진다. 세 가지 유형의 여성들이 양육자로서 어떤 모습을 가질지 한번 살펴보자. 이를 통해 우리는 세 유형의 차이점을 더 많이 발견할 수 있을 것이다.

남성적인 태도를 지닌 첫 번째 유형은 폭군처럼 아이를 아주 엄하게 대하며, 고함을 지르고 끊임없이 벌을 준다. 이런 식으로 그녀는 아이를 강하게 압박하는데, 아이는 물론 이 압박으로부터 벗어나려고 한다. 이런 교육을 통해 달성할 수 있는 최선의 상태는 아이를 군대식으로 길들이는 것이지만, 이것은 무가치하다. 아이들은 보통 이런 엄마를 나쁜 사람이라고 생각한다. 고함을 지르거나 큰소리로 야단을 치는 것, 그리고 과장된 행동을 하는 것은 부정적인 효과만을 낳는다. 여자 아이는 이런 엄마를 흉내 내지만, 남자 아이는 이와 달리 평생 두려움 속에서 살지도 모른다. 이런 어머니 밑에서 고통을 받고 자란 남자들 가운데 많은 사람이 여자를 거부한다. 이들은 마치 면역이라도 된 듯 여성이라는 존재에 대해 전혀 신뢰를 갖지 못한다. 이렇게 되면 양성(남성과 여성) 사이에 지속적인 분열이 발생하는데, 이 상태가 지속되면 병적인 수준으로까지 발전할 수 있다. 어떤 사람은 이를 두고 '남성적 요소와 여성적 요소의 잘못된 배분'이라고 말한다.

나머지 두 유형에 속하는 사람들도 교육자로서 무능하긴 마찬가지이다. 이들은 너무 우유부단한 태도를 보이기 때문에 아이들은 엄마가 자신감이 없다는 것을 금방 알아차리고, 더 이상 말을 듣지 않는다. 이런 엄마들은 늘 새로운 시도를 하며, 끊임없이 잔소리를 하고, 때로는 아버지에게 이르겠다고 협박까지 한다. 그러나 아이들의 규율을 잡기 위해 늘 남자(아빠)의 도움이 필요하다면 이것은 자신의 교육 방법에 대해 확신이 없다는 것을 입증하는 것이다. 그리고 모든 것을 잘하는 남자들이 자녀 교육도 잘할 것이라는 입장을 정당화라도 하듯, 그녀는 뒤로 물러날 생각만 한다. 또는 이러한 여자들은 아무 것도 할 수 없다는 무력감에 빠져 있기 때문에 자녀 교육을 회피하며, 이에 대한 책임을 남편과 가정교사에게 떠넘긴다. 어떤 여자들은 수녀원에 들어가거나 독신 생활이 요구되는 직업을 선택한다. 이렇게 '고차원적'인 이유를 내세워 삶으로부터 도피하려는 것은 여성의 역할에 대한 불만의 표시이다. 이들은 여성으로서의 역할을 거부하고 원래 하고 싶었던 직업을 포기하는 사람들이다. 이와 비슷하게 많은 여성들은 가능한 빨리 직업을 가지려고 한다. 왜냐하면 직업을 통해 얻게 될 독립성이 결혼 생활의 종속으로부터 자신을 보호해줄 수 있을 것이라고 생각하기 때문이다. 여기서도 역시 여성의 전통적인 역할에 대한 거부가 그 원인임을 알 수 있다.

결혼을 했다고 해서 여성의 역할을 기꺼이 받아들였다고 말할 수 있을까? 결혼이 여성의 역할에 동의하고 만족한다는 뜻은 아니다. 이제 서른여섯 살이 된 한 여자의 경우가 그 전형적인 예다. 그녀는 여러 가지 신경 질환 증세를 호소했다. 그녀는 나이가 많은 남자와 지배욕이 매우 강한 여자 사이에서 맏딸로 태어났다. 아주 미인이었던 어머니가 나이 많은 남자와 결혼했다는 사실에서 여성의 역할을 거부하는 태도가 이 결혼에 어느 정도 작용했음을 짐작할 수 있다. 부모의 결혼 생활은 결코 순탄하지 않았다. 어머니는 여장부처럼 집안의 주도권을 쥐고 있었으며, 자기의 의지를 관철시키기 위해서 다른 사람을 전혀 고려하지 않았다. 나이 많은 남편은 어떤 일이건 늘 궁지에 몰렸다. 딸의 말에 의하면 어머니는 아버지가 가끔 소파에 누워 쉬는 것조차 참지 못했다. 그녀의 어머니는 모든 식구들이 지켜야 할 원칙을 정해 놓고, 이에 따라 가정을 이끌어 가려고 했다.

우리의 환자는 아버지의 과잉보호를 받으며 매우 유능한 아이로 성장했다. 이에 반해 어머니는 딸에게 만족하지 못했으며, 딸과 항상 대립 관계에 있었다. 그후 남동생이 태어나자 어머니는 남동생에게 훨씬 더 많은 애정과 관심을 보였다. 그러자 모녀 관계는 더욱 악화되었다. 성격상 여러모로 어머니와 대립했던 그녀가 나이를 먹게 되자 두 사람의 관계는 더 이상 참을 수 없을 정도가 되었다. 평소에는 무기력하고 관대하지만, 딸의 문제에 관해서는 뜻을 굽히지 않는 아버지를 자기편이라고 생각한 그녀는 엄마를 더 증오하기 시작했다. 그녀가 가장 좋아하는 공격 대상은 어머니의 지나친 청결함이었다. 어머니는 가정부가 문고리를 만진 뒤에 깨끗이 닦지 않으면 그것을 참지 못할 정도로 까다로웠다. 그녀는 항상 지저분하고 단정하지 못한 옷차림으로 다녔으며, 모든 것을 어지럽히는 데서 희열을 느꼈다.

한마디로 말해 그녀는 어머니가 기대하는 것과 정반대의 성격을 발전시켜 나갔다. 이 정황은 성격이 유전적이라고 주장하는 이론을 분명히 반증하고 있다. 아이가 엄마를 화나게 하는 성격만 계발한다면 여기에는 의식적, 무의식적 의도가 숨겨져 있다. 모녀간의 반목은 지금까지 지속되고 있는데, 우리는 이보다 심한 적대 관계를 본 적이 없다.

그녀가 여덟 살이 되었을 때, 다음과 같은 상황이 전개되었다. 아버지는 늘 딸의 편이었지만, 항상 엄한 표정을 짓는 엄마는 날카로운 지적과 비난을 일삼았다. 호전적인 딸은 냉소적인 말투로 엄마의 모든 노력을 허사로 만들었다. 여기에 상황을 더 악화시킨 것은 그녀의 남동생이었다. 엄마의 사랑과 보호를 한 몸에 받아 온 남동생이 어느 날 심장판막증을 앓게 된 것이다. 이로 인해 엄마는 아들을 더 보살피게 되었다. 어떤 부모도 두 아이를 똑같이 대하기는 어렵다. 여기서 주목해야 할 부분은 부모의 편애이다. 그녀는 이러한 환경 속에서 성장하였다.

그러던 중 그녀는 알 수 없는 신경 질환에 걸렸다. 그녀는 엄마를 미워하는 마음 때문에 괴로워했으며, 이 생각 때문에 아무 일도 할 수 없었다. 그녀는 갑자기 종교에도 빠졌지만 별로 성공적이지는 못했다. 얼마 후 그녀를 괴롭히던 나쁜 생각이 사라졌다. 그녀의 상태가 호전된 것을 사람들은 약물 치료 때문이라고 여겼지만, 사실 엄마가 약간 수세에 몰린 것이 그 원인임에 틀림없다. 조금 남아 있던 그녀의 나쁜 생각은 번개와 천둥에 대한 두려움으로 바뀌었다.

그녀는 자신의 불량한 양심 때문에 천둥과 번개가 치는 것이며, 언젠가는 자신에게 불행이 닥칠 것이라고 믿었다. 우리는 그녀가 어머니에 대한 증오심으로부터 벗어나기 위해 얼마나 노력하고 있는지를 쉽게 알 수 있었다. 언젠가 한 여선생님이 "누구든지 원하기만 한다면 모든 것을 누릴 수 있다"라는 말을 했다. 이 말은 그녀에게 깊은 인상을 남겼다. 이 말은 그 자체로는 아무런 의미가 없지만, 그녀는 "내가 하려고 마음만 먹으면 나는 모든 것을 할 수 있어!"라고 이해했다. 이 생각은 어머니와의 싸움에서 또 다른 욕심을 낳는 결과를 초래했다.

그녀는 사춘기를 지나 예쁜 숙녀가 되었다. 결혼 적령기가 되자 많은 구혼자들이 나타났다. 그러나 그녀의 날카로운 말투 때문에 항상 관계가 진척되지 않았다. 나이든 한 남자가 그녀 주변에 있었는데, 그녀는 유독 이 남자에게 끌렸다. 사람들은 그녀가 이 남자를 선택하면 어쩌나 걱정하였으나 얼마 후 이 남자도 그녀를 떠났다. 스물여섯 살이 될 때까지 그녀에게 구혼하는 남자는 한 명도 없었다. 이는 그녀가 속해 있는 그룹에서 매우 이례적인 일이었다. 그녀의 과거를 모르는 사람들은 이러한 상황을 이해하지 못했다. 유년 시절부터 벌여온 엄마와의 격렬한 투쟁은 그녀를 감당하기 어렵고, 호전적인 사람으로 만들었다. 그녀는 늘 유리한 고지에 서 있었다. 엄마의 태도는 그녀를 짜증나게 했지만, 한편 엄마에 대한 승리를 열망하게 만들었다. 그녀는 치열한 설전을 제일 좋아했다. 그녀의 허영심을 잘 엿볼 수 있는 대목이다. 상대방을 제압할 수 있는 게임을 선호한다는 점은 그녀의 '남성적' 태도를 여실히 보여준다.

스물여섯 살 때 그녀는 아주 훌륭한 남자를 알게 되었다. 그는 그녀의 호전적인 성격에 아랑곳하지 않고 그녀에게 청혼했다. 그는 자기를 낮추고 복종적인 태도를 취했다. 그와 결혼하라고 친척들이 종용하자 그녀는 그 남자가 전혀 마음에 들지 않으며, 그와 결혼하면 불행해질 것이라고 계속 주장했다. 그녀의 성격을 아는 사람은 이런 태도를 쉽게 이해할 것이다. 2년을 버티다 마침내 그녀는 구혼을 받아들였다. 그녀는 이 남자를 머슴처럼 부릴 수 있으며, 자신이 원하는 것은 다 할 수 있을 것이라고 확신하였다. 은밀한 소망을 품고 있던 그녀는 자기의 말이면 뭐든지 다 들어주는 아버지의 복사판을 이 남자에게서 발견한 것이다.

그러나 그것이 오판이었음을 곧 깨닫게 되었다. 결혼한 지 며칠이 지나지 않아 사람들은 그녀의 남편이 파이프를 물고 방안에 앉아 한가히 신문을 읽는 광경을 자주 목격하였다. 그는 아침이면 출근했고, 식사 때면 정확히 집에 돌아왔다. 그리고 식사 준비가 되어 있지 않으면 불평을 했다. 그는 청결과 상냥함, 그리고 시간을 정확하게 지킬 것 등을 요구하였다. 이 모든 것은 그녀가 전혀 예상치 못했던 부당한 요구였다. 이 관계는 그녀와 아버지 사이의 관계와는 너무나 다른 것이었다.

그녀의 꿈은 모두 깨져버렸다. 그녀의 요구가 많아지면 많아질수록 남편은 그녀의 요구에 더 응하지 않았으며, 남편이 주부의 역할을 강조하면 할수록 그런 모습은 더욱 더 찾아보기 어려웠다. 그녀는 남편에게 그런 요구를 할 권리가 없음을 거듭 상기시켰다. 자기는 그런 일을 싫어한다고 분명히 말했으나 남편은 들은 척도 하지 않았다. 남편이 완고한 태도를 굽히지 않자, 그녀의 미래는 암울해지기 시작했다. 정직하고 예의바른 남편은 자존심을 버리고 구혼을 했지만, 그녀를 확실하게 소유하게 되자 그의 태도는 곧바로 바뀌었다.

애를 낳은 후에도 이들의 불화는 계속되었다. 그녀는 새로운 책임을 떠맡게 되었다. 그러는 동안 사위의 입장을 적극 옹호하는 어머니와의 관계는 더 악화되었다. 마치 중화기로 무장한 듯 심각한 부부 싸움이 반복되면서 남편은 가끔 거칠고 배려 없는 행동을 하였다. 그럴 때는 그녀의 불만이 정당화되기도 하였다. 남편의 이러한 행동은 그녀가 여성의 역할을 받아들이지 못하고 여성의 역할과 화해하지 못한 데서 비롯된 결과이다. 그녀가 생각한 여성의 역할은 여왕처럼 모든 욕구를 들어줄 수 있는 하인을 거느리고 사는 것이었다. 특별한 상황이었다면 어쩌면 그런 삶이 가능했을지도 모른다.

이제 그녀는 어떻게 해야 할까? 이혼을 하고 어머니에게 돌아가 자신이 패배자임을 인정해야 할까? 그녀는 자립할 능력이 없었으며, 혼자 살 준비도 되어 있지 않았다. 이혼은 그녀의 자존심과 허영심의 훼손을 의미했다. 삶은 그녀에게 고통이었다. 한편에는 모든 것에 대해 불만을 토로하는 남편이 있었고, 다른 한편에는 항상 청결과 정리에 대해 잔소리를 하며 날카롭게 공격하는 어머니가 있었다.

그런데 갑자기 그녀가 청결과 정리 정돈을 좋아하게 되었다. 그녀는 하루 종일 닦고 청소하기 시작했다. 마침내 그녀가 늘 귀가 따갑게 들었던 어머니의 교훈을 통감한 것 같았다. 처음에는 어머니나 남편 모두 갑작스러운 변화에 만족했고, 집안을 깨끗하게 청소하는 모습을 보며 기뻐했다. 그러나 사람들은 그녀가 이러한 변화를 너무 과장하여 받아들였다는 것을 알 수 있었다. 그녀는 온 집안에 실오라기 하나 없을 정도로 쓸고 닦았다. 모든 사람들은 이 일에 방해가 되었으며, 동시에 그녀는 다른 사람들에게 방해가 되었다. 닦아놓은 물건을 누군가 만지면 그녀는 다시 닦았다. 또한 그녀 외에 어느 누구도 그것을 해서는 안 됐다.

늘 쓸고 닦는 소위 청소병Waschkrankheit은 여자들에게 많이 나타나는 현상이다. 이런 여자들은 여성의 역할에 저항하는 투사들이다. 이들은 유별나게 청결을 유지하면서 자주 청소하지 않는 여자들을 무시한다. 무의식에 잠재된 이런 행동의 목적은 온 집안을 폭파시키는 것이다. 그러나 이 여자의 집보다 더 더러운 집은 없다. 그녀에게 중요한 것은 청결이 아니라 그녀 스스로가 만들어 낸 불편함이다.

우리는 여성의 역할에 잘 적응한 것 같이 보이는 경우들을 수없이 열거할 수 있다. 이런 사람은 친구도 없고, 누구와도 사이좋게 지내지 못하며, 남을 배려하는 마음이 무엇인지 모른다. 우리가 짐작할 수 있는 그녀의 삶 역시 이와 크게 어긋나지 않았다.

좀 더 조화로운 미래의 삶을 위하여 여자 아이들을 위한 교육 방법이 개발되어야 한다. 위의 사례에서 보듯이 아주 좋은 환경에 있다고 해서 조화로운 삶이 보장되는 것은 아니다. 여성의 열등함은 오늘날까지 여전히 법이나 전통 속에 남아 있다. 그러므로 우리는 우리 사회에 내재된 잘못된 태도를 인식하고 개선하려는 노력을 기울여야 한다. 우리가 이렇게 노력해야 하는 이유는 병적으로 과장된 여성 존중을 위해서가 아니라 이런 상황이 우리의 사회생활을 파괴시키기 때문이다.

이와 관련하여 여성을 폄하하는 현상 하나를 더 언급하고자 한다. 이것은 소위 위험한 나이das gefährliche Alter라고 일컫는 현상이다. 쉰 살을 전후하여 나타나는 이 현상은 심리적인 변화를 동반한다. 폐경기의 여자들은 신체적 변화로 인해 평소에 힘겹게 유지해 온 미미한 영향력을 이제 완전히 잃어버리게 될 것이라고 생각한다. 이들은 점점 불확실해져 가는 자기의 위상을 지키기 위해서 더 많은 노력을 경주한다. 성과를 우선시하는 우리 사회에서 나이든 사람들은 불이익을 당하기 마련이다. 특히 나이든 여성들의 경우에는 더 심하다. 나이가 들어가는 여성들은 누구나 방식은 조금씩 다르지만 가치 상실을 경험하며 이에 따른 어려움을 감수해야 한다. 우리의 삶은 단 하루 만에 예측과 평가가 가능한 곳이 아니다. 젊은 날 이루어 놓은 것은 힘과 영향력을 잃어버릴 시기를 대비하여 비축해 놓은 것이다. 늙었다는 이유만으로 정신적, 물질적 안락에서 배제된다는 것은 옳지 못하다. 여성을 그런 식으로 대한다면 그것은 모욕이나 다를 바 없다. 사춘기의 여자 아이가 언젠가 자신에게 닥쳐올 이 시간에 대해 어떤 두려움을 가지고 있을지 상상해보라. 여성성은 폐경과 함께 소멸되는 것이 아니다. 인간의 존엄성과 가치는 이 시기가 지나도 존속하며, 계속 존중되어야 한다.

5. 여성과 남성 사이의 긴장

이 모든 현상들은 우리의 잘못된 문화에서 비롯된 것이다. 우리의 문화가 한번 편견에 사로잡히면 모든 것은 이에 감염된다. 그러면 어디를 가건 그 편견을 다시 발견하게 된다. 여성이 열등하다는 편견과 이와 연결된 남성의 우월감은 양성 사이의 조화를 늘 방해해 왔다. 이로 인해 생긴 엄청난 긴장은 모든 애정 관계에 악영향을 미쳤을 뿐 아니라 모든 행복의 가능성을 위협하고 파괴하였다. 우리의 애정 생활은 이 긴장에 의해 얼룩지고 황폐해졌기 때문에 조화로운 부부는 점점 찾아보기 힘들고, 아이들은 결혼이란 아주 힘들고 위험한 것이라는 생각을 가지고 자란다.

앞에서 설명한 편견이나 이와 유사한 생각들은 아이들이 삶을 제대로 이해하지 못하게 만든다. 얼마나 많은 여자들이 결혼을 하나의 비상 출구로 생각하고 있는지, 그리고 얼마나 많은 사람들이 결혼을 필요악으로 여기는지 생각해보라! 오늘날 우리가 경험하는 많은 어려움들은 남녀 간의 갈등에서 비롯된 것들이다. 여자의 경우에는 강요된 역할을 거부하는 성향이 강할수록, 그리고 남자의 경우에는 특권을 누리려는 욕구가 강할수록 더 큰 어려움을 겪게 된다.

동료 의식과 우정은 각자의 성 역할에 대한 화해와 양성 간의 조화를 잘 보여주는 특징이다. 민족 간의 관계에서와 같이 남녀 간의 관계에 있어서도 한 사람이 다른 사람에게 종속되는 것은 용납될 수 없는 일이다. 이런 잘못된 태도는 너무나 큰 고통과 어려움을 야기한다. 그러므로 우리는 모두 이 문제를 신중하게 생각해야 한다. 이 문제는 너무 많은 것을 포괄하고 있기 때문에 우리의 삶은 거의 다 여기에 연루되어 있다. 오늘날 우리 문화는 아이에게 이성異性, 즉 타자를 거부하고 경시하는 태도를 강요하기 때문에 이 문제는 더욱 복잡한 양상을 띤다.

우리는 신중한 교육을 통해서만 이 난관을 극복할 수 있다. 그러나 우리는 인내심을 상실한 시대에 살고 있으며, 실제로 검증된 교육 방법도 가지고 있지 않다. 특히 문제가 되는 것은 유치원까지 경쟁의 전쟁터로 변했다는 점이다. 미래의 삶은 이 모든 것들에 의해 결정된다. 많은 사람들은 애정 관계를 두려워하고 회피한다. 이는 어떤 상황에 있건 전략과 정복의 수단을 사용해서라도 남자임을 증명해야 한다는 무의미한 강박 때문이다.

당연히 이러한 요소들은 남녀 관계에 있어서 성실성과 신뢰를 파괴한다. 돈주앙 Don Juan은 자신의 남성성에 대한 확신이 없는 사람이다. 그래서 그는 끊임없이 여성 정복을 통해 이를 증명하려고 했다. 여성과 남성 사이에 존재하는 불신은 서로에 대해 솔직하지 못하게 만들었으며, 그 결과 인류는 고통 속에 살고 있다. 남성다움에 대한 과장된 이상理想은 지속적인 요구와 도전 그리고 끝없는 충동과 불안을 의미하며, 결국 허영심과 자기미화, 특권적인 태도를 만들어낸다. 물론 이것은 공동생활에 필요한 조건들과 배치된다.

우리는 자유와 남녀평등을 주장하는 여성해방운동의 목표에 대해 반대할 이유가 없다. 오히려 이 운동을 지원하는 것이 우리의 의무라고 생각한다. 인류의 행복과 삶의 기쁨은 여성들이 자신의 역할과 능력에 맞게 살 수 있는 제반 조건이 얼마나 마련되느냐에 달려 있으며, 또한 남성들이 여성과 긴장 없는 관계를 유지할 수 있느냐에 달려 있다.

6. 개선을 위한 노력

남녀 관계를 개선하기 위해 만든 제도 중에서 가장 중요한 것이 남녀공학 Koedukation이다. 이 제도는 논란의 여지가 많으며, 지지와 반대가 엇갈린다. 남녀 모두가 일찍 서로에 대해 알 수 있는 기회를 갖고 상대에 대한 잘못된 편견을 해소시킬 수 있다는 것이 지지자들의 주장이다. 그러나 반대자들의 입장은 다르다. 취학 연령기가 되면 남녀 간의 차이는 뚜렷해지고 여자 아이들의 지능 발달이 남자 아이들보다 더 빠르게 진행된다. 그렇기 때문에 이들을 함께 교육시키면 남자 아이들은 심한 압박을 받게 되며 서로 간의 대립이 더 고조될 수 있다. 남자 아이들은 특권 의식의 무게를 감내하며 자기들이 더 낫다는 것을 증명해야 하는데, 자기가 우월하다는 것이 한낱 환상에 불과하다는 사실을 깨닫게 되면 현실 앞에 좌절하게 된다. 일부 연구자들은 남녀공학에 다니는 남학생들이 여학생들에 대해 불안감을 가지고 있으며, 자의식을 상실할 수 있다고 주장한다.

이러한 반론이 어느 정도 옳다는 것은 의심의 여지가 없다. 재능과 능력의 관점에서 오직 남녀 간의 경쟁만을 생각한다면 이 주장은 옳다. 교사와 학생들도 그렇게 생각한다면 남녀공학은 당연히 해로운 제도일 것이다. 남녀공학이 성공하려면 이 제도를 잘 이해하는 교사가 필요하다. 남녀공학은 미래의 공동 과제를 위해 필요한 연습이자 준비를 의미한다. 이것을 뒷받침해줄 교사가 없다면 남녀공학은 실패로 끝나고 말 것이다. 그렇게 되면 이 제도를 반대한 사람들은 자신들의 입장이 옳았음을 확인할 것이다.

이러한 상황을 자세히 묘사하기 위해서는 시인의 상상력이 필요하다. 그러므로 우리는 몇 가지 중요한 점만 언급하는 것으로 만족하고자 한다. 위에서 언급한 유형들은 서로 연관성이 있다. 즉 사춘기의 여자 아이들은 자기가 열등한 존재인 양 행동한다. 열등한 신체기관을 가지고 태어난 아이들이 자신의 열등함을 보상하려고 노력하는 것과 마찬가지다. 그러나 사춘기 여자 아이의 열등감은 외부로부터 강요되었다는 점에서 다르다. 통찰력 있는 사람들조차 여성의 열등함을 사실로 믿는다. 그러나 여성들은 어쩔 수 없이 그렇게 행동한다. 이런 편견 때문에 결국 남녀는 모두 특권을 차지하려는 투쟁의 소용돌이 속으로 내몰리게 되며, 자기에게 맞지 않는 힘겨운 역할을 수행해야 한다. 이것은 문제없이 지낼 수 있는 삶을 복잡하게 만든다. 이들의 관계는 진실성을 잃은 채 행복에 대한 희망을 파괴시키는 편견으로 가득 찰 것이다.

8장

형제들 간의 관계

어떤 사람을 판단할 때 그 사람이 성장한 환경을 아는 것은 중요하다. 그 중에서도 특히 형제들 간의 관계는 아주 특별한 상황이다. 전문 지식을 가진 사람은 어떤 사람이 맏이인지, 독자인지, 막내인지를 쉽게 분간할 수 있다.

오래 전부터 사람들은 막내가 특별한 유형이라는 것을 잘 알고 있었던 것 같다. 우리는 이것을 수많은 동화, 전설, 성서의 이야기에서도 드러난다. 여기서 막내는 항상 같은 모습으로 등장한다. 실제로 막내는 다른 형제들과 전혀 다른 상황에서 성장한다. 막내는 부모에게 아주 특별한 존재이며, 특별한 대접을 받는다. 뿐만 아니라 형제 중에 가장 나이가 어리기 때문에 가장 많은 도움을 필요로 한다. 다른 형제들은 어느 정도 성장하여 자립적인 생활을 할 수 있기 때문에 막내는 항상 그들보다 더 따뜻한 분위기 속에서 성장한다.

이런 상황으로부터 막내는 삶에 대한 태도와 인격 형성에 특별한 영향을 미칠 일련의 성격들이 생기게 된다. 그럼에도 불구하고 이와 모순되어 보이는 상황을 하나 더 언급해야 한다. 그것은 어떤 아이도 막내가 되고 싶어하지 않는다는 점이다. 왜냐하면 아무도 그의 능력을 신뢰하지 않으며, 그에게 속마음을 털어놓지 않기 때문이다. 이것은 아이를 자극한다. 그래서 막내는 무엇이든 할 수 있다는 것을 보여주려고 노력하며 점점 더 권력을 추구하게 된다. 그렇게 대부분의 막내는 최고의 상황에만 만족하며, 모든 사람을 능가하려는 욕구를 갖는다.

우리는 이런 유형의 사람들을 자주 만날 수 있다. 어떤 경우에는 막내가 다른 형제들보다 뛰어나서 가족 중에서 가장 능력 있는 사람이 된다. 이와 다른 부류의 막내들은 불행한 경우에 속한다. 남보다 뛰어나려고 노력하지만 형과 누나와의 관계 때문에 적극성과 자신감을 갖지 못한다. 다른 형제보다 뛰어나지 못하면 이들은 과제를 두려워하고 겁을 내거나 엄살을 부리며, 또는 과제를 회피하기 위해 늘 변명을 한다. 이들이 다른 사람들에 비해 명예욕이 적은 것은 아니다. 단지 이들의 자존심이 주어진 상황을 피하게 만드는 것이다. 이들은 삶의 과제와는 동떨어진 곳에서 자신의 허영심을 만족시키려 하고, 자신의 능력이 시험대에 오르는 위험을 회피하려고 한다.

일반적으로 막내들은 자기가 못났다고 생각하고 무시당하는 사람처럼 행동한다. 실제로 많은 사람들은 이것을 알고 있다. 우리는 상담 중에 이런 감정을 늘 확인할 수 있었으며, 이 괴롭고 불안한 감정으로부터 막내의 심리적 발달 과정을 도출해낼 수 있었다. 이런 점에서 막내는 신체적 장애를 가지고 태어난 아이와 비슷하다. 아이가 느끼는 것이 반드시 사실일 필요는 없다. 한 개인이 열등하건 그렇지 않건 객관적인 상황은 문제가 되지 않는다. 중요한 것은 아이가 그것을 어떻게 느끼며, 어떻게 해석하느냐이다. 유년 시절에는 누구나 쉽게 오류를 범한다. 우리는 수많은 질문과 가능성, 그리고 결과 앞에 서 있다.

그러면 교육자는 어떻게 행동해야 할까? 교육자는 이런 아이들을 계속 자극하여 허영심을 고조시켜야 하는가? 항상 일등이 되어야 한다고 종용하는 것은 삶에 전혀 도움이 되지 않는다. 우리는 경험을 통해 일등이냐 아니냐가 살아가는데 그다지 중요하지 않다는 것을 알고 있다. 차라리 조금 과장하여 일등이 될 필요가 없다고 말하는 게 낫다. 일등이란 말은 듣기만 해도 기분이 언짢아진다. 우리는 일등이나 최고가 결코 축복이 아니라는 것을 역사나 경험을 통해 확인할 수 있다. 일등과 최고의 원칙은 아이를 편협하게 만들며 좋은 동반자가 될 기회를 박탈한다.

일등과 최고만을 고집하게 되면 그 결과는 바로 나타난다. 아이는 오직 자기만을 생각하고, 다른 사람이 자기를 앞서지 않을까 하는 걱정을 한다. 그의 마음은 질투와 증오, 그리고 계속 일등을 지킬 수 있을까 하는 두려움으로 가득 차 있다. 집안에서의 위치 때문에 막내는 처음부터 단거리 육상 선수처럼 다른 사람들을 능가하려고 한다. 이러한 경쟁적인 요소는 그의 행동 전체, 특히 사소한 행동에서 발견할 수 있지만 심리적 연관 관계를 잘 모르는 사람들은 보통 이 점을 간과한다. 이를테면 이런 아이는 집단 내에서 항상 최고가 되어야 하며, 누군가가 자기보다 앞서는 것을 참지 못한다. 달리기 선수와 같은 이런 태도는 대부분 막내 아이들이 갖는 성격이다.

가끔은 이런 부류에서 벗어나는 막내 유형이 있는데, 그 모습이 아주 뚜렷하게 나타난다. 막내들 중에는 종종 온 가족을 다 부양할 정도로 출중한 능력을 가진 사람들도 있다. 예를 들어 요셉에 관한 성서의 이야기를 생각해보자. 이 이야기는 막내의 상황을 놀라울 정도로 잘 묘사하고 있다. 이것을 쓴 사람은 오늘날 우리가 겨우 얻어낸 지식을 이미 완벽하게 소유하고 있었던 것 같다. 이 전설은 뚜렷한 의도와 명쾌한 필치로 막내를 도적으로 묘사하고 있다. 오랜 시간이 지나면서 소실되어 버린 소중한 경험들을 우리는 다시 찾아내야 한다.

첫 번째 유형과 유사한 막내 아이가 있다. 달리기 선수에 비유하자면 여기에 속하는 아이는 갑자기 장애물을 만나면 뛰어넘지 못하고 그냥 되돌아간다. 이런 아이가 용기를 잃어버리면 심한 겁쟁이가 된다. 이런 아이는 늘 뒷걸음질 치며, 모든 일을 힘겨워 한다. 매사에 핑계를 대고, 마침내는 아무 것도 하지 않고 그저 빈둥거리며 시간을 보낸다. 그는 하는 일마다 거의 실패하며, 처음부터 경쟁이 없는 곳을 찾아다닌다. 또한 자신의 실패에 대해 늘 변명을 한다. 자기가 너무 약해서 그렇게 됐다든지 부모님이 자기를 돌보지 않아서 혹은 너무 응석받이로 키워서 그렇게 됐다든지 아니면 다른 형제들이 자기를 크지 못하게 해서 그렇게 됐다고 변명을 한다. 신체적 결함을 가지고 있을 경우 그의 운명은 더욱 가혹해진다. 그러면 그는 도피적 성향을 정당화하기 위해 자신의 신체적 결함을 이용한다.

이 두 유형에 속하는 사람들은 건강한 사회의 일원이 되지 못한다. 물론 첫 번째 유형은 경쟁이 나름대로 가치를 가질 때에는 훨씬 잘 지낼 수 있다. 이런 사람은 오직 다른 사람의 희생이 있어야 정신적 균형을 유지할 수 있다. 두 번째 유형은 평생 심한 열등감 속에서 고통스럽게 살며 자신의 삶과 화해하지 못하고 지낸다.

맏이들도 역시 특징적인 성격을 가지고 있다. 무엇보다도 맏이들은 심리적 발달에 유리한 위치에 있다. 역사적으로 보더라도 맏이에게는 늘 특별하고 유리한 위치가 주어졌다. 어떤 민족이건 어떤 계층이건 맏이에게 특별한 지위를 부여하는 전통이 있다. 예를 들어 농경 사회에서 장남은 자기가 가업을 승계할 것이라는 점을 어릴 적부터 알고 있다. 그래서 언젠가는 부모 곁을 떠나야 한다고 생각하며 자라는 다른 형제들에 비해 훨씬 좋은 상황에 있다는 것은 의심의 여지가 없다. 많은 가정에서도 장남이 나중에 집주인이 될 것이라고 생각한다. 이러한 전통이 절대적인 의미를 가지고 있지 않은 저소득층 가정에서조차 장남은 적어도 아버지를 도울 수 있는 현명함과 능력의 소유자로 간주된다. 우리는 이렇게 끊임없이 주변의 기대와 신뢰를 받고 있다는 부담이 아이에게 어떤 의미를 가지는지 생각해 보아야 한다. 아이의 마음속에는 다음과 같은 생각이 지배할 것이다. "나는 더 크고, 힘이 세고, 더 나이를 먹었으니까 다른 애들보다 똑똑해야 해!"

아이가 아무런 제재 없이 이 방향으로 계속 성장하면 법과 질서를 수호하는 장남 특유의 특성을 갖게 된다. 이런 사람은 권력의 의미와 가치를 높이 평가한다. 이런 태도는 개인적인 권력뿐만 아니라 일반적인 권력을 평가할 때도 마찬가지이다. 장남들에게 권력은 당연한 것이며, 아주 중요하고 관철해야 할 그 무엇이다. 이런 사람들은 원칙적으로 대개 보수적인 성향을 띤다.

둘째 아이들도 나름대로 권력과 우월성에 대한 독특한 욕구를 가지고 있다. 이들은 강한 압력 하에 있는 것처럼 우월한 지위를 얻기 위해 과도한 노력을 경주한다. 우리는 삶에 특정한 형식을 부여하는 경쟁의식이 둘째 아이의 태도 속에 뚜렷하게 드러나는 것을 볼 수 있다. 둘째 아이는 자기보다 더 인정받는 사람이 있으면 이에 강한 자극을 받아 자신의 잠재력을 개발한다. 맏이와 대결할 수 있는 상황이 되면 둘째 아이는 보통 장족의 발전을 한다. 반면 이미 권력을 가지고 있는 장남은 다른 형제가 자기를 추월하기 전까지는 비교적 안전함을 느낀다.

이러한 상황은 성서에 나오는 에서와 야곱의 전설에 아주 잘 묘사되어 있다. 여기서 우리는 실재가 아닌 허상을 쫓는 사람의 불굴의 의지와 불안을 동시에 볼 수 있다. 이 이야기에서와 같이 둘째 아이는 형을 누르고 목표를 성취하든가 아니면 싸움에서 패배하여 뒷전으로 밀려나 신경쇠약에 시달린다. 둘째 아이의 정서는 가진 것이 없는 사람들의 시기심이나 무시당하는 사람들의 정서와 유사하다. 이런 아이는 평생 너무 높은 목표를 가지고 있기 때문에 고통을 받으며 마음의 평화를 잃는다. 이는 이념, 허구, 쓸모없는 허상을 위해 진정한 삶의 가치들을 간과한 데서 비롯된 결과이다.

외아들도 역시 아주 특별한 상황 속에 있다. 외아들은 주변의 교육 공세에 완전히 노출되어 있다. 부모에게는 다른 선택의 여지가 없다. 그래서 부모는 하나밖에 없는 아이에게 온갖 정열을 다 쏟는다. 이 아이는 아주 의존적이고, 항상 누군가 그에게 길을 가르쳐 주기를 기다리며, 도움을 청한다. 너무 응석받이로 자란 아이는 어려움에 익숙지 않다. 다른 사람들이 늘 어려움을 제거해 주었기 때문이다. 항상 관심의 중심에 서 있기 때문에 그는 자기가 대단한 존재라고 쉽게 믿는다. 그는 어려운 위치에 있기 때문에 불가피하게 삶에 대해 잘못된 견해를 갖는다. 물론 부모가 이런 상황이 무엇을 의미하는지, 그리고 여기에 어떤 위험이 도사리고 있는지를 안다면 많은 문제를 사전에 방지할 수 있을 것이다. 그러나 어려운 문제는 여전히 남아 있다.

어떤 부모들은 삶이 아주 힘난하다고 생각하기 때문에 매우 조심스럽게 아이를 대한다. 그러나 아이는 부모의 이러한 관심과 조바심을 더 큰 압박으로 느낀다. 아이의 건강과 안전을 지나치게 걱정하고 보살 피면 아이는 세상을 적대적으로 바라보게 된다. 아이는 언제 닥칠지 모르는 어려움을 늘 두려워하며 성장한다. 이들은 항상 즐거운 것만을 경험하며 자랐기 때문에 삶에 대한 준비나 훈련이 되어 있지 않다. 이런 아이는 자립적으로 일을 하지 못하며 삶에도 잘 적응하지 못한다. 마치 다른 사람들의 보살핌을 받으며 단지 먹고 즐기는 것에만 익숙해진 기생충과 같다.

여러 명의 형제가 서로 경쟁하는 경우는 형제간의 구성이 어떻게 되느냐에 따라 그 양상이 달라진다. 그러므로 개별 경우를 판단하는 것은 그만큼 더 어렵다. 그중 남자 아이가 여러 명의 여자 형제들 사이에 있는 경우는 특히 복잡하다. 이러한 가정에서는 여성의 영향력이 지배적이며, 남자 아이는 대개 뒷전으로 밀리게 된다. 특히 남자 아이가 막내이고, 하나로 결속된 누나들과 맞서게 되면 더 그렇다. 남자 아이가 인정받고 싶은 욕구를 드러내면 바로 어려움에 부딪친다. 사방에서 공격을 받게 되면 아이는 아직 계몽이 덜 된 우리 문화가 남성에게만 부여해 준 특권을 전혀 의식하지 못하거나 그것에 대해 확신을 갖지 못한다. 이러한 위축감이 심해지면 아이는 남자가 여자보다 약하다고 느낀다. 아이의 용기와 자신감은 쉽게 흔들릴 수 있고 반대로 이 자극이 강해지면 아이는 이에 고무된 큰 성과를 거둘 수도 있다. 두 가지 경우 모두 동일한 상황에서 비롯되지만 아이가 어떻게 성장할지는 물론 다른 환경적, 상황적 요인들에 의해 결정된다.

우리는 이렇게 가족 내의 위치를 통해 아이의 선천적 기질이 어떻게 형성되고 어떻게 채색되는지를 살펴보았다. 이 관점에서 보면 교육적으로 매우 위해한 유전이론Hereditätslehre은 설득력을 잃게 된다. 물론 어떤 경우에는 뚜렷하게 유전적인 영향을 확인할 수도 있다. 예를 들어 부모와 떨어져 자랐지만 부모를 닮거나 동일한 성격을 보이는 아이도 있다. 하지만 이는 그다지 이상할 게 없다. 아이의 잘못된 발달 과정이 그의 신체적 결함과 밀접한 관계가 있다는 것을 기억한다면 쉽게 이해될 것이다. 신체적인 결함을 가지고 태어난 아이는 주변의 요구에 직면하면 긴장과 불안을 느낀다. 만약 선천적으로 신체적 결함을 가진 그의 아버지가 아들과 마찬가지로 긴장과 불안감에 싸여 세상으로 나간다면 그도 같은 실수를 하고 비슷한 성격을 갖게 되는 것은 자명한 일이다. 이런 점에서 성격적인 특징이 유전된다는 이론은 그 근거가 박약해 보인다.

아이가 성장 과정에서 범하는 오류 중에서 가장 심각한 결과를 초래하는 것이 우월욕구와 권력욕구이다. 아이가 우리 사회에 만연하는 이런 태도를 습득한다면 아이는 어쩔 수 없이 그 패턴에 따라 성장하게 될 것이다. 이것을 예방하기 위해서는 아이가 직면한 어려움을 인식하고 이해해야만 한다. 이 모든 어려움에서 벗어날 수 있는 유일하고 중요한 관점은 바로 공동체감을 갖게 만드는 것이다. 공동체감을 갖게 되면 아이가 겪는 어려움은 사소한 것이 될 것이다. 그러나 우리 문화에서는 공동체감을 발전시킬 수 있는 기회가 비교적 적기 때문에 아이가 당면한 어려움은 더 가중될 수밖에 없다. 이런 사실을 인식한다면 우리는 자신의 존립을 위해 평생 투쟁하는 사람들, 삶이 곧 고해인 사람들을 발견하더라도 크게 놀라지 않을 것이다. 우리는 그들이 잘못된 심리적 발달의 희생물이며, 삶에 대해 잘못된 입장을 갖고 있다는 것을 알 수 있다.

그러므로 우리는 조심스럽게 판단을 내려야 한다. 단순한 도덕적 판단이 아니라 인간의 가치에 대한 도덕적인 판단을 내려야 한다. 이제 우리는 어려움을 겪고 있는 사람들의 내면세계에 대해 더 많은 것을 알게 되었다. 그러므로 우리는 다른 방법으로 그들에게 접근하고 우리의 인식을 적용해야 한다. 교육의 문제에 대해서도 우리는 중요한 관점들을 얻게 되었다. 오류의 근원을 찾아냄으로써 수많은 개선 가능성을 발견했기 때문이다. 한 사람의 심리적 발달 과정을 관찰하면서 우리는 그 사람의 과거뿐만 아니라 부분적이나마 미래도 함께 볼 수 있다. 이제야 비로소 우리는 한 개인의 진짜 모습을 보게 되었다. 그는 단순한 실루엣이 아닌 그 이상의 존재이다. 우리는 사람의 가치에 대해서 우리 문화에서 일상적으로 판단하는 것과는 전혀 다른 판단을 해야 한다.

Alfred adler

성격론

1장

일반론

1. 성격의 본질과 형성

성격이라고 부르는 것은 삶의 과제를 해결하려는 인간의 정신이 특정한 형식으로 표현된 것이다. '성격'이란 사회적 개념이다. 따라서 한 인간이 처해 있는 환경을 고려하지 않고 성격에 대해 논할 수 없다. 예를 들어 로빈슨 크루소가 프라이데이를 만나기 전까지 어떤 성격이었는지는 중요하지 않다. 성격이란 정신이 취하는 입장이며, 한 인간이 주변 환경과 관계를 맺어 가는 방식이다. 또한 그것은 인정욕구가 공동체감과 연결되면서 형성되는 행동 패턴이다.

우리는 한 인간의 모든 행동은 목표에 의해 정해진다는 사실을 확인하였다. 이 목표는 다름 아닌 우월과 권력이며 다른 사람을 압도하는 것이다. 이 목표는 세계관에 영향을 끼친다. 또한 그것은 한 인간의 행동 패턴을 형성하며 그의 사고나 감정을 특정한 방향으로 이끈다. 한 인간의 삶의 방식이나 행동 패턴이 밖으로 표현된 것이 성격이다. 우리는 성격을 통해 인간이 주변 환경, 주변 사람, 공동체, 그리고 자신의 삶의 문제에 대해 어떤 태도를 취하는지 알 수 있다. 성격은 인격 전체가 인정받기 위해 사용하는 수단이다. 이 도구를 사용하는 것은 살아가는 방법이 된다.

성격은 선천적으로 주어지는 것이 아니다. 성격은 하나의 모형처럼 인간에게 고착되어 있으며, 어떤 상황에서건 일관된 인격을 드러낸다. 성격은 선천적인 힘이나 실체가 아니다. 아이들은 비록 나이는 어리지만 특정한 인생의 길을 걸어가기 위해 성격을 습득한다. 예를 들어 태어날 때부터 게으른 아이는 없다. 한 아이가 게으르다면 그 이유는 그 아이가 편하게 살면서 동시에 인정받을 수 있는 최적의 수단이 게으름이기 때문이다. 게으름 속에도 권력을 추구하는 태도는 어느 정도 존재한다. 그는 자신의 게으름을 선천적인 결함으로 치부하면서 자기 내면의 가치는 전혀 문제 삼지 않는다. 이러한 자기인식의 결과는 대개 다음과 같은 말로 요약된다. "내가 이 결함만 없었더라면 내 능력을 최대한 발휘했을거야. 그러나 난 이러한 결함이 있어." 눈먼 권력욕 때문에 주변 사람들과 늘 갈등을 빚는 사람은 권력 투쟁에 필요한 명예심, 시기, 불신 등과 같은 성격을 개발한다. 우리는 이러한 특징들이 개성과 결합되는 것이지 선천적이거나 변하지 않는 것으로 간주하지 않는다. 자세히 관찰해보면 알 수 있듯이 인간은 자기의 행동 패턴에 맞다고 생각하기 때문에 그것들을 습득한다. 그것들은 근본적인 요소가 아니라 부차적인 것이며, 개인의 은밀한 목표에 의해 만들어진 것이기 때문에 목적론적 관점에서 관찰해야 한다.

위에서 이미 언급한 것을 다시 한 번 상기해보자. 한 사람의 삶의 방식과 행동 방식, 그리고 세상을 바라보는 관점은 그의 목표와 밀접한 관계가 있다. 목적의식이 없으면 우리는 사고할 수 없으며, 어떤 일도 도모하지 않는다. 이 목표는 아직 윤곽이 뚜렷하지 않은 아이의 정신 속에 이미 존재하며, 아이의 심리적 발달을 유도한다. 목표는 아이의 삶에 형태와 성격을 부여한다. 이 때문에 모든 개인이 다른 사람들과 다른 특별하고 유일한 개체가 되는 것이다. 한 사람의 모든 행동과 삶의 표현은 늘 동일한 목표를 지향하기 때문에 그의 목표를 알게 되면 그가 어떤 사람인지 알 수 있다.

개인의 심리적 현상, 특히 성격 형성 과정에서 유전은 별로 중요한 역할을 하지 않는다. 여기에는 유전학적 주장을 뒷받침할 만한 근거가 없다. 인간의 성격은 아주 어린 나이에 형성되기 때문에 마치 선천적인 것처럼 보일 뿐이다. 가족, 민족, 그리고 종족 사이에 공통적인 성격이 존재한다면 이는 한 사람이 다른 사람들로부터 보고 들은 것을 모방하고 공유하기 때문이다. 우리 문화에는 자라나는 아이들이 쉽게 모방하는 어떤 사실이나 정신적 특징, 그리고 신체적 표현 방식 같은 것들이 있다.

앎에 대한 욕구는 종종 시각적 욕구로 표현된다. 이 욕구로 인해 시각 장애를 가진 아이들은 호기심이 많은 성격을 갖게 된다. 그러나 지적 욕구를 가지고 있다고 해서 누구나 다 같은 성격을 갖게 되는 것은 아니다. 그러한 필연성은 존재하지 않는다. 아이의 행동 패턴이 지적 호기심을 요구할 경우에만 그렇게 된다. 호기심이 많은 아이는 뭐든지 다 뜯어보고 자세히 관찰하는 성격의 소유자가 될 수 있다. 또는 책을 좋아하는 책벌레가 될 수도 있다. 청각 장애자들이 가지는 불신감도 이와 유사하다. 우리 문화에는 청각 장애자들을 위협하는 요소가 많다. 이들은 여러모로 많은 어려움과 불이익을 감수해야 하기 때문에 불신감이 강한 성격을 갖게 된다. 청각 장애자들은 많은 즐거움으로부터 차단되어 있다. 그들이 그러한 즐거움에 대해 적대감을 갖는 것은 하나도 놀라운 일이 아니다. 그들이 불신감이 강한 성격을 가지고 태어났다고 말한다면 그것은 근거 없는 추측에 불과하다. 범죄적 성격이 선천적이라는 주장도 근거가 없긴 마찬가지이다. 같은 집안에서 계속 범죄자가 나왔다는 사실을 근거로 제시하더라도 이에 대해 반박할 여지는 많다. 왜냐하면 반사회적인 전통과 세계관이 집안에서 계속 답습되고, 그릇된 선례들을 계속 배우게 되면 아이는 절도를 삶의 한 방식으로 여기기 때문이다.

인정욕구도 이와 마찬가지이다. 모든 아이들은 어려움에 직면하게 된다. 그러므로 인정욕구 없이 성장하는 아이는 하나도 없다. 이 욕구는 상이한 형태를 가지며, 치환과 대체가 가능하다. 또한 그것은 늘 변하기 때문에 사람에 따라 각기 다른 모습을 보인다. 아이의 성격이 부모의 성격과 비슷한 것은 인정욕구를 가진 아이가 인정을 받으려고 노력하거나 혹은 존경하는 주변 사람을 자신의 모델로 삼는다는 것을 뜻한다. 모든 세대는 이런 식으로 앞 세대로부터 배우며, 권력욕 때문에 일시적으로 고난과 위기를 겪더라도 자기가 배운 것을 잊지 않고 보전해 나간다.

남보다 우월하고자 하는 욕구는 은밀한 목표이다. 공동체감이 작용하게 되면 이 목표는 은밀하게 전개되며, 항상 친절이라는 가면 뒤에 자신을 숨긴다. 그러나 우리가 다른 사람들을 좀 더 잘 이해하게 되면 이 목표는 열대림처럼 번성해질 수 없다. 우리가 사람들의 성격을 뚜렷하게 볼 수 있는 눈을 갖게 되면 우리 자신을 더 잘 보호할 수 있고, 동시에 다른 사람들이 권력을 추구하는 것을 어렵게 만들 수 있다. 왜냐하면 그러한 권력추구가 별 도움이 되지 않기 때문이다. 그렇게 되면 베일에 가려진 권력욕도 사라질 것이다. 그러므로 이 연관 관계를 깊게 통찰하고, 경험을 통해 얻은 인식을 실제 삶에 적용하는 것은 가치 있는 일이다.

우리는 삶을 위한 교육이 용이하지 않은 복잡한 문화 환경 속에 살고 있으며, 사람들은 심리적 통찰력을 개발할 수 있는 방법을 잃어버렸다. 오늘날까지 학교는 아이들 앞에 지식거리를 늘어놓는 일 외에 한 것이 없다. 또한 학교는 아이들의 관심을 자극하는 대신 아이들이 할 수 있는 것이나 하려고 했던 것을 그저 '섭취'하게 한 것이 고작이다. 그런데 이런 학교조차 충분하지 못한 실정이다. 또한 인간이해에 필요한 중요한 전제들이 지금까지 무시되어 왔다. 우리는 이런 학교에서 인간을 평가하는 기준들을 배웠으며, 좋은 것과 나쁜 것을 구분하는 법을 익혔다. 그러나 우리의 판단을 검증하고 수정하는 것은 배우지 못했다. 그래서 잘못된 생각을 가진 채 삶의 현장으로 나갔으며, 오늘날까지 그 오류 때문에 고통 받고 있는 것이다. 어린 시절에 습득한 편견을 우리는 어른이 된 뒤에도 여전히 신성한 법칙처럼 간직하고 있다. 우리는 문화적 혼란 속에 빠져 있으며, 사물을 올바르게 인식할 수 있는 관점들을 가지고 있지 않다. 그런데 그 사실조차 모르고 있다. 왜냐하면 우리는 자존심을 고양시키고, 권력을 확장시키는 데에만 초점을 맞춰 관찰하고 해석하기 때문이다. 우리의 시각은 너무 주관적이다.

2. 성격 발달과 공동체감

　권력욕 외에 성격 발달에 중요한 역할을 하는 것이 공동체감이다. 이 감정은 인정욕구처럼 아이의 첫 번째 심리 활동, 즉 아이가 처음 접촉과 애정을 갈구할 때 나타난다. 우리는 공동체감이 발달하기 위한 조건에 대해 이미 언급하였다. 이에 대해 다시 한 번 간략하게 살펴보자. 열등감과 이로 인해 생기는 권력욕은 공동체감에 지속적인 영향을 미친다. 인간은 어떤 형태이건 열등감을 쉽게 갖는 존재이다. 열등감이 생기면서부터 인간의 심리적 발달이 시작된다. 아이는 이 순간부터 불안해지고 보상과 안전을 찾기 시작한다. 우리는 아이의 열등감을 인식함으로써 아동 교육을 위한 지침을 제시할 수 있다. 이 지침은 다음과 같이 요약할 수 있다. 뼈아픈 경험을 하지 않게 할 것, 삶의 어두운 부분을 경험하지 못하게 보호해 줄 것, 가능한 한 삶의 기쁨을 경험하게 해 줄 것 등이다. 이 외에 경제적인 조건도 중요하다. 불행하게도 많은 아이들은 경제적 궁핍과 빈곤 속에서 성장한다. 신체적 결함도 중요한 역할을 한다. 신체적 장애를 가지고 있는 아이들에게는 정상적인 삶의 방식이 적합하지 않으며, 이들이 정상적인 삶을 살기 위해서는 별도의 보호와 특별한 조치가 필요하다. 아무리 노력을 기울여도 경제적 곤궁과 신체적 결함을 가진 아이들은 삶을 힘겨워한다. 이로 인해 이들의 공동체감이 크게 훼손될 수 있다.

　우리는 사람들의 생각과 행동을 평가할 수 있는 기준으로 공동체감 외에 다른 것을 가지고 있지 않다. 우리가 이러한 관점을 고수하는 이유는 인간은 모두 사회의 한 일원으로서 사회와 불가분의 관계를 맺고 있기 때문이다. 그러므로 우리는 다른 사람에게 무엇을 빚지고 있는지를 먼저 인식해야 한다. 우리는 공동체 안에 있으며, 공동생활의 논리를 벗어날 수 없다. 이것은 사람을 평가하기 위해서는 검증된 기준이 필요하다는 것을 의미한다. 한 개인 안에 내재된 공동체감보다 더 보편타당한 기준은 없다. 우리는 심리적으로 공동체감을 벗어날 수 없다. 이 감정을 완전히 무시하고 살 수 있는 사람은 없다.

우리는 모두 주변 사람에 대해 의무를 지고 있다. 우리의 공동체감은 이 사실을 상기시킨다. 그렇다고 우리가 늘 공동체감을 가지고 산다는 말은 아니다. 그러나 그것을 부정하거나 방기하려 할 때는 대단한 결심이 요구된다. 더 나아가 공동체감은 너무 보편적이기 때문에 우리는 어떤 식으로든 그것에 의해 정당화되지 않은 행동을 할 수가 없다. 모든 행동과 사고에 대해 근거를 제시하고 정당화하는 것은 우리의 무의식 안에 공동체감이 있다는 것을 입증한다. 이 때문에 우리는 공동체감을 가지고 있다고 스스로 믿으며, 또 그렇게 보이려고 노력한다. 이를 통해 알 수 있는 것은 허위적인 공동체감이 진정한 공동체감과는 다른 성향을 감추고 있다는 것이다. 이것을 발견하기 위해서는 인간에 대한 정확한 판단이 필요하다. 공동체감이 진실된 것인지 아니면 허위적인지를 구분하는 것은 쉽지 않다. 그러므로 인간이해에 대한 지식을 학문의 수준으로 고양시킬 필요가 있다. 아래의 사례를 통해 공동체감이 어떻게 오용되는지 살펴보자.

한 젊은 남자는 다음과 같이 이야기하고 있다. 그는 친구들과 함께 섬으로 놀러 갔다. 그 중 한 사람이 절벽 아래로 떨어졌다. 우리의 환자는 몸을 숙여 절벽 아래를 내려다보았다. 그는 친구가 물속으로 가라앉는 것을 바라보았다. 미리 이야기하자면 그의 친구는 다행히도 구출되었다. 우리는 이 사건을 통해 그가 공동체감이 결여되어 있다는 사실을 확인할 수 있다. 그는 한 번도 다른 사람에게 해를 끼친 적이 없으며 몇몇 사람과는 돈독한 친분을 유지하고 있다고 말한다. 하지만 우리는 이 사람이 공동체감이 결여되어 있다는 인상을 지울 수가 없다.

어쩌면 무모하게 보일지 모르는 이 주장을 보강하기 위해서는 다른 사실들이 필요하다. 그는 외딴 숲 속의 작고 예쁜 집에서 사는 백일몽을 자주 꾸었다. 그는 그림을 그릴 때에도 이 이미지를 자주 소재로 사용했다. 상상력에 대해 해박한 지식을 가지고 있거나 그의 전력을 잘 알고 있는 사람은 그의 꿈에서도 결여된 공동체감을 금방 확인할 것이다. 도덕적인 판단을 유보하고 냉철하게 판단한다면, 그의 정신은 정상적인 발달을 하지 못했으며, 그 결과 공동체감이 충분히 개발되지 못한 것이다.

또 다른 일화는 진정한 공동체감과 허위적인 공동체감이 어떤 차이가 있는지 보여준다. 어떤 할머니가 전차를 타려다가 그만 눈길에 미끄러져 넘어졌다. 할머니는 일어설 수 없었다. 많은 사람들이 못 본 체하며 성급히 지나갔다. 한 남자가 할머니를 부축하려는 순간 어딘가에 숨어 있던 사람이 다가와서 도움을 준 남자에게 인사를 하며 다음과 같이 말했다. "이제야 좋은 분이 나타났군요. 누가 이 할머니를 도와주는지 보려고 꼬박 5분을 서서 기다렸어요. 당신이 이 분을 도와 준 첫 번째 사람입니다!" 이 사건은 공동체감이 어떻게 허위와 기만으로 오용되는지를 보여주고 있다. 어떤 사람은 항상 심판하는 위치에 있으려고 한다. 이런 사람은 자신은 손가락 하나 까딱하지 않으면서 다른 사람을 칭찬하거나 질책한다.

이보다 더 복잡한 경우에는 공동체감을 측정하기가 어렵다. 우리가 할 수 있는 일은 오직 철저하게 조사하는 것뿐이다. 예를 들어 패색

이 짙은 전투에서 수천 명의 병사들을 사지로 내몰았던 장군이 있었다. 그는 국가와 민족을 위해 그렇게 행동했다고 주장하며, 많은 사람들이 자기의 결정에 동의할 것이라고 말했다. 하지만 어떤 이유를 대건 그를 좋은 이웃이라고 생각할 사람은 많지 않을 것이다.

이렇게 불확실한 경우에 올바른 판단을 내리기 위해서는 보편적으로 적용될 수 있는 관점이 필요하다. 이 관점은 바로 사회적 유용성과 인류의 보편적 안녕이다. 이러한 관점을 견지하면 아주 특별한 경우에도 쉽게 판단을 내릴 수 있다.

공동체감이 얼마나 큰지는 개인의 행동을 살펴보면 알 수 있다. 그것은 사람을 쳐다보는 모습이나 혹은 악수를 하거나 말하는 태도를 통해 드러난다. 우리는 어떤 사람의 행동을 보고 그의 전체적인 인격에 대한 뚜렷한 인상을 남기는데, 우리는 그것을 직감적으로 느끼고 무의식적으로 판단한다. 이때 우리의 태도는 객관적이지 못하다. 따라서 중대한 오류를 피하기 위해서는 직관적인 판단을 의식의 수준으로 전환시켜 자세히 관찰하고 평가해야 한다. 이런 과정을 통해 우리는 편견에서 벗어날 수 있다. 통제와 수정이 불가능한 무의식의 수준에서 판단을 하면 편견에 쉽게 빠지기 때문이다.

다시 한 번 반복하면, 한 사람의 성격을 판단할 때는 그가 처해 있는 전체적인 상황을 고려해야 한다. 개별적인 현상을 분리하여 오직 신체적인 사정, 환경, 교육 등만을 고려하는 것은 불충분하다. 이러한 생각은 인류가 지고 있는 짐을 덜어 줄 것이다. 자신을 의식하고 자기 자신에 대해 더 많은 지식을 갖게 된다면, 그리고 이에 맞게 더 분별 있는 행동을 하게 된다면 우리는 다른 사람에게, 특히 어린아이들에게 좋은 영향을 줄 수 있을 것이다. 우리는 어린아이들의 운명이 파멸로 향하는 것을 사전에 방지하고, 열악한 가정환경에서 자랐다는 이유만으로 불행해지는 것을 막을 수 있다. 이렇게 할 수 있다면 우리의 문화는 놀랄 만한 진보를 이룰 것이다. 다음 세대들은 스스로가 자기 운명의 주인이라는 의식을 가지고 자라게 될 것이다.

3. 성격 발달의 방향

아이의 성격은 그의 정신적 발달이 진행되어 온 방향과 일치한다. 이 방향은 직선형이거나 혹은 곡선형이다.

직선형의 성격을 가진 아이는 외곬으로 목표를 추구하기 때문에 공격적이고 용감한 성격으로 발달한다. 초기 단계의 성격은 공격적이고 적극적인 특징을 지닌다. 그러나 아이가 어려움에 부딪히게 되면 직선적이었던 성격은 다른 방향으로 전환되거나 수정된다. 알다시피 주변의 저항이 커서 우월하고 싶은 목표를 성취할 수 없게 되면, 아이는 어려움을 느낀다. 아이는 어떤 식으로든 이 어려움을 우회하려고 하며, 이 우회 과정에서 특정한 성격상의 특징이 생기게 된다. 신체적인 결함이나 주변 환경의 부당함 같은 어려움도 아이의 성격 발달에 영향을 미친다. 피할 수 없는 더 큰 환경의 영향도 중요한 역할을 한다. 왜냐하면 부모나 교사의 요구, 생각, 감정 등에 표현되는 공적인 삶이 아이의 성격 형성에 영향을 미치기 때문이다. 모든 교육은 아이에게 사회생활과 문화에 잘 적응할 수 있는 방법과 태도를 가르친다. 어려움은 그것이 어떤 종류이건 아이의 성격이 직선적으로 발달하는 것을 방해한다. 어려움에 부딪히면 목표를 위해 선택한 길은 직선적인 궤도에서 어느 정도 벗어난다. 장애물이 없으면 아이는 통제하기 어려우며 어려움을 정면으로 돌파하는 성격을 갖게 된다.

이와 달리 곡선형의 성격을 가진 아이는 직선형의 아이보다 용기가 없다. 또한 화재의 위험과 주변의 적을 조심해야 한다는 것을 이미 알고 있다. 이런 아이는 우회로를 선택하며 머리를 써서 인정과 권력을 얻으려고 한다. 우회의 정도는 아이가 얼마나 조심스러운지, 아이가 삶의 필연성과 얼마나 조화를 이루는지 혹은 그것을 얼마나 회피하는지에 따라 달라질 수 있다. 곡선형 성격의 아이는 자기의 과제에 바로 접근하지 못한다. 또한 겁이 많고 수줍어할 뿐 아니라 사람을 정면으로 쳐다보지 못하며, 진실도 제대로 말하지 못한다. 이 아이가 직선형의 아이와 다른 목표를 가지고 있다고 말할 수는 없다. 이 두 유형의 아이들은 비록 서로 다르게 행동하지만 동일한 목표를 가지고 있다.

두 가지 발전 방향은 어느 정도까지는 공존할 수 있다. 이것은 무엇보다 아이의 성격이 아직 완성되지 않았거나 혹은 아이의 원칙이 아직 확고하지 않아서 첫 번째 시도가 부적절하면 다른 길을 모색할 정도로 아이가 주도권과 유연성을 가질 때 가능하다.

공동체의 요구에 잘 적응하기 위해서는 평화로운 공동생활이 먼저 전제되어야 한다. 주변 환경에 대해 적대적인 태도를 가지지 않는 한 우리는 아이를 쉽게 적응시킬 수 있다. 아이에게 부담을 주지 않도록 부모가 자기의 권력욕을 억제하지 못하면 가정의 분란은 피할 수 없다. 부모가 아이의 발전에 대해 충분한 이해를 가지고 있다면 외곬의 성격으로 발전하는 것을 막을 수 있으며, 용기가 무례함으로, 독립심이 노골적인 이기심으로 변질되는 것을 방지할 수 있다. 또한 부모의 억압적인 권위 때문에 아이가 복종적인 태도를 갖게 되는 것도 막을 수 있다.

그렇지 않으면 아이는 폐쇄적으로 변하며, 진심을 털어놓으면 어떤 대가를 치르게 될지 알기 때문에 진실을 말하지 않게 된다.

아동 교육에 있어서 압력을 사용한다면 그것은 무모한 수단이며 단지 잘못된 적응을 유도할 뿐이다. 강요된 복종은 겉으로만 적응한 모습을 보인다. 아이와 주변 환경이 맺는 관계는 아이의 정신 속에 투영된다. 아이가 경험하게 되는 모든 어려움은 그 영향이 직접적이건 간접적이건 아이의 정신 속에 반영된다. 그러나 아이들은 외부의 영향에 대해 스스로 평가할 능력이 없다. 주변의 성인들은 이런 사실을 모르거나 혹은 이해하지 못한다. 아이가 겪는 어려움의 패턴과 어려움에 대한 반응은 아이의 성격을 형성한다.

우리는 어려움에 접근하는 방식에 따라 사람을 분류할 수도 있다. 첫 번째 유형은 낙관주의자이다. 낙관적인 사람의 성격은 전반적으로 직선적인 방향을 보인다. 이들은 어떤 어려움에 부딪혀도 용기 있게 다가서며 그것을 심각하게 생각하지 않는다. 이들은 자신에 대한 믿음을 잃지 않으며, 삶에 대한 유리한 태도를 쉽게 발견한다. 이들은 많은 것을 요구하지 않는다. 왜냐하면 자기를 정확하게 평가할 줄 알고 어떤 상황에서도 위축되지 않기 때문이다. 어떤 사람은 삶의 어려움을 자신의 나약함과 부족함을 정당화시키기 위한 구실로 삼지만 낙관적인 사람들은 이들과 달리 쉽게 난관을 극복한다. 어려운 상황에서도 동요하지 않으며, 잘못한 것은 다시 잘하면 된다는 믿음을 잃지 않는다.

어떤 사람은 행동 하나만 보더라도 금방 낙관적인 사람인지 아닌지를 알 수 있다. 낙관적인 사람은 솔직하고 자유롭게 말하며 그다지 내성적이지 않다. 구체적인 모습으로 표현한다면 두 팔을 벌려 다른 사람을 맞을 준비가 되어 있는 사람이다. 남을 의심하지 않기 때문에 사람들과 쉽게 교제하며 친구를 사귀는데도 어려움이 없다. 언어는 자연스러우며 태도와 행동은 편안하다. 갓난아이를 제외하고 진짜 이런 사람은 세상에 드물다. 이 정도는 아니지만 적지 않은 사람들이 낙천성과 사회성을 충분히 지니고 있다.

이와 정반대 쪽에 있는 사람이 회의론자이다. 이들의 성장 과정에는 커다란 문제점이 있다. 이들은 유아기 때 겪은 경험과 인상 때문에 열등감을 갖고 있는 사람들이다. 이미 경험한 어려움들을 통해 이들은 삶이 결코 쉽지 않다고 생각한다. 또한 유아기 때 잘못된 교육이 만들어낸 회의적인 세계관 때문에 항상 삶의 어두운 부분만을 바라본다. 회의적인 사람은 낙천적인 사람보다 삶의 어려운 점을 더 강하게 의식하며 쉽게 용기를 잃어버린다. 그리고 홀로 설 수 없다는 불안한 마음 때문에 항상 도움을 요청한다. 이런 모습은 일반적으로 행동을 통해 표출된다. 이런 사람은 아이처럼 늘 울면서 엄마를 찾는다. 우리는 이 울음소리를 성인에게서도 종종 들을 수 있다.

우리는 이 유형에 속하는 사람들의 수줍고 불안한 태도에서 과도한 조심성을 관찰할 수 있다. 언제 닥칠지 모르는 위험과 문제를 걱정하기 때문이다. 회의적인 사람들은 숙면을 하지 못한다. 수면 장애는 과도한 조심성과 불안의 표시이다. 이것은 삶을 위협하는 적에 맞서 자기를 보호하기 위해 보초를 서는 것과 같다. 이를 통해 우리는 잠 한번 제대로 못자는 사람이 삶에 대해 얼마나 이해가 부족하고 미숙한지 알 수 있다. 자기가 옳았다는 생각을 버리지 못하면 그는 제대로 잠을 이루지 못한다. 이런 사람들이 생각하는 것처럼 삶이 그렇게 위험한 것이라면 잠을 자는 행위는 정말 위해한 일일지 모른다. 수면과 같이 자연스러운 현상에 대해 적대적인 성향을 보이는 것은 삶에 대한 그의 무능함을 여실히 보여준다. 수면 장애 외에 문이 제대로 닫혔는지 끊임없이 점검하거나 꿈속에서 구토를 하는 경우도 있다. 이런 유형의 사람은 잠자는 모습만 보아도 알 수 있다. 회의적인 사람은 좁은 공간에서 웅크리고 자거나 이불을 뒤집어쓰고 잔다.

다른 관점에서 우리는 인간 유형을 공격적인 사람과 방어적인 사람으로 나눌 수 있다. 공격적인 사람의 특징적인 태도는 폭력적인 행동이다. 공격적인 사람이 용감하면 무모하게 호기를 부리며, 무언가 할 수 있다는 것을 자기 자신이나 다른 사람에게 늘 보이려 한다. 이런 행동 뒤에는 깊은 불안감이 숨겨져 있다. 한편 공격적이지만 겁이 많은 사람은 담력을 키우려고 노력한다. 또 다른 경우에는 나약하게 보일 수 있는 다정함이나 친절함을 억제하려고 한다. 이런 사람들은 늘 강자인 척하며, 어떤 때는 노골적으로 그런 모습을 보이려 한다.

공격적인 사람들은 거칠고 잔인한 모습을 보이기도 한다. 이들이 회의적인 성향을 띠게 되면 주변과의 관계가 모두 변한다. 왜냐하면 이런 사람들은 다른 사람과 공감하지 못하고 더불어 살기 어려우며, 모든 것에 대해 적대적이기 때문이다. 이때 의식적으로 이루어지는 자기평가는 도를 넘어 자부심, 교만함, 그리고 자기만족으로 가득 찰 수 있다. 이들은 마치 정복자인 양 거만함을 보인다. 또한 노골적이고 지나친 행동은 공동생활을 방해한다. 뿐만 아니라 이들의 오만한 태도는 불안하고 허약한 토대 위에 서 있기 때문에 금세 본심을 드러낸다.

공격적인 사람은 발전이 용이하지 못하다. 인간 사회는 그런 사람을 호의적으로 대하지 않는다. 눈에 띄는 행동을 하기 때문에 사람들은 이런 사람을 멀리한다. 그리고 이들은 늘 기득권을 가지려 하기 때문에 사람들과 갈등을 빚는다. 특히 자기와 비슷한 사람에 대해서는 경쟁심이 쉽게 생기기 때문에 더 깊은 갈등 관계에 빠진다. 공격적인 사람의 삶은 전쟁의 연속이며, 불가피한 일이지만 한 번 실패라도 하게 되면 그의 성공과 승리의 행진은 완전히 멈추게 된다. 이런 사람은 쉽게 좌절하며 지구력이 없고 실패를 쉽게 만회하지 못한다. 또한 어떤 일에 한 번 실패하면 그것의 지속적인 영향에서 벗어나지 못한다. 그와 반대 유형에 속하는 방어적인 사람들이 출발하는 지점에서 그의 심리적 발달은 끝난다.

방어적인 사람die Angegriffenen은 자신의 불안한 감정을 공격성이 아닌 근심, 조심, 비겁함으로 보상하는 유형이다. 공격적인 태도를 잠깐 가졌지만 그것을 관철하지 못한 사람들이 이러한 태도를 취한다. 방어적인 사람은 좌절과 불행한 경험을 가지고 있으며, 도피적인 성향을 가지고 있다. 그러면서 가끔 의미 있고 유용한 일을 할 것처럼 자신의 도피를 위장한다. 그래서 과거의 기억에 집착하거나 상상을 즐기지만, 실제로 이것은 위협적인 현실을 피하기 위한 수단에 불과하다.

물론 어떤 사람은 이렇게 하면서 사회에 유용한 일을 하기도 한다. 예술가의 심리학에 관심이 있는 사람은 예술가들 중에서 종종 이런 유형을 발견할 것이다. 이들은 현실로부터 도피하여 제약이 없는 상상의 세계와 이념의 제국 속에서 새로운 세계를 세운다. 그러나 예술가들은 예외이며, 대부분의 사람은 실패를 거듭한다. 이들은 모든 것을 두려워하며, 불신의 시선으로 바라보기 때문에 세상에 대해 적대감 외에 다른 감정을 가지지 못한다. 불행하게도 우리 문화는 이들의 입장을 더 강화시킨다. 그래서 이들은 인간의 좋은 점과 삶의 밝은 부분에 대한 믿음을 금방 잃어버린다. 이런 사람은 매우 비판적인 성격을 가지고 있으며, 다른 사람들의 결함을 쉽게 찾아낸다. 다른 사람을 위해서는 좋은 일을 하나도 하지 않으면서 스스로는 재판관 노릇을 하려고 한다. 또한 늘 비판만을 일삼으며 공정한 경기를 하지 않는다. 한마디로 판을 깨는 사람이다. 이들이 가진 불신은 스스로를 불안하게 만든다. 어떤 문제에 직면하면 이런 사람은 결정을 내리지 못하고 의심을 품거나 주저하게 된다. 이런 타입을 상징적으로 묘사하자면 위험을 피하기 위해 눈길은 딴 데 두고 두 손은 내미는 사람의 모습일 것이다.

이런 사람의 또 다른 특징은 호감이 가지 않는다는 점이다. 자기 자신을 믿지 않는 사람은 다른 사람도 믿지 않는다. 이러한 태도는 불가피하게 시기와 탐욕을 낳는다. 고립된 삶은 남들에게 기쁨을 주거나 함께 기쁨을 나누고 싶지 않다는 뜻이다. 남들의 기쁨은 이들에게 종종 고통과 상처가 된다. 이런 사람들 중에는 우월한 감정을 인위적으로 만들어내는 사람들도 있다. 우월하고 싶은 마음속에는 언뜻 보기에 적대적으로 보이지 않는 복잡한 감정들이 들어 있다.

4. 다른 심리학과의 차이점

인간의 본성을 이해하려는 시도는 뚜렷한 방향을 의식하지 않고도 이루어질 수 있다. 일반적인 방법은 한 사람의 심리적인 발달 과정에서 몇몇 지점을 찾아내어 그의 유형을 확정하는 것이다. 이것은 우리의 판단을 돕는 이정표 역할을 한다. 예를 들어 생각하는 사람과 행동하는 사람으로 나눌 수 있다. 첫 번째 유형은 생각이 많고 상상하는 것을 좋아한다. 이들은 현실을 멀리하기 때문에 행동하게 만드는 것이 어렵다. 두 번째 유형은 심사숙고나 상상을 잘 하지 않으며, 바쁘게 일하며 삶의 문제에 직접 접근한다.

이러한 타입들은 실제로 있다. 그러나 이러한 심리학적 견해에 동의한다면 우리는 더 이상 연구할 것이 없다. 그리고 다른 심리학자들처럼 어떤 사람에게는 상상력이 그리고 어떤 사람에게는 행동하는 능력이 더 개발되어 있다는 사실을 확인하는 것에 만족해야 할 것이다. 이것은 학술적인 진술로서는 충분치 못하다. 우리는 좀 더 나아가 어떻게 이런 것이 생기게 되었는지, 그것은 꼭 그렇게 되었어야만 하는지, 아니면 피하거나 완화시킬 수는 없었는지에 대해 명확한 개념을 정립하고자 한다. 이런 유형의 사람들이 있다는 것을 부정하는 것은 아니지만 인위적이고 피상적인 분류는 합리적인 인간이해를 위해서는 별로 도움이 되지 않는다.

개인심리학은 다양한 심리적 표현이 나타나는 유아기 때 정신이 어떻게 발달하는지에 관심을 쏟는다. 개인심리학은 이러한 심리적 표현들이 함께 작용하건 아니면 개별적으로 작용하건 공동체감과 권력욕에 의해 채색된다는 사실을 확인하였다. 이에 따라 우리는 인간을 좀 더 명확하게 이해하고 분류할 수 있는 단서를 갖게 되었다. 물론 우리는 올바른 심리학자답게 모든 경우를 조심스럽게 관찰하였다. 이렇게 명백한 전제하에서 우리는 비로소 기준을 마련할 수 있었다. 이 기준에 따라 우리는 심리적 표현이 개인적인 권력욕이나 특권 의식을 억제하고 고도의 공동체감을 가지고 있는지, 아니면 명예욕으로 가득 차서 오직 우월감을 부추기는 역할을 하는지 확인할 수 있었다. 이를 근거로 우리는 성격을 좀 더 쉽게 이해하고, 통일성과 전체성을 가진 인격 속에서 성격을 판단할 수 있게 되었다. 더 나아가 우리는 한 사람의 행동 패턴을 이해함으로써 그것을 수정할 수 있는 방안도 찾을 수 있게 되었다.

5. 기질과 내분비선

기질Temperament은 심리학에서 오래 전부터 인간의 심리 현상을 분류할 때 사용한 범주이다. 기질을 한마디로 정의하기는 어렵다. 생각과 말, 그리고 행동에 나타나는 성급함인가? 아니면 우리가 일을 할 때 힘을 쏟고, 늘 반복하는 방식을 말하는 것일까? 기질의 본질에 관한 심리학자들의 설명은 고대 그리스에서 유래된 네 가지 기질의 구분법 수준에 여전히 머물러 있다. 이에 따르면 기질은 다혈질sanguinisch : 낙천적이고 쾌활한 기질, 담즙질cholerisch : 화를 잘 내는 기질, 우울질melanchorisch : 우울한 기질, 점액질phlegmatisch : 느리고 냉담한 기질로 나뉜다. 이것은 히포크라테스에 의해 더욱 발전되었으며, 그 후에는 소설의 주제로도 자주 차용되었다. 오늘날 심리학에서도 그 흔적을 찾아볼 수 있다.

다혈질인 사람은 낙관적이고, 모든 것을 진지하게 생각하지 않으며, 걱정을 별로 하지 않는다. 이런 사람은 사물의 가장 아름답고 유쾌한 부분을 보려고 노력한다. 슬픈 일이 있으면 슬퍼하긴 하지만 그것에 압도되지 않으며, 기쁜 일이 있어도 자제력을 잃을 정도로 기뻐하지 않는다. 이 유형에 대해서는 특별한 결점이 없는 건강한 사람이라는 설명 외에 할 말이 없다. 나머지 세 유형에서는 이런 점을 찾아볼 수 없다.

오래된 우화에 따르면 담즙질인 사람은 화가 나면 앞에 놓인 돌을 발로 차버리며, 다혈질인 사람은 침착하게 그것을 넘어간다. 개인심리학의 언어로 번역하면 담즙질인 사람은 권력욕이 너무 강해서 모든 것에 대해 유별나게 반응하며, 자기의 힘을 과시하려고 한다. 그리고 방해물이 생기면 그것을 향해 무모하게 질주한다. 과거에 사람들은 이 기질을 쓸개와 연결시켜 담즙질이라고 불렀다. 오늘날에도 화를 벌컥 내는 사람을 두고 "담즙이 올라온다Galle übergehen"고 말한다. 이 격렬한 감정은 유아기 때 이미 나타나기 시작하며, 이런 사람은 항상 힘을 과시하고, 자기가 힘이 있다는 것을 늘 확인하려고 한다.

우울질인 사람은 전혀 다른 인상을 준다. 앞에서 언급한 우화에 비유하자면 이 사람은 길가에 놓인 돌을 보고 죄책감을 느끼며, 슬픈 마음에 잠겨 되돌아간다. 개인심리학에 따르면 이 유형은 어려움을 극복할 자신이 없는, 주저하는 사람이다. 이런 사람은 아주 조심스럽게 움직이며, 위험을 감수하고 행동하느니 차라리 멈춰 서 있는 것이 낫다고 생각한다.

점액질인 사람은 일반적으로 삶에 낯선 사람이다. 이런 사람은 자기가 받은 인상만을 수집할 뿐이지 그것으로부터 어떠한 결론도 내리지 않는다. 어떤 것에도 큰 관심을 보이지 않으며, 특별한 노력도 하지 않는다. 이들은 삶과 별 연관이 없으며, 삶으로부터 멀리 떨어져 있다.

이를 통해 우리는 다혈질인 사람만이 '좋은' 사람이라는 결론을 내릴 수 있다. 다혈질인 사람은 유아기 때 열등감을 느낀 적이 거의 없다. 또한 체감할 만큼 열등한 신체를 가지고 있지 않으며, 심한 자극도 받은 적이 없다. 그렇기 때문에 서서히 발전해가며, 기쁨과 자신감을 갖고 삶에 접근해 간다. 그러나 이렇게 분명하게 구분할 수 있는 기질은 실제로 거의 없다. 대부분의 경우는 여러 기질들이 혼합되어 나타난다. 예를 들어 처음에 담즙 기질을 가지고 있던 아이가 시간이 지나면서 우울해지고, 결국에는 점액질의 사람이 되어 버린다.

최근 의학의 발전과 함께 우리는 내분비계의 중요성을 인식하게 되었으며, 그에 따르면 인간의 기질은 내분비계의 분비물에 의해 좌우된다. 여기에는 갑상선, 뇌하수체, 부신, 부갑상선, 췌장분비선이 있다.

이 분비기관들은 도관 없이 직접 혈액에 호르몬을 공급하며, 혈액을 통해 모든 세포에 전달되는 이 호르몬은 모든 신체기관과 조직에 영향을 미친다. 이 분비물은 순환 작용과 해독 작용을 하기 때문에 생명 유지를 위해 절대적으로 필요하다. 그러나 내분비선에 대한 비밀은 아직 완전히 밝혀지지 않은 상태이다. 이에 대한 연구는 아직 초기 단계에 있으며, 확실하게 밝혀진 것이 별로 없다. 따라서 이 분야를 연구하는 새로운 학문은 내분비계 호르몬이 성격과 기질을 결정한다고 주장한다.

우리는 이 주장에 대해 이의를 제기하지 않을 수 없다. 내분비계 질환의 경우, 예를 들어 갑상선의 기능이 저하되면 실제로 심한 점액 기질을 보이는 심리학적 증상이 나타난다. 이런 환자는 얼굴이 붓고 피부가 두꺼워지며 모발 성장이 저하된다. 이밖에 근력이 떨어지고 행동이 둔해지는 증상도 나타난다. 그러나 갑상선 기능은 정상이지만, 점액질이라고 진단한 경우와 비교해 보면 이 두 경우는 전혀 다른 양상을 보인다. 따라서 갑상선 호르몬이 원활한 심리적 기능을 촉진하긴 하지만, 갑상선 호르몬의 저하로 인해 점액 기질이 생긴다고 말할 수는 없다.

병리학적으로 점액 기질인 사람은 심리학자들이 점액 기질이라고 진단한 사람과는 전혀 다르다. 심리학적인 점액 기질과 성격은 개인의 심리적인 과거 전력을 통해 병리학적인 그것과 구분된다. 우리 심리학자들이 관심을 갖는 대상은 점액질인데, 이 점액질은 고정된 기질이 아니다. 이런 기질을 가진 사람은 놀랍게도 격렬하고 집중적인 반응을 보인다. 평생 변함없이 점액질인 사람은 없으며, 어떤 사람에게 이런 기질은 인위적인 껍데기에 불과하다. 그것은 아주 예민한 사람이 자신을 위해 고안해낸 방어기제이며, 자기와 외부 세계 사이에 세워놓은 성이다. 물론 이 사람은 선천적으로 이런 기질을 가졌을 수도 있다. 그러나 점액 기질은 하나의 방어기제이며, 삶의 도전에 대한 의미 있는 대응 방법이다. 이런 점에서 갑상선에 문제가 있는 사람이 지닌 느리고 둔하고 무관심한 특징과는 전혀 다르다.

갑상선 질환을 앓고 있는 사람이 점액 기질을 갖게 된 경우에도 이 사실은 여전히 유효하다. 갑상선 질환이 문제 전체의 원인은 아니기 때문이다. 여기서 중요한 것은 원인과 목적의 복합체이며 열등감을 만들어내는 내적, 외적 영향 관계이다. 열등감을 가진 사람은 점액 기질을 통해 모욕을 피하고 자존심을 지킨다. 그러나 이런 사람은 앞에서 일반적으로 다룬 유형의 사람과 다를 바가 없다. 갑상선 기능의 저하는 특별한 신체 기능의 결함일 뿐이며, 문제가 되는 것은 그 결과이다. 이 결함은 삶에 대해 불안한 태도를 야기하며, 이를 심리적으로 보상하기 위해 점액 기질 같은 전략을 동원한다. 다른 내분비계의 문제와 그와 연관된 기질들도 조사해보면 우리의 생각이 옳다는 것을 확인하게 될 것이다. 바세도우병Basedowsche Krankheit처럼 갑상선 기능이 항진되는 사람들도 있다. 이 병의 증상은 심장 활동이 빨라져 맥박수가 증가하며, 안구가 심하게 돌출되고, 갑상선이 붓는다. 부종 현상이 특히 손에 나타나며, 경우에 따라 손을 심하게 떨 수도 있다. 이런 환자는 땀이 쉽게 나고, 갑상선 호르몬이 췌장에 영향을 주어 소화 장애를 일으키기도 한다. 이밖에 아주 민감하여 화를 잘 내고, 성급한 행동을 하며, 종종 불안에 떨기도 한다. 바세도우병이 많이 진행된 환자의 모습은 불안한 사람의 모습과 아주 흡사하다.

그러나 누군가 이것이 심리학적인 불안과 일치한다고 말한다면 그것은 오류이다. 바세도우병 환자의 경우에 우리가 관찰할 수 있는 심리학적 증세는 앞에서 말한 것처럼 불안, 정신적, 육체적 활동의 장애, 피로와 허약이다. 평소에 늘 불안과 강박에 시달리는 노이로제 환자는 이와는 전혀 다르다. 갑상선 기능 항진은 약물 중독과 같은 만성 중독이 원인일 수 있다. 반면 예민하고 성급하며, 불안한 사람은 이와 다른 범주에 속하며, 이런 상태는 대개 과거의 심리적 경험에 의해 야기된 것이다. 갑상선 비대증 환자도 이와 유사한 점을 가지고는 있지만 그의 행동에는 성격과 기질의 중요한 지표가 되는 계획과 의도가 결여되어 있다.

다른 내분비선에 대해서도 살펴보자. 여러 분비기관의 발달과 고환 혹은 난소의 발달 사이의 관계는 중요하다. 이 쟁점은 오늘날 생물학 연구의 중요한 한 부분을 이루고 있는데, 내분비계에 이상이 생기면 반드시 생식기관에도 문제가 생긴다. 이들 사이의 상호 의존 관계와 두 증세가 동시에 나타나는 원인에 대해서는 아직 완전히 밝혀지지 않았다. 내분비기관들에 이상이 있는 사람들이 전혀 다른 심리적 영향을 받는다고 말할 수 없다. 신체적 결함을 가지고 있는 사람들에게서 얻은 결론은 이들에게도 그대로 적용된다. 이들은 삶에 적응하기 어렵기 때문에 여러 가지 심리적 전략과 방어기제들을 생각해낸다.

일부 사람들은 성격과 기질이 전적으로 성호르몬의 영향을 받는다고 믿고 있다. 그러나 생식분비기관이 아주 비정상적인 경우는 드물다. 그러므로 이런 병리학적 변성은 오히려 예외에 속한다. 더 나아가 생식분비기관의 기능에 문제가 있어 생기는 특별한 심리적 장애는 없다. 우리는 내분비기관의 기능에 근거하여 성격을 규명할 수 있는 확실한 의학적 근거를 가지고 있지 않다. 성호르몬은 유기체의 활력을 위해 필요한 자극을 제공하지만, 이 자극이 아이의 상황을 결정한다는 주장은 절대적이지 않다. 이 자극은 다른 신체기관이 주도할 수 있으며, 심리적 구조의 근간을 형성하는데 꼭 필요한 것은 아니다.

    사람을 평가하는 문제는 단 한 번의 오류가 생사를 결정할 수 있는 어렵고 미묘한 작업이다. 그러므로 특별한 주의를 기울여야 한다. 신체적 결함을 가지고 태어난 아이들은 그것을 보상하기 위해 심리적인 전략과 술책을 쉽게 개발한다. 그러나 이러한 유혹은 쉽게 극복될 수 있다. 신체적 결함은 그 정도에 관계없이 삶에 대해 특정한 태도를 갖게 만든다. 그것은 용기를 잃게 만들 수도 있지만 이는 별개의 문제이다. 신체적 결함을 가진 아이들이 심리적 문제를 극복하기 어려울 것이라고 생각하거나 아니면 뻔히 보이는 잘못을 저지르도록 그들을 방치하기 때문에 사람들은 우리와 정반대의 견해를 가질 수 있다. 우리는 수수방관만 할 것이 아니라 그들을 돕고 격려해야 한다. 결론적으로 우리는 개인심리학에 기초한 위상심리학Positionspsychologie이 유전이론에 근거한 기질심리학Dispositionspsychologie에 비해 더 타당하다고 말할 수 있다.

6. 요약

    성격의 특징을 하나하나 살펴보기 전에 지금까지 논의한 내용을 다시 한 번 요약해 보자. 우리가 확인한 중요한 사실은 인간을 제대로 이해하기 위해서는 심리적 연관 관계를 무시한 채 개별 현상들만을 살펴서는 안 된다는 것이다. 이를 위해서는 가능한 시간적으로 멀리 떨어져 있는 두 가지 현상을 서로 비교하고, 이것들을 하나의 통합된 행동 패턴 속에 연결시켜야 한다. 그 실제적인 방법이 유용하다는 것은 입증

되었다. 이 방법을 통해 미리 수집한 모든 인상들을 체계적으로 정리하고, 그것을 압축하면 확실한 판단을 내릴 수 있다. 우리의 판단이 단지 개별적인 현상에 근거를 두고 있다면 우리도 다른 심리학자들이나 교육자들이 직면한 어려움을 똑같이 경험하게 될 것이며, 무익한 전통적인 기준을 답습하게 될 것이다. 그러나 가능한 많은 단서들을 찾아 그것들을 하나로 연결시키면 목적이 분명한 하나의 시스템을 구성할 수 있다. 그러면 우리는 이 시스템을 통해 개인에 대한 명확하고 통일된 평가를 내릴 수 있으며, 확고한 학문적 토대 위에 설 수 있게 된다. 물론 한 사람을 자세히 살피다 보면 그 사람의 자기평가를 다소 수정해야 할 때가 있다. 특히 교육적인 목적으로 개입해야 할 경우에는 이런 식으로 개인에 대한 명확한 상을 확보하는 것이 필요하다.

우리는 이 시스템을 구성하기 위해 필요한 다양한 방법과 수단들에 대해 논의하였다. 그리고 예증을 위해 실제 경험한 사례들이나 혹은 익숙한 행동 패턴의 범례가 될 수 있는 경우들을 소개하였다. 더 나아가 우리가 구성해낸 이 시스템에 사회적 요소가 반드시 포함되어야 한다고 주장하였다. 심리적인 현상은 개인적인 것으로만 생각할 수 없으며, 사회적 연관 관계 속에서 파악해야 한다. 한 사람의 성격은 우리의 도덕적 판단의 근거가 될 수 없다. 그것은 사회적 인식이다. 우리는 그 사람이 자기 주변과 어떤 관계를 맺고 있으며, 자기 주변에 어떤 영향을 미치는지를 사회적인 관점에서 평가한다. 이것은 공동생활에 꼭 필요한 가치 있는 명제이다.

이러한 입장을 정리하면서 우리는 인간이 가지고 있는 두 가지 보편적 현상을 다시 발견하게 된다. 첫 번째는 우리 인간을 서로 연결하는 공동체감이 보편적으로 존재한다는 사실이다. 이것은 우리 문화가 이룬 위대한 성과의 토대가 된다. 공동체감은 인간의 심리적 현상을 밝히는 기준이며, 이에 따라 각 개인이 가지고 있는 사회적 감정의 크기를 측정할 수 있다. 우리는 한 사람이 사회와 어떤 관계를 맺고 있는지, 주변 사람들을 생각하는 마음이 어떻게 표현되는지, 그리고 이것들이 그의 삶을 얼마나 풍족하고 활기 있게 만드는지를 알게 될 때 그의 정신에 대해 구체적인 그림을 그릴 수가 있다.

성격을 평가하는 두 번째 기준은 공동체감에 부정적인 영향을 미치는 권력욕구와 우월욕구이다. 이 두 가지 기준에서 보면 사람들 사이의 차이는 서로 대립되는 공동체감과 권력욕에 의해 결정된다. 우리가 성격이라고 칭하는 것은 다름 아닌 이 두 힘의 상호 작용이 밖으로 표현된 것이다.

2장

공격적인 성격의 특징

1. 자만심과 명예심

　　인정욕구가 강해지면 곧 심리적 긴장이 발생한다. 심리적으로 긴장한 사람은 목표를 더 뚜렷하게 주시하고, 더 적극적으로 목표에 도달하려고 노력한다. 그리고 큰 성공을 기대하며 살게 된다. 이러한 사람은 객관적일 수가 없으며, 현실 감각을 상실한다. 왜냐하면 이들은 항상 자기가 다른 사람에게 어떤 인상을 줄까, 그리고 다른 사람들은 자기를 어떻게 생각할까 하는 질문에 몰두하기 때문이다. 이러한 삶의 방식은 활동의 자유를 심하게 제한한다. 이때 생기는 성격상의 특징이 허영과 자만이다.

　　사람은 누구나 어느 정도 허영심을 가지고 있다. 그러나 허영심이 드러나면 좋은 인상을 주지 못하기 때문에 대부분 모습을 감추거나 여러 가지 다른 모습으로 위장한다. 겉으로 겸손해 보이는 허영심도 있다. 자만심이 강한 사람 중에는 타인의 평가에 전혀 개의치 않는 사람이 있는가 하면, 어떤 사람은 타인의 평가에 연연하며 그것을 자기에게 유리하게 이용한다.

자만심은 도가 지나치면 아주 위험해진다. 자만심이 강한 사람은 실재보다는 외양을 중시하며, 자기 자신에 대해서, 혹은 자신에 대한 타인의 판단에 관심을 쏟는다. 무엇보다 자만심이 강한 사람은 현실에서 쉽게 소외된다. 이런 사람은 인간관계에 대한 이해가 부족하며, 삶과 거의 무관하게 지낸다. 또한 삶이 자기에게 요구하는 것과 인간으로서 해야 할 일을 잊어버린다. 자만심만큼 인간의 자유로운 발전을 저해하는 악덕은 없다. 왜냐하면 자만심이 강한 사람은 늘 자기의 명예에 도움이 되는지, 아니면 해가 되는지만을 생각하기 때문이다.

사람들은 가끔 자만이나 거만Hochmut 대신 좀 더 세련되게 보이는 명예심Ehrgeiz이라는 단어를 사용한다. 많은 사람들은 명예심을 자랑스럽게 여긴다. 이 밖에 '의욕Strebsamkeit'이라는 개념도 종종 사용된다. 우리는 이 개념이 보편적 가치에 부합하는 일을 위해 유용하게 사용된다면 그것을 수용할 수 있다. 그러나 근본적으로 이 개념은 오직 강한 자만심을 은폐하는 데 사용된다.

자만심을 가진 사람은 어려서부터 규칙을 어기고 공정한 경기를 하지 않는다. 이런 사람은 자기의 자만심이 충족되지 않으면 최소한 다른 사람의 즐거움이라도 저지하려고 한다. 자만심이 점점 커져가는 아이는 위험한 상황에 직면하게 되면 자기가 강하다는 것을 과시하려 한다. 또한 약한 아이들에게 자기가 얼마나 강한지 보여주려고 한다. 아이들의 동물 학대도 여기에 속한다. 용기를 잃어버린 아이들은 이해하기 어려울 정도로 아주 사소한 것에서 자기의 자만심을 충족시키려고 한다. 이들은 삶의 주경기장을 회피하고 자기 멋대로 만들어 놓은 다른 경기장에서 인정욕구를 충족시키려고 한다. 사는 게 너무 힘들다고 불평하거나 그것을 전부 다른 사람의 책임으로 돌리는 사람들도 여기에 속한다. 올바른 교육을 받았더라면, 불행한 일만 생기지 않았더라면 지금 최고의 위치에 있었을 것이라고 주장한다. 이들은 늘 삶의 전선으로부터 도망치기 위해 변명을 찾으며 꿈속에서조차 자만심을 채우려 한다.

이런 사람과 함께 사는 사람은 일반적으로 큰 어려움을 겪는다. 왜냐하면 늘 비판의 대상이 되기 때문이다. 자만심이 강한 사람은 보통 자기가 잘못했더라도 그 책임을 남에게 전가시킨다. 자기는 항상 옳고 다른 사람들은 항상 그르다는 식이다. 그러나 일상의 삶에서 옳고 그름을 가리는 것은 별로 중요하지 않다. 그보다는 일을 원만하게 처리하고 함께 해낼 수 있도록 다른 사람을 독려하는 것이 더 중요하다. 그러나 자만심이 강한 사람은 늘 불평과 변명만을 늘어놓는다. 우리는 사람들이 자만심과 우월감이 손상되는 것을 막기 위해 어떤 인위적인 전략을 세우는지 살펴보고자 한다.

어떤 사람들은 명예욕이 없었더라면 인류가 위대한 업적을 성취하지 못했을 것이라고 반론을 제기한다. 그러나 그것은 잘못된 관점에서 비롯된 허상이다. 왜냐하면 명예심으로부터 자유로운 사람은 없으며, 누구나 다 어느 정도는 이런 성향을 가지고 있기 때문이다. 명예심만이 개인의 활동을 유용하고 보편적인 방향으로 인도하고 위대한 업적을 이룰 수 있는 능력을 주는 것은 아니다. 그러한 업적은 오직 공동체감을 통해서만 이룰 수 있다. 어떤 식으로든 공동체를 염두에 두지 않으면 뛰어난 업적을 이룰 수 없다. 이를 위해서는 항상 전체와의 연대, 그리고 공동체감을 촉구하는 의지가 전제되어야 한다. 그렇지 않으면 설사 성과가 있더라도 거기에 가치를 부여할 수 없다. 게다가 그것이 자만심에서 비롯됐다면 그 가치는 분명히 절하될 것이다.

오늘날 우리 사회의 분위기를 볼 때 자만심과 무관하게 산다는 것은 불가능하다. 그러나 이러한 사실을 인식하는 것, 그 자체만으로도 가치가 있다. 이에 대한 인식은 우리 문화의 환부를 건드리는 일이다. 즉 많은 사람들이 평생 불행하게 지내며 불행이 시작된 곳에서 헤어나지 못하고, 늘 그곳에 머물러 있다. 이들은 실제보다 더 낫게 보이려는 목표를 가지고 있기 때문에 다른 사람들과 잘 어울리지 못하며, 현실에도 잘 적응하지 못한다. 또한 사람들이 자기의 훌륭한 생각에 관심을 기울이지 않는다고 생각한다. 그래서 사람들과 자주 갈등을 겪는다.

인류가 경험한 모든 복잡한 문제는 항상 누군가의 헛된 자만심에서 출발하였다. 한 사람의 복잡한 인격을 이해하려면 그의 자만심이 얼마나 강한지, 무엇을 지향하고 있는지, 그리고 어떤 수단을 사용하는지를 확인하는 것이 중요하다. 이를 통해 우리는 자만심이 얼마나 공동체감을 약화시키는지 알 수 있다. 자만심과 공동체감은 서로가 화합할 수 없다. 왜냐하면 자만심은 공동체의 필요와 원칙을 따르지 않기 때문이다.

자만심은 근본적으로 자기중심적이다. 자만심은 늘 공동생활의 논리에 모순되기 때문에 충분히 발현될 수 없다. 공동체의 삶은 절대적이며, 부정할 수 없는 진리이다. 그러므로 자만심은 처음부터 자기의 모습을 은폐하지 않을 수 없다. 목표를 달성하기 위해 위장을 하고 우회로를 택한다. 이런 사람은 자기의 자만심을 충족시키기 위해 많은 성공을 필요로 한다. 그러나 과연 잘할 수 있을까 하는 불안과 회의에 늘 사로잡혀 있다. 이들은 고심하며 꿈을 꾸면서 시간을 보낸다. 그리고 이렇게 시간을 허비하고 난 뒤에는 뭔가 보여줄 기회가 없었다고 변명을 한다.

이러한 경우는 보통 다음과 같이 전개된다. 자만에 찬 사람은 늘 특권적인 위치를 찾으며, 거리감을 두고 사람들을 관찰하며, 불신감에 가득 차서 그들을 적으로 간주하는 경향이 있다. 이런 사람은 공격적인 태도를 갖거나 방어 태세를 취한다. 때로는 아주 논리적으로 보이는 생각이나 자기의 정당함을 증명할 수 있는 생각에 사로잡혀 있다. 그러면서 자기 삶에서 가장 중요한 것을 간과하고 삶과 사회, 그리고 의무를 저버린다. 좀 더 자세히 살펴보면 이들이 가진 자만심의 배경이 보인다. 거기에는 다른 사람들보다 우월하고 싶은 동경이 여러 형태로 나타나는데, 그의 태도나 복장, 화법, 그리고 사람들을 대하는 모습을 보면 분명히 알 수 있다. 어디를 가도 우리는 자만심과 야심을 채우기 위해 수단과 방법을 가리지 않는 사람들을 보게 된다. 이러한 모습은 호의적으로 보이지 않는다. 적어도 상식이 있는 사람이라면 자기의 태도가 공동체의 원칙에 위배되고 모순된다는 것을 안다. 그러므로 이들은 자만심을 애써 감추려고 한다. 자만심이 없다는 것을 보이기 위해 외모에 신경을 쓰지 않고 겸손하게 행동하는 사람도 있다. 소크라테스는 낡은 옷을 입고 연단에 오른 웅변가에게 이렇게 외친 적이 있다. "아테네의 젊은이여, 너의 자만심이 해진 옷 사이로 보이는구나."

사람들은 종종 자기가 자만심이 없는 사람이라고 확신한다. 그들은 겉모습에만 신경을 쓰지 자기의 자만심이 더 깊은 곳에 자리 잡고 있다는 사실은 깨닫지 못한다. 예를 들어 여러 사람이 모인 자리에서 발언권을 쥐고 혼자서만 계속 떠드는 사람이 있다. 이것은 자만심의 발로이며, 이런 사람은 자기가 주목을 받았는지 그렇지 않았는지에 따라 좋은 모임인지 아닌지를 평가한다. 어떤 사람은 자기를 전혀 드러내 보이지 않으며, 사람들과의 접촉을 꺼린다. 그러나 회피하는 방법은 다양하다. 어떤 사람은 초대를 받았는데 가지 않고, 꼭 오라고 사정을 하게 만들거나 아니면 가더라도 늦게 간다. 어떤 사람은 특별한 조건하에서만 모임에 나타난다. 이들은 자기가 특별한 사람인 양 거만을 떨며, 때로는 이를 과시하기도 한다. 또 어떤 사람은 모든 모임에 다 참석하게 된 것을 자랑스럽게 여긴다.

이런 행동들을 별 의미 없는 사소한 것으로 취급해서는 안 된다. 마음속 깊은 곳에 그 동인이 있기 때문이다. 실제로 이러한 사람들에겐 공동체감이 자리 잡을 공간이 없으며, 공동생활을 장려하기보다는 방해하는 성향이 더 크다. 이런 사람들을 묘사하는 것은 시적 상상력을 가진 위대한 소설가들의 몫일 것이다. 모든 자만심에는 공통적인 모티브가 있다. 즉 자만심이 강한 사람은 다른 사람보다 더 우월하고 싶어 하기 때문에 더 큰 목표를 세운다. 자기의 능력이 부족하다는 것을 절감할수록 큰 목표를 세우게 된다. 자만심이 유난히 강한 사람은 자신의 가치를 제대로 평가하지 못하는 사람이다. 그러나 정작 이 사실을 잘 모른다. 반면 자기의 자만심이 무력감에서 비롯됐다는 것을 의식하는 사람도 있을 수 있다. 그러나 이 인식은 좋은 결과를 가져올 만큼 충분치 못하면 가치 없는 것이 된다.

자만심은 유아기 때 생기기 시작한다. 자만심에는 원래 유치한 구석이 있다. 그래서 자만심이 큰 사람들은 항상 유치해 보이기 마련이다. 이러한 성격을 조장하는 상황은 여러 가지가 있다. 어떤 아이는 잘못된 교육으로 인해 중압감을 느끼며 무시당하고 있다고 생각한다. 또 어떤 아이들은 집안 분위기에서 거만한 태도를 배운다. 이 아이들의 이야기를 들어보면 그들의 부모 역시 우월의식을 가지고 있으며, 심지어 이에 대해 자부심을 느낀다.

이러한 허황된 행동의 이면에는 특별한 사람이 되고 싶은 의도가 숨겨져 있다. 그들은 남들보다 더 좋은 가문 출신으로써 더 높은 요구와 더 세련된 감정을 가지고 있으며 자기들의 특권이 예비된 것이라고 생각한다. 이러한 특권 의식은 특정한 삶의 방향과 행동 방식을 만들어낸다. 그러나 우리의 삶은 이러한 타입들에 대해 호의적이지 않으며, 특별한 대우를 받으려는 사람들을 적대시하고 비웃는다. 그러므로 이들은 대부분 사람들과 접촉을 피하고 특이한 사람으로 살아간다. 그들은 고립된 삶 속에서 계속 허구적인 상상을 하거나 아니면 상황이 달랐으면 모든 것을 이룰 수 있었을 것이라는 생각을 하며 자기의 태도를 계속 고수할 것이다.

이러한 유형에는 최고 교육을 받은 유능한 사람들도 있다. 이들이 자기의 능력을 세상과 함께 나눈다면 그것은 가치 있는 일이 될 것이다. 그러나 이들은 자기의 능력을 오직 자기도취의 수단으로만 사용한다. 이런 사람들은 어쩌다 사회활동을 하게 되면 수많은 조건을 요구한다. 이들의 요구 중에는 시간적으로 해결할 수 없는 것들도 있다. 예를 들어 전에 무언가를 했었더라면, 배웠더라면, 알았더라면, 혹은 다른 사람이 무언가를 했었더라면, 혹은 하지 않았더라면 하는 식의 요구들이다. 혹은 남자는 이래야만 하고 여자는 저래야만 한다는 식의 실현 불가능한 요구를 하기도 한다. 이 요구들은 선의라 할지라도 충족될 수 없는 것들이다. 결론적으로 그것은 다 궁색한 변명이며, 이루지 못한 것을 생각나지 않게 해주는 수면제에 불과하다.

이런 사람들은 마음속에 적대적인 생각을 많이 가지고 있다. 인간 본성을 예리하게 파악한 라로슈푸코La Roche Foucault는 "사람은 대부분 타인의 고통은 쉽게 참아낼 수 있다"고 말한 바 있다. 이들은 다른 사람의 고통에 무관심하거나 그것을 경시하는 성향이 있다. 이들은 날카롭고, 비판적으로 적대감을 표출한다. 이들은 어떤 것도 좋게 보는 법이 없으며, 어디서나 조소와 비방을 일삼는다. 또한 자기만이 옳다고 주장하며 자기 외의 모든 것을 비난한다. 그러나 상대의 단점을 찾아내고 비난하는 것만이 능사는 아니다. 그가 단점을 개선하도록 나는 무엇을 했는지 항상 자문해야 한다.

　자만심이 강한 사람은 한번에 다른 사람을 압도하고 신랄한 비판으로 상처를 줄 수 있다. 또한 이들은 이런 비판을 연습하며 기술을 연마해 나간다. 이들 중에는 아주 세련된 위트와 임기응변에 능한 사람들도 있다. 모든 것이 다 그렇듯이 위트와 재치 역시 악용하면 남에게 상처를 주기도 하고 반면에 위대한 풍자 작가들처럼 예술로 승화될 수도 있다. 그러나 이런 사람들이 가지고 있는 성격적인 특징은 파괴적이며, 남을 폄훼하는 성향이 강하다. 우리는 이를 '가치절하 성향Entwertungstendenz' 혹은 '반대적 콤플렉스'라고 부른다. 이 개념은 자만심이 강한 사람의 공격 대상이 무엇인지 말해주고 있다. 그것은 바로 다른 사람의 가치와 진가이다. 이 콤플렉스는 다른 사람을 폄하하면서 우월감을 얻으려는 시도이다. 자만심에 찬 사람은 다른 사람의 가치를 인정하는 것이 자기 인격에 대한 모독이라고 생각한다. 여기에서 우리는 그의 마음속 깊은 곳에 무능력한 감정이 자리 잡고 있다는 사실을 유추해낼 수 있다.

　우리는 자만심으로부터 자유로울 수 없다. 수천 년의 전통이 우리 안에 심어놓은 것을 한 순간에 제거할 수는 없다. 그러나 우리가 스스로 미혹에 빠지지 않고 편견에 사로잡히지 않는다면 그것만으로도 커다란 발전의 계기를 마련한 것이다. 우리는 다른 종류의 사람이 되길 원하는 것이 아니며, 또한 그런 사람을 찾으려는 것도 아니다. 우리는 서로 협력하고 함께 일하기 위해 손을 맞잡아야 한다. 오늘날같이 협력이 요구되는 시대에는 특히 개인의 자만심은 설 자리가 없다. 우리 시대에는 자만심을 갖고 있다는 것이 곧 스스로 모순에 빠진다는 것을 의미한다. 왜냐하면 그런 사람은 스스로 쉽게 좌절하고 결국에는 사회에서 배제되며, 동정의 대상이 되기 때문이다. 오늘날만큼 자만심이 부정적으로 평가를 받았던 시대는 없다. 그러므로 자만심을 버리지는 못하더라도 최소한 공공의 복지를 위해 그것을 사용해야 한다. 아래의 사례는 허영심이 어떻게 작용하는지를 잘 보여준다.

여러 형제 중 막내인 한 젊은 여성은 어린 시절부터 응석받이로 자랐다. 특히 그녀의 어머니는 항상 딸이 시키는 대로 했고, 원하는 것은 다 들어주었다. 몸이 약한 아이의 요구는 끝이 없었다. 어느 날 그녀는 자기가 아프면 주위 사람들에게 더 많은 권력을 행사할 수 있다는 사실을 발견하였다. 그녀는 아픈 것이 곧 귀중한 재산이라는 것을 알게 되었다. 정상적인 사람은 아픈 것을 싫어하지만 그녀는 그런 감정을 상실한 것이다. 그녀는 아프고 싶으면 언제든지 아플 수 있도록 연습을 하였다. 특히 무언가를 얻고자 할 때면 쉽게 아플 수 있었다. 그녀는 늘 무언가를 관철시키고자 했기 때문에 사람들은 항상 그녀의 아픈 모습만 보았다. 이것은 일종의 '병 콤플렉스'이다. 아이나 어른을 막론하고 사람들은 아픈 느낌 Krankheitgefühl 을 통해 권력이 강화되는 것을 감지한다. 이런 식으로 가족의 관심을 끌고 무한한 지배력을 행사하는데, 어리고 약한 사람일수록 그렇게 할 가능성이 높다. 이들은 사람들의 근심

걱정을 즐기면서 자연스럽게 이 방법을 터득한다.

이런 상황에서는 다른 방법이 사용되기도 하는데, 예를 들어 잘 먹지 않는 것이다. 밥을 잘 먹지 않아 얼굴이 해쓱해지면 가족들은 맛있는 음식을 해서 먹이려고 한다. 이런 사람은 누군가가 항상 옆에 있길 바라며 혼자 있는 것을 참지 못한다. 이들은 아프다고 하거나 혹은 위험에 처해 있다고 말함으로써 다른 사람의 관심을 끈다. 이것은 바로 어떤 사물과 상황을 동일시하는 감정이입의 방법을 통해 이루어진다. 즉 이들은 실제로 위험한 상황에 처해 있는 것처럼 느끼며, 질병이나 혹은 다른 어려움 속에 자기의 감정을 이입시킨다. 우리는 꿈속의 상황이 실제로 존재하는 것 같은 인상을 받기도 하는데, 이것을 보면 우리의 감정이입 능력이 얼마나 뛰어난지 알 수 있다.

이들은 진짜 병에 걸린 것 같아서 거짓말을 한다거나 혹은 위장이나 착각을 하고 있다는 생각이 전혀 들지 않는다. 감정이입을 통해 경험하는 상황은 실제 존재하는 상황과 똑같은 인상을 준다. 예를 들어 어떤 사람은 가상의 역겨움이나 위험을 진짜처럼 느끼기 때문에 구토나 공포 증세를 보인다. 이들은 그것을 어떻게 상상해냈는지 얘기해 주기도 한다. 예컨대 우리가 소개한 그 젊은 여자는 '마치 금방이라도 벼락을 맞을 것 같이' 종종 공포를 느낀다고 진술했다. 어떤 사람은 실제로 균형을 잃고 넘어질 뻔했기 때문에 더 이상 착각이나 가상이라고 말할 수 없는 상황이 벌어지기도 한다. 이들은 곁에서 자기를 돌보아 주도록 아픈 증상이나 불안 증상으로 사람을 믿게 만들어야 한다. 가까이 있는 사람이 아프면 정상적인 사람들은 당연히 공동체감을 가지게 된다. 앞에서 소개한 사람들은 권력을 행사하기 위해서 자신의 정신을 남용하고 왜곡하는 것이다.

주변 사람들을 고려해야 할 상황이 되면, 이들은 공동체의 법칙에 위배되는 행동을 더 두드러지게 한다. 일반적으로 이들은 주변 사람들과 행복과 고통을 함께 나눌 줄 모르며, 도와주기는커녕 그들의 권리를 침해한다. 그들은 자신의 교양이나 교육 그리고 노력을 통해 주변을 도울 수 있으며, 최소한 이웃의 행복에 관심을 기울이고 있다는 인상은 줄 수 있다. 그러나 근본적으로 그들의 행동 저변에는 자기애와 허영심이 깔려 있다.

우리가 예로 든 젊은 여자의 경우도 마찬가지이다. 가족에 대한 그녀의 걱정은 끝이 없어 보였다. 한 번은 어머니가 평소보다 30분 늦게 아침 식사를 가져다 준 적이 있었다. 시간이 늦어지자 그녀는 심한 불안감에 휩싸였다. 그녀의 남편이 밖으로 나가 어머니에게 아무 일도 없다는 것을 확인하고 돌아온 후에야 그녀는 겨우 진정할 수 있었다. 그 후 어머니는 습관처럼 늘 정확한 시간에 그녀의 방으로 아침을 갖다 주었다. 남편의 경우도 마찬가지였다. 그는 사업가로서 고객과 파트너를 관리해야 했다. 그러나 약속한 시간보다 조금 늦게 귀가하면 매번 아내가 신경쇠약으로 쓰러져 있는 것을 발견했다. 때로는 공포에 질려 땀에 흠뻑 젖은 채 자신이 끔찍한 고통을 어떻게 참아냈는지 말하곤 했다. 이런 상황에서 그녀의 남편이 할 수 있는 일은 무슨 일이 있어도 시간에 맞춰 귀가하는 것밖에 없다.

어떤 사람은 그녀가 그렇게 행동해서 득이 될 게 뭐가 있냐고 반문할지 모른다. 그러나 이는 전체 중에 작은 일부만을 본 것이다. "조심해요!"라고 말하는 것은 하나의 위험 신호이다. 그녀는 이 신호로 주변 사람들을 자기 손아귀에 넣으려는 것이다. 그녀는 지배욕에 사로잡혀 있었다. 지배욕이 충족되면 자기의 자만심도 충족되는 것이다. 이런 사람은 자신의 의지를 관철시키기 위해 물불을 가리지 않는다. 이 사실에 유념한다면 그녀의 행동은 하나의 필연성이 된다. 자기가 말한 것을 다른 사람들이 아무 조건 없이 제때에 해놓지 않으면 그녀는 안정을 찾지 못했다. 그러나 결혼 생활은 시간을 잘 지키는 남편만 있다고 되는 것은 아니다. 이 외에도 부부간에는 수많은 관계들이 있다. 그녀는 자신의 불안을 무기 삼아 부부 생활 전반을 통제하였다. 그녀는 다른 사람들을 몹시 걱정하는 것처럼 보였으나 그들은 모두 그녀의 의지에 복종해야 했다. 우리는 그녀의 걱정이 자만심을 충족시키기 위한 수단이라는 결론을 내렸다.

이러한 태도가 너무 지나치게 되면 원하는 것 그 자체보다 의지를 관철시키는 것이 더 중요하게 된다. 여섯 살 된 소녀의 사례는 이를 뚜렷하게 보여준다. 이 소녀는 너무 이기적이어서 하고 싶은 것은 뭐든지 자기 뜻대로 해야 했다. 그녀의 행동은 다른 사람을 지배하고 자신의 힘을 보이고 싶은 욕망으로 가득 차 있었으며, 실제로 그렇게 행동했다. 그녀의 엄마는 어떻게 해서라도 딸과 친하게 지내려고 했다. 한번은 딸이 제일 좋아하는 음식을 만들어 깜짝 놀라게 해주고 싶었다. "엄마는 네가 이 음식을 얼마나 좋아하는지 알아. 그래서 너를 위해 만들었단다"라고 말하며 딸에게 음식을 건넸다. 그러자 소녀는 그 음식을 바닥에 내던지고 두 발로 짓밟으며 소리쳤다. "엄마가 갖다 주었기 때문에 먹기 싫어. 내가 먹고 싶을 때 먹을 거야!" 또 한 번은 쉬는 시간에 커피를 마실 건지 우유를 마실 건지 물었다. 소녀는 문가에 서서 엄마가 알아들을 정도로 중얼거렸다. "엄마가 우유라고 하면 커피를 마실 거고, 엄마가 커피라고 하면 우유를 마실 거야."

이 소녀는 자기의 의사를 확실하게 표현하는 아이이다. 모든 아이들이 이런 특징을 조금씩 가지고 있으며, 많은 아이들이 이 소녀와 비슷하게 행동한다는 점을 명심해야 한다. 이들은 얻는 것이 하나도 없고, 단지 고통만 당할지라도 자기의 의지를 관철시키려고 무진 애를 쓴다. 이들은 어떤 식으로든 자기 뜻대로 특권을 갖기를 바라는 아이들이다. 오늘날 이런 예는 얼마든지 쉽게 찾을 수 있다. 우리는 주변 사람들을 도와주려고 노력하기보다는 자기 자신의 의지를 관철시키고자 하는 사람이 성인들 중에 더 많다는 것을 안다. 자만심이 너무 과한 사람은 다른 사람이 제안한 것이 당연한 것이며, 자신에게 행복을 가져다준다 할지라도 무조건 그것을 거절한다. 이들은 어떤 대화를 하건 항상 반대할 순간을 기다린다. 어떤 사람은 자만심에 너무 고무되어 '네'하고 말하고 싶은데도 '아니요'라고 답한다.

　보통 집 안에서는 자기 마음대로 할 수 있지만, 집 밖에서는 그렇게 할 수 없는 상황이 종종 있다. 이런 사람들은 낯선 사람을 만나면 아주 친절하고 양보하는 태도를 보인다. 그러나 이 관계는 오래 가지 못하고 금방 끝이 난다. 가끔은 모든 사람들의 마음을 얻으려고 하는 사람을 보게 된다. 그러나 그 마음을 얻자마자 다시 버리는 사람들도 있다. 이런 사람들은 늘 집 밖에 나가려고 하지 않는다. 앞에서 언급한 환자의 경우도 마찬가지이다. 그녀는 집 밖에서는 늘 친절하기 때문에 어디를 가건 사랑을 받았다. 그러나 외출을 하게 되면 밖에 오래 있지 못하고 금방 집으로 돌아왔다. 그녀는 집에 돌아가기 위해 여러 가지 방법을 썼다. 사람을 만나면 두통이 심해져서 바로 집으로 돌아가야 했다. 사람들 사이에 있으면 집에서처럼 절대적인 우월감을 가질 수 없기 때문이다. 삶의 목표인 자만심의 충족을 오직 집 안에서만 이룰 수 있었기 때문에 그녀는 집으로 돌아갈 수 있게 항상 핑계를 준비해야만 했다. 결국에는 낯선 사람들 사이에만 있으면 공포와 불안을 느낄 정도로 증세가 심해졌다. 그녀는 더 이상 연극을 보러 갈 수 없었고, 전혀 집 밖으로 나갈 수 없게 되었다. 밖에서는 다른 사람들을 자기 마음대로 할 수 없었기 때문이다. 그녀는 집 밖, 특히 거리에서는 안주할 수 있는 상황을 찾지 못했다. 식구들이 동행하지 않으면 외출을 할 수 없게 되었고, 누군가 자기를 돌봐줄 사람이 늘 곁에 있기를 원했다.

상담 결과 그녀는 이러한 패턴을 이미 어릴 적부터 가지고 있었다. 그녀는 막내인데다가 약하고 자주 아팠기 때문에 다른 형제들보다 훨씬 더 귀여움을 받고 자랐다. 그녀는 응석받이 역할에 집착하였다. 그녀의 과잉 행동이 삶의 원칙에 크게 어긋나지 않았더라면 계속 그 상태를 유지했을 것이다. 그녀가 심각한 불안과 공포 증세를 보였기 때문에 그녀의 행동을 의심한 사람은 아무도 없었다. 바로 이것이 그녀가 자만심의 문제를 해결하지 못한 이유이다. 그녀는 공동생활을 따르려는 의지가 없었기 때문에 그릇된 해결 방법을 택한 것이다. 고통이 더 심해지자 마침내 그녀는 의사를 찾게 되었다.

이제 우리는 그녀가 은밀하게 세워 놓은 삶의 계획을 하나하나 밝혀내야 한다. 의사를 찾긴 했지만 그녀의 마음속에는 자기를 바꿀 준비가 되어 있지 않았기 때문에 그녀 스스로 내면의 저항을 극복해야만 했다. 그녀는 밖에 나가면 엄습하는 공포를 피하기 위해 계속 집 안에만 머물렀다. 그러면서 자기의 지배적인 위치를 유지하려고 했다. 그러나 어느 하나를 희생하지 않고 다른 것을 얻을 수는 없다. 그녀는 무의식적인 행동 안에 갇혀 있다. 그러나 이 행동은 권력을 계속 향유할 수 있는 장점은 있지만, 사람을 회피해야 하는 단점을 감수해야 한다.

이 사례는 과도한 자만심은 어떤 것이건 평생 무거운 짐이 되며, 인간의 발전을 저해할 뿐 아니라 종국에는 파멸에 이른다는 것을 뚜렷이 보여주고 있다. 이러한 연관성을 보지 못하는 것은 자만심이 주는 장점만을 보기 때문이다. 이런 장점 때문에 많은 사람들은 명예심, 정확히 말하면 자만심을 가치 있는 성격이라고 확신한다. 그러나 이러한 성격이 사람을 늘 불만스럽게 만들며, 휴식과 수면을 앗아간다는 사실을 간과하고 있다.

이를 예증하기 위해 또 다른 사례를 들어보자. 스물다섯 살 먹은 남자가 마지막 시험을 앞두고 있었다. 그런데 그는 갑자기 모든 것에 흥미를 잃고 시험을 포기하였다. 그는 우울한 기분에 빠져 자신의 능력과 가치를 의심하기 시작했으며, 마침내 시험을 볼 수 없다고 생각했다. 그의 어린 시절에 대한 기억은 부모님에 대한 신랄한 비난으로 가득 차 있었다. 그는 부모님의 이해 부족이 자기의 발전을 저해시켰다고 믿고 있었다. 침울해진 그는 사람들이 자기에게 무관심하다고 생각했고, 그도 사람들을 소중하게 여기지 않았다. 이렇게 그는 세상과 멀어졌다.

여기서도 자만심이 은밀한 동인으로 작용하고 있다. 자만심은 시험대에 오르는 것을 모면할 수 있게 변명과 핑계를 마련해 주었다. 그래서 시험 직전에 그는 깊은 회의에 빠졌고, 극도의 불안과 의욕상실로 시험을 볼 수 없게 된 것이다. 이 모든 것은 아주 중요한 의미를 지닌다. 왜냐하면 그는 시험을 포기함으로써 체면을 살릴 수 있게 되었기 때문이다. 그는 구명조끼를 얻은 셈이며, 이로써 비난을 피할 수 있게 되었다. 그는 자기가 그렇게 된 것은 병 때문이며, 어두운 운명 때문이라고 자위할 수 있었다. 평가받는 것을 피하려는 그의 태도에서 우리는 다른 형태의 자만심을 발견하게 된다. 자기 능력을 평가받아야 하는 순간 후퇴하게 만든 것이 바로 자만심이다. 그는 실패에 대한 두려움 때문에 자신의 능력을 의심하기 시작한 것이다. 이것은 중요한 순간에 결정을 내리지 못하는 사람들만이 가지고 있는 비밀이다.

우리의 환자도 이런 부류에 속하는 사람이었다. 그의 진술에 따르면 그는 결정을 내려야 할 때면 늘 주저하고 동요했다. 인간의 행동 패턴과 움직임을 연구하는 우리에게 이것은 멈추거나 아니면 제자리에 서 있고 싶은 마음을 의미한다.

그는 장남이었으며, 네 명의 형제 중 유일한 남자 아이였다. 오직 그만이 대학에 진학할 예정이어서 가족들은 그에게 큰 기대를 걸었다. 그의 아버지는 아들의 공명심을 부추겼으며, 무엇을 해야 할지를 끊임없이 주지시켰다. 그래서 최고가 되는 것이 그의 목표가 되었다. 그는 지금 불안감에 싸여 그 모든 것을 해낼 수 있을지 걱정하고 있다. 자만심이 그를 뒷걸음질 치게 만든 것이다.

공명심과 자만심이 커지기 시작하면 이미 던져진 주사위처럼 다른 길을 선택할 수 없게 된다. 자만심은 사회의식과 완전히 모순되는 감정이며, 그것과의 싸움에서 쉽게 빠져 나올 수 없다. 더욱이 자만에 찬 사람은 어렸을 때부터 공동의식을 저버리고 고립된 길을 가려고 한다. 이들은 상상 속의 도시를 활보하며, 자기 마음대로 그려 놓은 지도상의 장소에서 자기가 상상한 모든 것을 찾으려는 사람과 같다. 물론 그들은 원하는 것을 끝내 찾지 못하고 그 책임을 모두 현실 탓으로 돌린다. 교만하고 이기적인 사람의 운명은 대개 이런 모습을 하고 있다. 이런 사람은 주변 사람들과의 관계에서 자신의 원칙을 억지로 밀고나가거나 아니면 음모와 술수를 써서 목적을 달성하려고 한다. 또한 항상 다른 사람들을 부당하게 만들거나 그들의 잘못을 증명할 수 있는 기회를 엿

본다. 이들은 자기가 더 똑똑하며 우월하다는 것을 남이 아닌 자기 자신에게 보일 수 있는 것만으로도 행복해한다. 그런데 다른 사람들이 이를 인정하지 않으면 투쟁은 시작된다. 이 투쟁은 때로는 승리로, 때로는 패배로 끝난다. 그 결과가 어떻게 되건 자만심이 강한 사람은 항상 자신의 우월성과 정당성을 확신한다.

그러나 그것은 값싼 속임수에 불과하다. 사람은 누구나 자기가 좋아하는 것을 자기 마음대로 상상한다. 앞의 사례처럼 공부를 해야 하고 자기의 능력을 증명해야 하는 사람이 갑자기 시험을 앞두고 자신의 능력을 의심하는 경우가 있다. 이런 사람은 왜곡된 시각으로 자신의 상황을 과장되게 바라보며 삶의 행복과 의미가 모두 사라질 것 같은 망상을 하게 된다. 그러면 어느 누구도 견디기 어려운 긴장 상태에 빠지게 된다.

사람들과의 만남도 이런 사람에게는 커다란 사건과 같은 의미를 지닌다. 모든 행동과 대화는 승패의 관점에서 평가된다. 자만심, 공명심, 오만함이 행동 패턴으로 굳어진 사람은 끊이지 않는 투쟁 때문에 늘 새로운 어려움에 직면하게 되며, 삶의 진정한 기쁨을 상실한다. 삶의 기쁨은 삶의 조건들을 수용할 때만 가능하다. 그러나 이러한 삶의 조건들을 도외시하면 기쁨과 행복으로 향하는 길은 모두 차단되며, 다른 사람을 만족시키고 그들에게 삶의 행복을 주는 것이 불가능해진다. 이런 사람이 최대한 할 수 있는 것은 그저 남보다 우월하고 남을 지배하는 꿈을 꾸는 것이다. 그러나 이 꿈은 결코 실현되지 않는다. 설사 그가 그런 우월감을 가졌다 할지라도 사람들은 그것을 인정하지 않을 것이다. 다른 사람이 우월하다는 것을 억지로 인정할 사람은 아무도 없기 때문에 그것은 불가능한 일이다. 이런 사람에게 남는 것은 오직 자기에 대한 거만하고 불확실한 평가뿐이다. 이러한 삶의 방식을 가지고 있는 사람들은 누구와도 좋은 관계를 맺을 수 없으며 현실적인 성공을 거둘 수 없다. 이들은 사람과의 관계에서 승리자가 될 수 없다. 모든 것이 공격과 파괴의 대상이 될 뿐이다. 이들은 마치 남보다 똑똑하고 우월하게 보여야 할 의무를 가진 사람과 같다.

한 사람의 가치는 이타적인 행위에 의해 정당화된다. 이런 사람의 가치는 저절로 주어지기 때문에 누군가 그의 가치를 부인한다 하더라도 그 주장은 설득력이 없다. 이 사람은 누가 뭐라고 해도 태연할 수 있다. 왜냐하면 자신의 자만심에 모든 것을 걸지 않기 때문이다. 그리고 늘 자신을 되돌아보며 끊임없이 자기의 인격을 높이려고 노력한다. 이와 달리 교만한 사람은 무언가를 기대하고 소유하려는 역할에 충실하다. 성숙된 공동체감을 가진 사람은 늘 "무엇을 줄 수 있을까?"하고 남모르게 질문을 한다. 이런 사람과 자만심에 가득 찬 사람을 비교해보면 우리는 그들 사이에 어떤 차이점이 있는지 금방 발견할 수 있을 것이다.

이제 우리는 수천 년 전 사람들이 분명히 이해했던 관점을 다시 만나게 된다. 이것은 성경에 나오는 "주는 것이 받는 것보다 복되다"라는 구절이다. 인류의 오랜 경험에서 나온 이 말의 의미를 다시 되새겨 보면 그것이 뜻하는 태도와 감정은 주고, 섬기며 도우려는 의지이다. 그것은 줌으로써 돌려받는 신의 선물처럼 우리에게 마음의 평화와 조화를 준다. 반면 받으려는 사람은 늘 불만스러워 하며, 행복하기 위해서 더 많은 것을 성취해야 하고 더 많은 것을 소유해야 한다. 이들은 타인이 겪는 궁핍과 어려움에는 전혀 관심이 없으며, 타인의 불행을 자신의 행복으로 여긴다. 그렇기 때문에 용서가 주는 평화를 전혀 모른다. 이런 사람은 자기의 이기심이 만들어낸 원칙에 다른 사람들이 무조건 복종할 것을 요구한다. 또한 다른 하늘, 그리고 다른 생각과 다른 느낌을 원한다. 한마디로 말해 이런 사람들의 불만과 독단은 끔찍한 것이며 영원히 충족되지 않는다.

이밖에 우리는 잘난 척을 하거나, 과장된 옷차림을 하고 다니거나, 화려한 장식으로 이목을 끄는 사람들에게서 밖으로 드러난 원초적 형태의 자만심을 발견할 수 있다. 이는 과거에 사람들이 화려하게 치장하거나 혹은 아직도 미개한 지역의 사람들이 자부심이나 명예를 상징하기 위해 긴 깃털을 머리에 꽂고 다니는 것과 유사하다. 늘 최신 유행에 맞는 멋진 옷을 입고 다니면서 커다란 만족감을 느끼는 사람들도 많다. 이 사람들이 달고 다니는 장신구들도 자만심을 나타낸다. 장신구는 적을 제압하는데 사용된 문구, 전투용 깃발, 무기 등과 비슷한 효과를 가지고 있다. 자만심은 종종 에로틱한 상징이나 문신 등으로 표현되기도 한다.

이 경우에 우리는 이들이 아무런 부끄러움 없이 누군가에게 인상을 주려고 애쓴다는 느낌을 받는다. 왜냐하면 염치없는 행동이 일종의 위대함과 우월감을 주기 때문이다. 어떤 사람은 엄격하고 냉정한 태도를 통해, 어떤 사람은 고집이나 고립된 행동을 통해 이런 감정을 갖는다. 그러나 이것은 하나의 제스처에 불과하다. 실제로 이들은 거칠고 무지막지하기보다는 마음이 여린 사람들이다. 특히 남자 아이들은 때때로 무감정한 태도, 즉 공동체감에 반하는 태도를 보인다. 자만심에 찬 사람들이 좋아하는 역할은 자기는 이기고 다른 사람은 고통을 받는 것이다. 이런 사람들은 누군가가 자기의 감정에 호소하면 몹시 불쾌해한다. 왜냐하면 그것이 자기의 태도를 더 무감각하게 만들기 때문이다. 흔히 우리는 자식 때문에 속을 썩는 부모가 자식에게 사정하는 경우를 종종 보게 된다. 그러나 이런 상황에서 아이는 부모의 고통을 통해 자신의 우월감을 확인한다.

이미 언급한 바와 같이 자만심은 가면을 쓰기 좋아한다. 자만심이 강한 사람은 다른 사람들을 지배하고 싶어하며, 자기의 포로로 삼으려 한다. 그러므로 이런 사람들이 보이는 상냥함이나 친절, 그리고 호의에 쉽게 현혹되어서는 안 된다. 실제로 이들은 다른 사람을 지배하고 우월해지고 싶어하는 호전적인 사람이지만 처음에는 선의를 보이며 상대를 안심시킨다. 이렇게 친근하게 접근하면 사람들은 그를 공동체감이 풍부한 사람이라고 쉽게 믿는다. 그러나 조금 지나면 그것이 오판임이 밝혀진다. 사람들은 실망을 금치 못하며 그를 두 얼굴을 가진 사람이라고 말한다. 그러나 처음에 보인 호의적인 태도와 나중에 드러난 태도는 별개의 것이 아니라 한 얼굴이 가지고 있는 두 가지 모습이다.

처음부터 과도한 호의를 보이는 것은 '사람의 마음을 사로잡는 행위Seelenfängerei'이다. 이런 사람은 종종 헌신적인 모습을 보이는데, 그것 자체가 그에게는 승리나 다름없다. 그들은 고귀한 인간성에 대해 말하며 인간에 대한 사랑을 실천해 보이려고 한다. 그러나 대부분 보이기 위한 것이기 때문에 인간을 잘 이해하는 사람은 이를 경계한다. 이탈리아의 한 범죄 심리학자는 일찍이 이렇게 말한 적이 있다. "한 사람의 태도가 지나치게 이상적이면, 그리고 그의 박애 정신과 인간성이 눈길을 끌기 시작하면 조심해야 한다." 물론 이러한 견해를 무조건 받아들일 수는 없지만, 이론적으로나 경험적으로 전혀 근거 없는 말은 아니다. 괴테 역시 『베네치아 에피그램Venezianische Epigramme』에서 이와 비슷한 생각을 표현하고 있다.

몽상가는 누구나 나에게 십자가를 지운다.

30대에 단 한 번 세상을 알게 되고,

속임을 당한 자는 사기꾼이 된다.

일반적으로 우리는 이러한 유형의 사람을 쉽게 알아볼 수 있다. 아첨하는 사람은 호감을 주지 않으며, 거부감을 불러일으킨다. 그래서 우리는 이런 사람에 대해 곧 주의하게 된다. 따라서 우리는 야심이 많은 사람에게 이러한 방법을 쓰지 말라고 충고하고 싶다. 이런 방법을 쓰지 않고 평탄한 길을 가는 것이 훨씬 더 낫기 때문이다.

우리는 이미 일반부에서 심리적 좌절이 어떤 상황에서 일어나는지 살펴보았다. 주위 환경에 대해 전투태세를 갖춘 아이들을 교육시키는 것은 어렵다. 교육자는 최소한 삶의 논리에 근거를 둔 자신의 책임을 의식하고 있지만, 좌절한 아이들에게 이 논리를 강요할 수는 없다. 유일하게 가능한 것은 전투 상황을 피하는 것이다. 이를 위해서는 아이를 대상이 아닌 주체, 동등한 인격체, 동료로 대해야 한다. 그러면 아이들은 압박감과 멸시감을 갖지 않으며, 호전적인 태도를 보이지 않을 것이다. 전투적인 태도에서 비뚤어진 욕심이 발생하며, 이 욕심은 우리의 사고, 행동, 성격과 결합되어 삶을 어렵게 만든다. 때로는 심각한 어려움에 빠지게 되어, 실패와 인격 파탄의 결과를 낳는다.

우리는 인간에 대한 지식을 제일 먼저 동화에서 배운다. 동화에는 자만심의 위험을 경고하는 예들이 많다. 절제 없는 자만심이 어떻게 파멸에 이르는지 명확하게 보여주는 안데르센의 「식초 단지 Der Essigkrug」라는 동화를 살펴보자. 어느 날 한 어부가 잡은 물고기를 풀어 주었다. 그러자 물고기는 은혜에 보답하기 위해 어부에게 소원을 말해보라고 했다. 어부는 작은 오두막 하나가 있으면 좋겠다고 말했고 그 소원이 이루어졌다. 그러나 욕심 많은 어부의 아내는 남편을 여러 번 물고기에게 보냈다. 처음에는 공작 부인과 여왕이 되길 원했지만, 마침내는 신이 되고 싶어했다. 무리한 요구에 화가 난 물고기는 어부를 원래의 상태로 되돌려 놓고 떠나 버렸다.

욕심은 끝이 없다. 흥미로운 것은 동화 속에서나 자만심이 큰 사람의 마음속에서나 권력욕이 신처럼 되고 싶은 Gottheitideal 욕망으로 발전한다는 점이다. 이런 사람이 가장 심각한 경우에 해당한다. 그는 자기가 마치 신인 것처럼 혹은 신의 위치에 있는 것처럼 행동하며, 신은 자기만의 소원을 들어줄 것이라고 생각한다. 신과 같아지려는 노력은 그의 마음속에 내재되어 있는 극단적인 성향이며, 자기의 인격을 뛰어 넘으려는 현상이다. 이러한 성향은 오늘날 심령술, 텔레파시와 같은 것에 연루된 사람들에게서 자주 볼 수 있다. 이들은 인간의 한계를 넘어서 초인적인 힘을 갖고 싶어한다. 심지어 망령과 소통하며, 시공의 한계를 초월하려고 한다.

인간은 누구나 신 곁에 있고 싶어하는 경향이 있다. 신을 닮는 것이 교육 이념인 학교들도 많다. 과거에는 이것이 모든 종교 교육의 이상이었다. 그러나 우리는 그것의 부정적인 결과에 대해서 반성하지 않을 수 없으며, 좀 더 오늘날의 상황에 맞는 이성적인 이상을 찾아야 한다. 그러나 신을 닮고 싶어하는 성향이 인간 내면에 깊이 자리 잡고 있다는 점은 이해가 간다. 심리학적인 이유를 차치하고라도, 우리가 인간의 본질에 대해 처음 인식하게 되는 것은 인간이 '신의 형상'을 본떠 만들어졌다는 성경 구절을 통해서이다. 이러한 이상은 어린아이들의 영혼에 깊고 의미심장한 인상을 남긴다. 성경은 물론 아주 훌륭한 작품이며, 그 깊은 의미를 이해할수록 경이로움에 빠져 계속 읽게 된다. 그러나 어린아이들에게 어떤 보충 설명 없이 성경을 읽게 해서는 안 된다. 아이들은 무엇보다 자기의 삶에 만족해야 한다. 그들이 어떤 신비스러운 힘을 과신하거나 신의 형상에 따라 만들어졌기 때문에 우리가 그의 종이라는 것을 강요해서는 안 된다.

모든 소원이 성취되는 게으름뱅이의 천국Schlaraffenland에 대한 이상도 이와 유사하다. 대부분의 아이들은 이러한 환상적인 동화 속의 현실을 믿지 않는다. 그러나 아이들이 마법에 대해 큰 관심을 보이는 것을 보면 그들이 얼마나 이런 것에 빠지기 쉬우며, 얼마나 쉽게 환상을 갖게 되는지 알 수 있다. 어떤 사람은 유난히 마법이나 신비적인 힘으로 다른 사람을 움직이려고 한다.

어떤 점에서 남성을 끄는 여성의 매력도 이와 비슷하다. 우리는 이 마술적인 영향력으로부터 자유로울 수 없다. 어떤 사람은 자기 파트너의 마력에 푹 빠져 있는 것처럼 행동한다. 이처럼 여성에게 마력이 있다는 믿음이 널리 퍼져 있던 시기에 여성은 아주 사소한 이유로 인해 마녀 취급을 받았다. 마녀 사냥은 유럽 대륙 전체를 악몽처럼 짓눌렀으며, 유럽 역사에 한 획을 그었다. 수백만의 여성이 광기에 희생된 것은 단순한 오류가 아니라 세계대전에 비교될 만큼 가공할 만한 것이다. 잘못된 종교적 열정을 통해 자만심을 충족시키려는 태도는 무엇보다 신과 비슷해지려는 과정에서 생긴다. 사람을 멀리하고 오직 신과 대화를 나누는 신경쇠약 환자에게 이것이 얼마나 심각한지를 생각해보면 알 수 있다. 이런 사람은 경건한 행동과 기도를 통해 신의 뜻을 자기가 원하는 대로 조정할 수 있다고 믿으며, 신과의 독대를 통해 신 곁에 있다고 느낀다. 이러한 현상은 진정한 종교와는 거리가 먼 정신 병리학적인 증세이다. 어떤 환자는 기도를 하지 않으면 잠을 잘 수 없다고 말한다. 왜냐하면 자기가 기도를 하지 않으면 누군가가 불행해질 것이라고 생각하기 때문이다. 이러한 생각이 얼마나 허무맹랑한가는 이 환자의 말을 뒤집어 생각해보면 명확해진다. 그가 말하고 싶은 것은 "내가 기도를 하면 아무 일도 일어나지 않는다"일 것이다. 이렇게 사람들은 마술의 위대함에 쉽게 빠진다. 실제로 이런 사람은 자기가 다른 사람을 불행으로부터 구해냈다고 믿는다. 또한 이들은 백일몽을 통해서도 보통 사람의 능력을 초월하려고 한다. 그러나 그것은 공허한 제스처에 불과하며 사물의 본질을 왜곡하는 무모한 행위이다. 단지 그런 꿈을 꾸는 사람은 현실에서 더 소외될 뿐이다.

우리 문화에서는 돈도 상당한 마력을 지니고 있다. 많은 사람들은 돈으로 모든 것을 할 수 있다고 믿는다. 그러므로 자만과 야심에 찬 사람이 부와 명예를 추구하는 것은 놀라운 일이 아니다. 세속적인 부를 부단히 추구하는 사람은 우리에게 병적으로 보일 수 있다. 나름대로 이해할 수는 있지만 그들은 부의 축적을 통해 마력을 소유하고 싶어하는 사람들이다. 부를 충분히 가지고 있는데도 더 많은 돈을 벌려고 했던 한 부자가 정신 착란 끝에 다음과 같이 고백한 적이 있다.

"네, 저를 계속해서 잡아끄는 것이 바로 돈이에요."

다행히도 그는 이 사실을 깨달았지만 많은 사람들은 이를 의식하지 못하고 산다. 오늘날 권력은 돈과 명예와 밀접한 관계에 있다. 많은 사람들에게는 돈과 명예를 추구하는 것이 당연한 일이며, 그렇기 때문에 돈을 뒤쫓는 충동이 자만심의 발로라는 사실을 모른다.

마지막으로 우리는 아래의 사례를 통해 앞에서 논의한 것을 다시 한 번 확인하고, 동시에 자만심 때문에 생긴 현상을 하나 더 살펴보고자 한다. 한 남매에 관한 이야기이다.

두 남매 중 남동생은 무능했지만 누이의 능력은 출중했다. 그는 누나의 상대가 될 수 없다는 것을 알고 경쟁을 포기했다. 사람들이 그를 도와주려고 했지만 그는 점점 더 뒤처졌다. 그는 심한 부담감을 느꼈고, 마침내 자신의 무능함을 확신하게 되었다. 삶의 문제를 잘 해결하는 누나와는 달리 어려서부터 그는 대수롭지 않은 일이나 맞다는 말을 자주 들었다. 사실은 그렇지 않았으나 사람들은 그를 무능한 사람이라고 단정지었다. 그는 큰 부담을 안고 학교에 입학했다. 그는 무능하게 보이지 않으려고 회의적인 성향의 아이로 발전해갔다. 시간이 지나면서 그는 더 이상 멍청한 아이라는 소리를 듣고 싶지 않았다. 그의 마음 속에는 어른 대접을 받고 싶다는 욕망이 싹트기 시작했다. 그는 열네 살이 되자 어른들 사이에 끼게 되었다. 그러나 심한 열등감이 늘 방해가 되었기 때문에 그는 어떻게 하면 어른 역할을 할 수 있을까 하는 생각에 몰두하였다. 그러던 어느 날 그는 창녀를 찾았고 매춘에 돈을 다 써버렸다. 그러나 어른처럼 의연하게 행동하기 위해서 아버지에게 손을 내밀 수 없었다. 그래서 그는 아버지의 돈을 훔치기 시작했다.

그는 어떤 죄책감도 느끼지 않았으며, 아버지의 돈을 사용할 권리가 있는 것처럼 느꼈다. 그는 낙제의 위기가 닥치기 전까지 비행을 계속했다. 낙제는 곧 무능함을 증명하는 것이기에 무슨 일이 있어도 그것만은 막아야 했다. 그는 갑자기 양심의 가책을 느꼈지만 공부를 제대로 할 수 없었다. 그러나 이것이 그의 상황을 호전시키는 계기가 되었다. 시험에 떨어지더라도 양심의 가책 때문에 공부를 할 수 없었다고 자기 자신에게나 다른 사람에게 변명할 수 있었기 때문이다. 그는 공부에 집중할 수 없었으며, 계속 잡생각만 하였다. 이렇게 낮에는 빈둥거리다가

밤이 되면 '열심히 공부하려고 했는데' 라고 변명을 하며 잠자리에 들었다. 그러나 실제로 그는 전혀 공부를 하지 않았다. 아침에 일찍 일어나야 하는 상황도 그의 입지를 강화시키는 역할을 했다. 그는 잠이 부족해서 하루 종일 피곤하고 집중할 수 없다고 생각했다. 어느 누구도 이런 상황에 있는 자기에게 누나와 경쟁하라고 요구할 수 없다고 생각했다. 이에 대한 책임은 그의 무능함이 아니라 자기를 한시도 편하게 놓아두지 않는 후회와 자책감에 있었다. 그는 이제 어떤 비난에도 자신을 방어할 수 있으며, 어떤 것도 그에게 고통을 줄 수 없게 되었다. 시험에 떨어지더라도 그것은 정상을 참작할 만한 나쁜 상황 때문이지 그가 무능해서 그랬다고는 말할 수 없다. 게다가 만약에 시험에 합격하게 된다면 그는 사람들이 인정해주지 않았던 자기의 유능함을 증명하게 되는 것이다.

자만심은 일탈을 조장한다. 이 사례를 통해 우리는 실제로는 그렇지 않지만 스스로 무능하다고 생각하는 사람이 그것이 폭로될까봐 두려워서 범죄까지 저지른다는 것을 알 수 있다. 명예심과 자만심은 삶의 분규와 일탈을 야기하며, 솔직함과 삶의 기쁨을 앗아간다. 그 이면에 있는 것은 다름 아닌 그릇된 생각이다.

2. 질투

질투는 우리가 자주 경험하는 흥미로운 성격적 특징이다. 우리가 의미하는 질투는 애정 관계의 질투가 아니라 다른 인간관계에서 나타나는 질투이다. 특히 유아기의 아이들이 다른 형제들보다 앞서려고 할 때 명예심과 질투심이 생긴다. 이러한 성향은 세상에 대한 호전적인 태도이다. 명예심의 다른 형태인 질투는 무시당했다는 감정으로부터 생기며 평생 벗어날 수 없는 짐이 되기도 한다.

막내가 태어나서 부모의 관심이 그에게 집중되면 아이들은 마치 왕위를 찬탈당한 것처럼 질투심을 느낀다. 동생이 태어나기 전에 각별한 사랑을 받았던 아이들이 특히 질투를 강하게 느낀다. 여덟 살 때 이미 세 번의 살인을 저지른 소녀의 사례는 질투심이 얼마나 극단적으로 될 수 있는지를 보여준다.

이 소녀는 약간 수줍음을 타고 예민했기 때문에 사람들은 적극적인 일을 시키지 않았다. 그 덕분에 그녀는 비교적 쾌적한 환경 속에서 자랐다. 여섯 살 때 여동생이 태어나자 갑자기 모든 것이 달라졌다. 그녀의 성격은 완전히 변했고, 증오심에 불타 여동생을 못살게 굴기 시작했다. 어찌 할 바를 모른 부모는 소녀를 엄하게 대했으며, 그녀의 잘못을 일깨워주려고 했다. 그러던 어느 날 마을의 시냇가에서 어린 여자 아이가 죽은 채 발견되었다. 그리고 얼마 되지 않아서 똑같은 일이 반복해서 일어났다. 그후 또 다른 여자 아이를 물속에 밀어 넣으려는 순간 이 소녀는 붙잡혔다. 소녀는 범행을 자백했고, 정신 병원에 위탁된 뒤 나중에 소년원으로 넘겨졌다.

이 경우는 여동생에 대한 질투가 다른 여자 아이에게로 전이된 것이다. 주목할 만한 사실은 이 소녀가 남자 아이에 대해서는 전혀 적대감을 느끼지 않았다는 점이다. 그녀는 죽은 여자 아이에게서 자기 여동생의 모습을 보았고, 그 아이를 살해함으로써 그간 무시당한 것에 대해 보복한 것이다.

질투심은 형제가 많을 때 더 쉽게 생긴다. 우리 문화는 여자 아이의 운명에 대해 호의적이지 않다. 남자 아이가 태어나면 사람들은 더 기뻐하며, 남자 아이는 각별한 사랑과 보호를 받으며 자란다. 또한 남자 아이는 여자 아이들이 누리지 못하는 많은 특권들을 향유한다. 여자 아이들은 이에 대해 쉽게 화내지 못한다.

이런 상황에서 반드시 적개심이 생기는 것은 아니다. 큰 아이가 엄마처럼 동생을 돌보는 경우도 있다. 심리학적으로 이것은 앞에서 언급한 첫 번째 사례와 크게 다르지 않다. 맏딸은 엄마의 역할을 맡음으로써 우월한 위치를 되찾으며 무엇이든 자기 뜻대로 할 수 있게 된다. 이러한 전략을 통해 아이는 위험한 상황에서 가치 있는 것을 만들어 내기도 한다.

형제간의 과도한 경쟁은 질투심을 쉽게 유발한다. 무시당한다고 느끼는 여자 아이는 남자 형제들보다 낫기 위해서 더 많은 노력을 한다. 여자 아이들이 남자 형제들보다 훨씬 앞서는 경우는 자주 있다. 여기에는 자연의 섭리도 한 몫을 한다. 여자 아이들이 사춘기 때 정신적으로나 신체적으로 남자 아이들보다 더 빨리 발달하기 때문이다. 물론 시간이 지나면 이 차이는 해소된다.

질투는 여러 가지 모습으로 나타난다. 질투는 남을 불신하거나, 남에게 덫을 놓거나, 남을 평가하거나 혹은 무시당할까봐 두려워하는 등의 모습을 한다. 어떤 형태의 질투가 더 뚜렷하게 나타나는가는 사회적인 삶을 얼마나 준비했느냐에 달려 있다. 어떤 질투는 자기 해체적인 모습을 띠며, 어떤 질투는 완고한 행동으로 표출된다. 질투는 다른 사람을 깎아 내려 그의 마음을 상하게 하기도 하고 다른 사람보다 우월하기 위해 그의 자유를 제한하기도 한다. 다른 사람에게 행동 지침을 내려 구속하는 것은 질투심이 강한 사람이 즐겨 쓰는 방법이다.

여기에는 자기의 배우자를 사랑의 사슬로 묶어놓는 것, 사랑하는 사람의 주변에 장벽을 치는 것, 그리고 사랑하는 사람이 무엇을 보고, 어떻게 행동하고, 심지어 어떻게 생각해야 하는지를 미리 규정하는 것과 같은 행동이 있다. 질투는 남을 깎아 내리거나 비난할 때도 사용된다. 질투는 오직 다른 사람의 자유의지를 빼앗고 그를 가두고 사슬로 묶어놓는 데 목적이 있다. 도스토옙스키의 소설 『네토치카 네즈바노바 Netoschka Njeswanowa』는 이러한 행동 패턴을 뛰어나게 묘사하고 있다. 여기서 질투심이 많은 남편은 평생 아내를 억압하며 군림한다. 이 예를 통해 우리는 질투가 권력을 추구하는 특별한 형태임을 알 수 있다.

3. 시기심

시기심^{Neid}도 권력과 우월을 추구하는 사람들이 갖고 있는 특징 중의 하나이다. 한 개인과 도달할 수 없는 그의 목표 사이의 거리는 열등감으로 표현된다. 열등감은 우리를 억압하기 때문에 한 사람의 행동과 삶의 태도를 보면 그의 목표가 얼마나 멀리 떨어져 있는지 알 수가 있다. 자기 자신을 낮게 평가하고 늘 불만스러워하는 사람은 다른 사람보다 더 많은 것을 가지고 있음에도 불구하고 다른 사람들이 자기를 어떻게 생각하는지, 다른 사람은 무엇을 성취하였는지를 생각하며, 늘 위축감을 느낀다.

무시당하고 있다는 느낌은 충족되지 않는 자만심, 늘 소유하려는 마음, 그리고 모든 것을 갖고 싶어하는 마음의 표현이다. 이런 사람은 모든 것을 갖고 싶다고 말하지 않는다. 왜냐하면 공동체감이 그런 생각을 허락하지 않기 때문이다. 그러나 이들은 실제로는 모든 것을 갖고 싶은 사람처럼 행동한다.

자신과 다른 사람을 비교할 때 생기는 시기심은 우리의 행복을 방해한다. 따라서 공동체감이 이 시기심을 배척하는 것은 당연하다. 시기심을 느끼지 않는 사람은 극소수에 불과하며 우리 모두는 시기심으로부터 자유롭지 못하다. 순탄한 삶을 사는 사람은 시기심이 적을 수 있다. 그러나 고통과 억압 속에 살거나 돈, 의복, 음식, 온정이 부족한 사람들, 그리고 암울한 미래와 불행한 현재에서 벗어나기 어려운 사람들은 쉽게 시기심을 갖는다.

도덕과 종교가 시기심을 금하고는 있지만 인류는 아직 거기에서 벗어날 정도로 성숙하지 못하다. 우리는 가난한 사람이 부자를 시기하는 것을 충분히 이해할 수 있다. 그런 상황에서 시기하지 않을 사람이 어디 있겠는가? 현대인의 정신 구조를 살필 때 우리는 이 점을 함께 고려해야 한다. 개인이건 집단이건 너무 많은 제한이 가해지면 시기심은 불가피하게 생기기 마련이다. 시기심이 용납하기 어려울 정도로 심해지면 우리는 시기심뿐만 아니라 그와 함께 나타나는 증오심에서 벗어나기 어렵다.

우리는 상대방의 시기심을 시험하거나 자극해서는 안 되며, 시기심을 유발하거나 고조시키지 않도록 세심한 주의를 기울여야 한다. 이것은 사회의 구성원들이 모두 명심해야 할 사항이다. 그렇게 한다고 해서 모든 것이 개선되지는 않겠지만 최소한 하나만은 지켜야 한다. 즉 남들보다 조금 우월하다고 해서 그것을 과시해서는 안 된다는 점이다. 이런 행위는 다른 사람들에게 상처를 준다.

시기심이라는 성격적 특징을 통해 우리는 개인과 사회가 불가분의 관계에 있다는 것을 확인하게 된다. 누군가 사회 위에 군림하려고 하고, 다른 사람에 대해 권력을 행사하려고 하면 사람들은 이에 반발하며 그것을 저지하려고 한다. 이러한 시기심을 막기 위해 우리는 모든 사람이 동등하다는 생각을 구현할 수 있는 행동, 규칙, 법안을 마련해야 한다. 이렇게 함으로써 우리는 이성적으로 혹은 감정이입을 통해 인간 사회의 근본 원칙에 접근하게 된다. 평등은 인간 사회의 가장 근본적인 원칙이다. 이 원칙은 갑작스러운 반란과 혼돈이 생기지 않는 한 어떤 경우에도 침해될 수 없다.

우리는 시기심을 표정에서, 특히 눈빛에서 쉽게 읽을 수 있다. 시기심은 언행 외에 관상학적으로도 표현된다. 그래서 사람들은 '시기심에 차 안색이 변하다'라는 표현을 쓴다. 이것은 시기심이 혈액 순환에 영향을 미친다는 것을 말해준다. 시기심의 신체적 표현은 다름 아닌 모세혈관의 수축이다.

교육학적인 관점에서 볼 때 시기심을 수용할 수는 있는 가능성은 오직 하나밖에 없다. 시기심을 완전히 없애는 것은 불가능한 일이기 때문에 우리는 그것을 선용하도록 노력해야 한다. 그러기 위해서는 커다란 심리적 동요가 일어나지 않게 시기심을 올바른 방향으로 유도해야 한다. 이것은 개인과 집단 모두에게 적용된다. 개인의 경우에는 각자의 자의식을 고양시킬 수 있는 일을 만들어야 한다. 집단의 경우, 예를 들면 국제 관계에서 종종 무시당하는 나라들이 부유한 이웃 나라를 시기하는 경우가 있다. 우리는 이러한 나라들이 물질적, 인적 자원을 개발할 수 있도록 도와주어야 한다.

평생 시기심을 버리지 못하고 사는 사람은 공동생활의 유익한 일원이 될 수 없다. 이런 사람은 남의 것을 빼앗으려 하며, 남을 깎아내리거나 방해한다. 또한 자기가 이루지 못한 것에 대해 변명을 하며, 그 잘못을 남의 탓으로 돌린다. 이들은 싸움꾼이나 훼방꾼의 모습을 하고 있으며, 원만한 인간관계에 가치를 두지 않을 뿐만 아니라 이타적인 행동을 할 줄 모른다. 다른 사람의 입장을 잘 이해하지 못하기 때문에 인간의 본성에 대한 이해가 부족하며, 자기 멋대로 판단하기 때문에 남에게 쉽게 상처를 준다. 그러면서도 자기의 행동 때문에 다른 사람이 고통받는다는 사실에 마음을 쓰지 않는나. 시기심은 타인의 불행조차 기뻐하게 만든다.

4. 인색함

인색함Geiz은 시기심과 유사하며 이 둘은 보통 함께 나타난다. 인색함은 돈뿐만 아니라 남에게 기쁨을 주기 싫어하는 일반적인 태도까지 포함한다. 이런 사람은 사회에 대해서나 다른 사람을 대할 때 인색한 태도를 취하며, 자기의 보잘 것 없는 재산을 지키기 위해 담을 높이 쌓는다. 인색함은 한편으로는 명예심과 자만심과 밀접한 관계에 있으며, 다른 한편으로는 시기심과도 연관이 있다. 따라서 한 사람이 이 두 가지 성격들을 동시에 가지고 있는 경우가 종종 있다. 그러나 누군가 이 성격들 중에 하나를 가지고 있다고 해서 다른 것도 가지고 있다고 단정할 수는 없다. 그것은 심리학적 통찰력이 결여된 주장이다.

오늘날 사람들은 다 어느 정도 인색하다. 사람들은 보통 적선이나 기부 같은 관대한 행위를 통해 자기의 인색함을 은폐한다. 그러나 이것은 관대함의 제스처를 통해 다른 사람 위에 서고 자기의 인격을 고양시키려는 시도이다. 경우에 따라 인색함은 가치 있는 특징이 되기도 한다. 예를 들어 우리는 시간과 노동력을 절약하여 가치 있는 것을 생산한다. 오늘날에는 특히 시간 관리를 중시하는 분위기가 팽배해 있다. 그래서 사람들은 시간과 노동력을 경제적으로 사용할 것을 강조한다. 이것은 이론상으로는 근사하게 들리지만 실제 생활에서는 그렇지 못하다. 거기에는 개인의 권력과 우월의 목표가 담겨져 있다. 이 이론은 종종 잘못 이용된다. 한 사람이 시간과 노동력을 아끼게 되면 그만큼의 일이 다른 사람의 부담이 되기 때문이다. 이것은 단지 사회적 유용성과 실용의 관점에서 평가한 것이다. 기술의 세계에는 일정한 법칙이 존재한다. 기술 산업 시대에 사는 우리도 기계처럼 취급되며, 삶의 법칙에 종속되어 있다. 이러한 법칙은 종종 인간에게 고립, 고독, 그리고 인간관계의 파괴를 초래한다. 그러므로 아끼는 것보다 주는 것에 우리의 삶을 맞추는 것이 더 바람직하다. 우리가 공공의 복지를 염두에 두고 있다면 이 원칙은 악용되어서는 안 되며 그렇게 될 수도 없을 것이다.

5. 증오

우리는 호전적인 사람에게서 흔히 증오심을 발견한다. 어떤 사람은 이미 어린 시절에 증오심을 갖기도 한다. 우리는 누군가 화를 낼 때뿐만 아니라 앙심Nachträglichkeit을 품는 것 같이 겉으로 표현하지 않는 경우에서도 증오심을 발견할 수 있다. 이를 통해 우리는 개인의 차이를 뚜렷하게 확인할 수 있다. 한 사람이 어느 정도까지 흥분하는지를 알게 되면 그에 대한 판단도 용이해진다. 그것은 사람들마다 자기만의 특색을 갖게 한다.

증오의 대상은 해야 할 일이나 특정 개인, 민족, 계층, 성, 인종 등이 될 수 있다. 증오심이 항상 거침없이 노골적으로 표출되는 것은 아니다. 그것은 종종 자기의 모습을 숨기기 때문에 비판적인 태도로 위장하여 세련되게 나타나기도 한다. 어떤 사람은 모든 대인관계를 거부하면서 증오심을 표현한다. 어떤 사람의 경우에는 증오심이 한 순간 갑자기 폭발한다. 예를 들어 전쟁 징집에서 면제된 한 환자는 끔찍한 전쟁의 피해와 대량 학살에 관한 기사를 읽으며 엄청나게 기뻐했다.

이런 현상들 중에서 많은 것이 범죄의 영역에 속한다. 정도가 약할 경우는 상해를 입히거나 적대적일 필요가 없는 형태로 나타난다. 강한 증오심을 나타내는 인간 혐오도 여기에 해당한다. 심지어 어느 학파의 철학은 적대감과 인간 혐오로 가득 차 있어서 야만적이고 잔인한 행동에서 볼 수 있는 거칠고 적대적인 태도와 크게 다를 바가 없다. 우리는 가끔 유명한 사람의 전기에서도 증오심을 발견한다. 예를 들어 그릴파르처Franz Grillparzer는 인간의 잔인함이 문학 작품 속에 거침없이 표현되어 있다고 말했다. 이런 점에서 우리는 문학 작품 속에서 불변의 진리가 아니라 작가의 마음속에 숨겨진 증오심과 잔인함을 볼 수 있다.

증오심의 형태는 너무나 다양하다. 여기서 그것을 전부 다룰 수는 없다. 그렇게 하려면 인간 혐오적인 성격들 사이의 모든 연관 관계를 제시해야 하기 때문이다. 어느 정도의 적개심이 없으면 선택할 수 없는 직업이 있다. 이는 물론 적개심이 그 직업을 수행하기 위해 꼭 필요하다는 말이 아니다. 오히려 그 반대이다. 인간을 혐오하는 사람이 그러한 직업, 예를 들어 군인과 같은 직업을 선택했을 때 그의 적대적인 감정은 군대 조직과 구성원들과 연대해야 할 필요성 때문에 완화되며, 적어도 외적으로는 공동체의 요구에 적응하게 된다.

적개심이 은폐된 경우가 과실Fahrlässigkeit이다. 과실로 인한 인적, 물적 피해는 공동체감이 요구되는 행동을 무시했을 때 발생한다. 이 문제의 법적인 측면은 늘 논란의 대상이 되고 있지만 아직까지 그에 대한 명확한 해답이 없다. 과실 행동은 범죄 행위와 동일하지 않다. 창가에 놓인 화분을 잘못 건드려 지나가던 행인의 머리 위에 떨어진 것과 화분을 어떤 사람에게 집어 던진 것은 다르다. 그러나 과실 행동에도 범죄 행위에서와 같이 적대감이 내재되어 있는 것은 분명하다. 그러므로 과실 행동은 인간을 이해하는 데 중요한 단서가 될 수 있다.

법은 의도적이지 않은 과실 행위에 대해 정상 참작을 한다. 그러나 무의식적인 적대 행위에도 의도적인 범죄 행위에 내재된 만큼의 적대감이 분명히 잠재되어 있다. 이 두 경우 모두 공동체감이 결여되어 있기는 마찬가지이다. 아이들이 노는 모습을 관찰하다 보면 다른 아이에게 전혀 주의를 기울이지 않는 아이들을 가끔 발견하게 된다. 우리는 이 아이들이 친구들을 친절하게 대하지 않는다는 것을 금방 짐작할 수 있다. 이러한 심증을 확인하기 위해서는 좀 더 기다려 봐야 한다. 어쩌다 불상사가 생기면 이 아이들 중 한 명이 꼭 연루되어 있다. 이런 아이들은 친구들과 감정을 나눌 줄 모르며, 그들과 기쁨과 슬픔을 함께 나누는데 익숙하지 않다.

이와 함께 경제 활동에 대해서도 한 번 살펴보자. 우리는 여기에서도 과실이 곧 적대감의 표현이라는 사실을 확인하게 된다. 우리의 경제 활동은 주위 사람들을 고려하지 않는다. 일부 기업이나 사업은 다른 사람들의 불이익을 바탕으로 자신의 이윤을 추구한다. 혹시 거기에 나쁜 의도가 있더라도 원칙적으로는 그것을 처벌할 수 없다. 과실과 같이 공동체감이 결여되어 있는 일상적인 경제 활동은 우리의 삶에 해악이 된다. 왜냐하면 선의를 가지고 있는 사람들도 경쟁적인 상황에서는 자신의 이익을 보호하지 않을 수 없으며, 자기 것을 지키는 것이 종종 다른 사람들의 손해와 연결되기 때문이다. 지난 수년간 우리는 이런 사실과 잘못된 발전을 목도해왔다. 우리는 이러한 점에 주의를 기울일 필요가 있다. 왜냐하면 공동체감을 가진 사람이라면 당연하고 옳은 것이라고 생각하는 일들을 이런 상황에서는 실현하기 어렵기 때문이다. 우리는 각 개인이 공공의 복지를 위해 좀 더 수월하게 협력할 수 있는 출구를 모색해야 한다. 가끔은 이러한 협력이 자연스럽게 이루어지기도 한다. 인간의 정신이 작용하면 가능한 과실을 범하지 않으려고 노력하기 때문이다. 심리학도 여기에 참여해야 한다. 경제적인 이해관계 때문이 아니라 이에 참여하는 우리의 심리 작용을 더 이해하기 위해서이다. 이렇게 함으로써 우리는 개인과 사회를 위해 무엇을 해야 할지 깨달을 수가 있다.

과실은 가정과 학교 더 나아가 삶 전반에 만연되어 있는 현상이다. 우리는 그것을 모든 형태의 삶 속에서 발견할 수 있다. 어디에서건 자기 주변을 고려하지 않는 사람은 늘 앞에 나서기 마련이다. 물론 그는 어떤 처벌도 받지 않는다. 그러나 남을 고려하지 않는 사람은 늘 나중에 불행을 겪게 된다. "하늘의 벌은 늦지만 반드시 온다^{Gottes Mühlen mahlen langsam}"라는 속담처럼 불행한 결과는 금방 나타나지 않는다. 이런 사람은 인과관계를 무시할 뿐만 아니라 그것을 이해하지도 못한다. 불행이 닥치면 억울함을 호소하며 그 책임을 다른 사람에게 돌린다. 그리고 자기의 배려 없는 행동을 참지 못하고 떠난 사람들을 책망한다.

과실 행동은 겉으로 보기에 정당할지 모른다. 그러나 자세히 살펴보면 거기에는 타인에 대한 적대감이 들어있다. 예를 들어 어떤 사람이 과속 주행을 하다가 사람을 쳤는데 중요한 약속 때문에 그랬다고 변명을 한다고 가정해 보자. 그의 행동을 통해 우리는 사고를 낸 운전자가 타인의 생명보다 개인의 사소한 일을 더 중시한다는 것을 알 수 있다. 그는 자신의 행동이 야기할 수 있는 위험을 간과한 것이다. 개인의 이해와 공공의 안녕 사이의 간극은 인류에 대한 적대감을 나타내는 표지이다.

… 3장 …

비공격적인 성격의 특징

주변 사람들에게 적대적인 호전성을 노골적으로 드러내는 대신 적대적 고립feindselige Isoliertheit의 인상을 주는 특징들이 있다. 이것들은 모두 비공격적인 성격Charaterzüge nicht aggresiver Natur에 속한다. 여기서는 적대적인 성향이 공격 방향을 선회한 것 같은 인상을 준다. 이런 성격을 보이는 사람들은 아무한테도 해를 끼치지 않는다. 그러나 그는 삶으로부터 고립되어 있기 때문에 모든 대인관계를 회피하고 다른 사람들과 협력하지 못한다. 삶의 과제는 대부분 협력을 통해 해결될 수 있다. 그러므로 자신을 고립시키는 사람들도 공동체를 공공연하게 공격하는 사람들이나 공동체의 발전을 위해 필요한 조치를 유보하는 사람들과 마찬가지로 적대감을 가지고 있다. 비공격적인 성격에 대한 연구 분야는 광범위하다. 여기서는 눈에 띄는 몇몇 현상만을 골라 상세히 논의하고자 한다.

1. 물러서기

물러서는 태도 Zurückgezogenheit는 다양하게 나타난다. 늘 뒤로 물러서는 사람은 말수가 적거나 말을 전혀 하지 않으며, 상대의 눈을 쳐다보지 않는다. 그리고 누가 말을 걸어도 경청하거나 주의를 기울이지 않는다. 아주 단순한 관계에서조차 우리는 그들과 사람들 사이에 놓여 있는 냉담함을 느낄 수 있다. 우리는 그들이 악수를 청할 때나 말할 때, 그리고 다른 사람과 인사를 주고받을 때도 그것을 감지할 수 있다. 그들은 어떤 식으로든 늘 다른 사람과 거리를 유지한다. 고립을 자초하는 이런 현상들에서 우리는 다시 공명심과 자만심을 발견하게 된다. 이들은 사람을 멀리하면서 자기가 남들과 다르며, 그들보다 우월하다는 것을 보이려고 애쓴다. 그러나 이렇게 해서 얻는 것은 고작 가상의 영광뿐이다. 호전적인 적대감은 사회적 고립과 같이 전혀 해롭게 보이지 않는 태도로 쉽게 바뀔 수 있다.

고립은 한 집단의 특징이 될 수도 있다. 우리는 가족이 외부와 차단된 집단이라는 사실을 알고 있다. 가족이라는 집단을 자세히 살펴보면 거기에는 분명히 다른 집보다 낫다는 생각이나 배타적인 감정이 존재한다. 고립화의 경향은 계급, 종교, 종족, 민족의 특징이 될 수도 있다. 우리는 낯선 도시를 거닐 때에도 이러한 경향을 발견한다. 예를 들어 각기 다른 집들은 서로 다른 사회적 신분을 뚜렷하게 나타낸다. 우리는 이런 식으로 민족, 종파, 계층에 따라 자신을 고립시키는 유혹에 쉽게 빠지게 되는데, 이것은 우리 문화가 가지고 있는 고질적인 병폐 중의 하나이다. 그 결과는 조금 지나면 낡고 무력한 전통이 되어 버릴 상호 적대적인 투쟁뿐이다.

누군가가 잠재적인 대립을 악용하면 집단과 집단 사이의 대결은 불가피하게 된다. 여기에는 좀 더 쉽게 명령하고 조정할 수 있는 지위를 갖고 싶은 욕망과 개인적인 자만심을 충족시키려는 목적 외에 다른 것은 없다. 이런 개인이나 계층은 자신을 아주 뛰어난 존재로 간주한다. 그들은 자신의 선민의식을 강조하지만 다른 사람들에 대해서는 부정적인 면 외에는 아는 것이 없다. 어떤 사람은 자신의 적대감과 이익을 충족시키기 위해서 다른 사람의 적대적인 감정을 자극하고 부추긴다. 이런 사람이 선동가가 되고, 사람들이 그의 말을 따르게 되면 적대적인 감정이 구체화될 수 있는 위험이 커진다. 이로 인해 세계대전과 같이 불행한 사건이 일어날 수도 있다. 그러나 그 책임을 지려는 사람은 아무도 없을 것이다. 늘 불안에 쫓겨 사는 이런 유형의 사람들은 다른 사람을 희생시키더라도 자기의 독자성과 우월함을 추구하려고 한다. 자신의 작은 세계 속에 고립되어 있는 것이 그들의 불행한 운명이다. 이 문제를 해결하지 않으면 이런 사람은 문화 발전에 일말의 기여도 하지 못할 것이다.

2. 두려움

주변에 대해 적대적인 사람들은 종종 성격상의 특징으로 두려움 Angst을 가지고 있다. 두려움은 유년 시절부터 만년에 이르기까지 우리를 늘 따라다니는 특징이다. 두려움은 삶의 모든 관계로 확장될 수 있기 때문에 한 인간의 삶을 아주 비참하게 만들 수 있으며, 인간관계에 잘 적응하지 못하게 만들고, 평화롭게 살 수도, 유익한 일을 할 수도 없게 만든다. 우리는 외부 세계뿐만 아니라 우리의 내면세계에 대해서도 두려움을 가질 수 있다. 어떤 사람은 두려움을 가지고 있기 때문에 사회생활을 회피한다. 마찬가지로 어떤 사람은 혼자 있는 것을 두려워한다. 불안에 떠는 사람들 중에는 주변 사람들보다 자기 자신을 더 많이 생각하는 유형의 사람들도 있다. 삶의 어려움을 피해 도망치려고 생각하는 사람은 두려움이 생기면 도망치려는 생각을 더 많이 하게 된다. 실제로 새로운 일을 하게 되면 먼저 두려움부터 느끼는 사람들이 있다. 예를 들어 집 밖으로 나가야 할지 말아야 할지, 어떤 직책을 맡아야 할지 말아야 할지, 사랑을 해야 할지, 그만 두어야 할지 두려움을 느낀다. 여기에는 모두 변화의 순간들이 있으며, 이 변화가 어떤 것이건 이들의 반응은 동일하다. 이들은 삶과 주변 사람들로부터 소외되어 있기 때문에 익숙한 상황에서 벗어나게 되면 바로 두려움을 느낀다.

이러한 성격 때문에 이들의 개성과 능력은 제대로 발전하지 못하고 억압을 받게 된다. 두려움을 느낀다고 해서 늘 떨면서 도망치는 것은 아니다. 어떤 사람은 문제에 부딪히면 우물쭈물하거나 늑장을 부리며, 온갖 핑계와 변명을 찾는다. 두려움을 느끼는 사람은 새로운 상황에 처하게 되면 자신이 늘 불안감이 생긴다는 사실을 알지 못한다.

흥미로운 사실은 이런 사람들이 과거나 죽음을 즐겨 생각한다는 것이다. 과거와 죽음 이 두 가지는 모두 제어 효과를 가지고 있다. 과거를 생각하는 것은 남의 눈에 띄지 않기 때문에 자신을 억압하는 데 자주 사용되는 수단이다. 죽음이나 질병에 대한 두려움도 의무나 구속으로부터 벗어나기 위해 구실을 찾는 사람들에게 나타나는 전형적인 특징이다. 이런 사람들은 모든 것이 공허하며, 인생이 너무 짧다고 강조하고, 또 언제 무슨 일이 일어날지 모른다고 말한다. 이들의 공명심은 자기의 실제 능력이 드러나는 일을 절대로 허용하지 않는다. 종교가 내세를 기약하며 위안을 주는 것도 이와 같은 효과를 지니고 있다. 삶의 목표가 내세에 있는 사람들에게는 현세의 삶이란 헛된 노력이며, 중요하지 않은 과정에 불과하다. 이들이 원하는 것은 다름 아닌 신의 위치이며, 이들을 지배하는 것은 다른 사람보다 우월하고 싶은 욕구와 그들을 삶에 적응하지 못하게 만드는 공명심이다.

혼자 있는 것을 아주 무서워하는 아이들이 있다. 우리는 이 아이들에게서 두려움의 초기 형태를 발견할 수 있다. 혼자 있을 때 두려움을 느끼는 아이는 누가 자기 곁에 오더라도 만족하지 않는다. 아이의 관심은 권력을 행사하는 데 있다. 즉 아이는 어떤 사람과 함께 있는 것을 다른 목적을 위해 이용한다. 예를 들어 엄마가 아이와 함께 있다가 아이를 다시 혼자 놓아두면 아이는 두려움에 떨며 엄마를 부른다. 이것은 엄마가 있으나 없으나 마찬가지이다. 이는 아이가 원하는 것은 엄마가 아니라 엄마를 자기 마음대로 움직이고 지배하고자 하는 욕망임을 증명한다. 이런 현상들은 자립심을 갖지 못하고, 응석받이가 될 수 있는 징후이다.

아이가 두려움을 표현한다는 것은 일반적으로 잘 알려진 사실이다. 아이는 어둠 속에 있게 되면 심한 두려움을 느낀다. 예를 들어 밤이 되면 어둠이 자기와 외부 세계, 혹은 자기와 원하는 사람들과의 관계를 차단시킨다. 이때 아이의 두려움은 더 커지게 된다. 공포에 질린 울음소리는 어둠이 갈라놓은 세상을 다시 연결시킨다. 누군가가 급하게 달려오면 상황은 앞에서 말한 대로 그렇게 진행된다. 즉 아이는 불을 켜달라고 하고, 자기 옆에 있으라고 하고, 자기와 놀아달라고 요구한다. 이 요구를 들어주면 아이의 두려움은 한순간 사라진다. 그러나 이런 권력 관계가 위협받게 되면 아이는 다시 두려움을 갖게 된다. 즉 지배권을 행사하기 위해 아이는 다시 두려움이라는 수단을 사용한다.

성인들의 삶에서도 이와 유사한 현상들을 찾아볼 수 있다. 혼자 외출하지 못하는 사람들이 여기에 속한다. 우리는 가끔 거리에서 겁에 질려 몸을 움츠리고 있는 사람이나 적에게 쫓기듯이 급히 달려가는 사람들을 보게 된다. 길을 건너는 것을 도와 달라고 부탁하는 사람들도 있다. 이들은 장애자나 환자가 아니다. 이들은 평상시에는 잘 걸어 다니며 다른 사람들보다 더 건강하다. 하지만 조그만 어려움에 부딪히게 되면 바로 공포에 휩싸인다. 증상이 심해지면 불안감과 공포는 집을 나설 때부터 시작된다. 열린 공간에서 느끼는 광장공포증Platzangst은 아주 흥미로운 현상이다. 광장공포증 환자는 나쁜 사람이 쫓아온다는 생각에서 벗어나지 못한다. 그는 자기가 다른 사람들과 다른 무언가를 가지고 있다고 믿는다. 이는 종종 어디에서 떨어질지 모른다는 공포로 표현되는데, 자기가 높은 위치에 있다는 것을 나타내는 징후이다. 이런 병리학적 형태의 공포에서도 권력욕과 우월감이 나타난다. 그것은 공포가 권력과 우월을 추구하는 수단이 되기 때문이다. 방에서 나가지 못하는 사람은 자신의 공포심을 이용해 모든 것을 종속시키며, 다른 사람들이 자기에게 오게 만든다. 자신은 다른 사람에게 갈 필요가 없고, 다른 사람들이 와야 하는데, 이 규칙에 의해 그는 다른 사람들을 지배하는 것이다. 공포에서 벗어날 수 있는 유일한 길은 개인과 공동체가 하나로 연결되는 것이다. 자신이 공동체에 소속되어 있다는 것을 의식하는 사람만이 공포감 없이 살아갈 수 있다.

1918년 혁명 때 일어난 흥미로운 예가 있다. 몇몇 환자들이 갑자기 상담 시간에 올 수 없다고 통보해 왔다. 그 이유를 묻자 모두 다음과 같이 대답했다.

"지금은 매우 불안한 시기입니다. 길에서 어떤 사람들을 만나게 될지 모르잖아요. 남들보다 옷을 잘 입고 나가면 무슨 일이 일어날지 몰라요."

그 당시는 물론 혼란기였다. 그런데 특이한 것은 오직 몇몇 사람들만이 이런 생각을 가지고 있었다는 점이다. 왜 이 사람들만 그런 생각을 하게 되었을까? 이것은 우연이 아니다. 이들이 공포를 느낀 것은 다른 사람들과 전혀 접촉이 없었기 때문이다. 반면 자신이 사회의 일원이라고 생각한 사람들은 이러한 공포심을 느끼지 않았으며, 평소와 같이 생활했다.

수줍음은 해롭지는 않지만 주목할 만한 두려움의 한 형태이다. 두려움에 대해 설명한 것들은 모두 수줍음에도 해당된다. 아이들의 세계는 단순하다. 수줍음을 많이 타는 아이들은 사람 사귀는 것을 싫어하며 이미 알고 지내는 관계에서도 소원해진다. 이들은 남들과 다르다는 감정과 열등감을 가지고 있기 때문에 사람 사귀는 기쁨을 모른다.

3. 소심함

소심함^{Zaghaftigkeit}은 당면한 과제 앞에서 어려움을 느끼거나 이 과제를 해결할 수 없다고 생각하는 사람들이 갖고 있는 성격이다. 일반적으로 이런 사람들은 문제에 직면하게 되면 행동이 느려지고, 주저하는 태도를 보인다. 소심한 사람과 삶의 당면 문제 사이의 거리는 쉽게 좁혀지지 않으며, 경우에 따라서는 그 거리감이 계속 그대로 남게 된다. 삶의 문제에 전념해야 하는데, 갑자기 이와 상관없는 다른 일을 급히 찾는 사람도 여기에 속한다. 예를 들어 그런 사람은 어느 날 갑자기 이미 선택한 직업이 자신에게 전혀 맞지 않는다고 생각한다. 그는 의도적으로 그 직업의 단점만을 부각시켜 그것을 할 수 없다는 자기 논리를 억지로 만들어낸다. 소심함은 주저하는 태도뿐만 아니라 미리 안전한 조치와 대비책을 늘 강구하거나 책임을 면하려고 애쓰는 행동으로도 표현된다.

개인심리학에서는 이러한 현상들과 연관된 모든 문제를 '거리의 문제Problem der Distanz'라고 부른다. 개인심리학의 이런 관점은 한 개인에 대한 판단을 가능하게 해줄 뿐만 아니라 우리가 세 가지 중요한 삶의 문제를 해결할 때 느끼는 거리감을 측정할 수 있게 해준다. 첫 번째 문제는 사회적 책임의 문제로 '너'와 '나' 사이의 관계에 대한 문제이다. 즉 자신과 타인의 관계가 올바르게 정립되었는지, 아니면 잘못되었는지의 문제이다. 두 번째 문제는 직업이며, 세 번째 문제는 사랑과 결혼이다. 우리는 한 개인이 이 세 가지 문제를 어떻게 해결하는지를 살펴보고, 그 과정에서 발생하는 오류의 정도에 따라 그의 개성과 인격을 추론해낼 수 있다. 동시에 여기서 얻은 자료들은 인간이해를 위해 필요한 지식으로 활용된다.

일반적으로 소심함의 근본적인 특징은 한 개인이 자기가 해결해야 할 과제로부터 멀리 떨어져 있다는 점이다. 좀 더 자세히 살펴보면 큰 거리를 두는 태도에는 어두운 면뿐만 아니라 밝은 면도 있다. 소심한 사람은 여기서 오직 밝은 면만을 보기 때문에 이런 입장을 택한다고 생각할 수 있다. 즉 어려운 여건 속에서 일을 하게 되면 정상이 참작될 수 있으며, 그의 자존심과 자만심은 다치지 않을 것이다. 그는 자기 밑에 안전망이 있다는 것을 알고 있는 줄타기 광대처럼 일을 시작한다. 설사 떨어지더라도 다칠 염려가 없다. 준비 없이 일을 시작했기 때문에 실패하게 되더라도 그의 자존심은 손상되지 않는다. 왜냐하면 그는 여러 가지 이유를 대며 그 일을 잘할 수 없었다고 말할 수 있기 때문이다. 그는 준비가 충분하지 못했다거나 너무 늦게 일을 시작했다고 변명하면 된다. 이렇게 실패에 대한 책임은 개인의 잘못에 있는 것이 아니라 그가 책임지지 않아도 되는 사소하고 부차적인 상황에 있게 된다. 그러나 반대로 일이 잘되면 그 값어치는 배가 된다. 성실한 사람이 열심히 노력해서 성공을 거두었다면 그것은 놀랄 만한 것이 못되며, 오히려 당연한 일일 것이다. 그러나 어떤 사람이 준비도 제대로 하지 못한 채 늦게 일을 시작했는데, 그 일을 해냈다면 그는 완전히 다른 존재, 즉 남들보다 두 배나 뛰어난 영웅이 된다. 다른 사람이 두 손으로 할 일을 그는 한 손으로 완벽하게 해냈기 때문이다.

이것이 심리적 우회Bogengängertum의 장점이다. 이런 심리적 태도는 그 사람의 공명심과 자만심을 나타낸다. 또한 자기 자신 앞에서만이라도 최소한 연극의 주인공이 되고 싶은 사람의 마음을 보여준다. 이 모든 것은 자기미화를 위한 것이며 자신이 특별한 역량을 지니고 있는 것처럼 보이기 위한 것이다.

이제 우리는 자기 앞의 문제들을 회피하려 하며, 스스로 만들어낸 어려움을 해결하려고 하지 않고 주저하는 사람들을 조금 이해할 수 있게 되었다. 이들은 삶의 과제를 우회하면서 게으름, 나태, 잦은 이직, 태만 등과 같은 나쁜 습관들을 갖게 된다. 어떤 사람의 경우에는 이러한 태도를 행동에서도 관찰할 수 있다. 예컨대 그는 뱀 같은 동작으로 걷는다. 이것은 결코 우연이 아니다. 확언할 수는 없지만 이들은 스스로 해결해야 할 중요한 문제들을 피해가려는 사람들이라고 말할 수 있다.

다음의 사례는 이 점을 뚜렷하게 보여준다. 늘 불평불만을 일삼고 삶에 염증을 느낀 나머지 자살까지 생각한 한 남자의 이야기이다. 그에게 기쁨을 주는 것은 아무 것도 없었으며, 그의 태도는 이미 삶을 정리한 것 같았다. 상담 결과 그는 삼형제 중 장남이며, 그의 아버지는 대단한 열정으로 성공 가도를 달려온 명예욕이 아주 강한 사람이었다. 이 환자는 아버지가 가장 총애하는 아이였으며, 사람들은 그가 아버지의 뒤를 이을 것이라고 생각했다. 그의 어머니는 일찍 돌아가셨고, 계모와는 편한 관계를 유지해 나갔다. 아마 아버지가 아들을 몹시 보호했기 때문인 것 같다.

장남인 그는 힘과 권력의 숭배자였다. 우리가 그에게서 발견한 것은 황제와 같은 태도였다. 그는 학교에서 늘 우등생이었고, 졸업 후에는 아버지의 사업을 물려받았다. 그는 자선 사업가처럼 행동했으며, 사람들에게 항상 친절한 어투로 말했다. 그는 직원들에게 최고의 임금을 지불하였고, 그들의 부탁도 늘 잘 들어주는 편이었다.

그러나 1918년의 혁명 이후 그의 태도에 커다란 변화가 일어났다. 그는 직원들의 반항적인 태도에 몹시 화가 나서 불만을 토로하기 시작했다. 예전에는 직원들이 회사에 간청했던 것들을 이제는 당연한 권리인 것처럼 요구하였다. 그는 격분하여 마침내 일을 그만 둘 생각을 하게 되었다.

그는 일을 그만 둠으로써 직원들과 직접적인 대결을 피해버렸다. 평소에는 좋은 사장이었지만 자신의 권력이 침해당하자, 그는 더 이상 그들과 함께 일할 수 없었다. 그의 세계관은 공장의 원만한 경영뿐만 아니라 자기 자신을 위해서도 방해가 되었다. 과도한 명예욕 때문에 자기가 주인이라는 사실을 과시하려고 노력했다. 그렇게 하지 않았더라면 간접적으로나마 자기의 생각을 관철했을 것이다. 그러나 그에게 중요한 것은 자기의 권력을 실제로 보여주는 것이었다. 사태가 악화되자 더 이상 힘을 과시할 수 없게 되었고, 마침내 그는 자기 일에 대한 모든 의욕을 상실하였다. 뒤로 물러선 것은 반항적인 직원들에 대한 공격이며, 그들을 비난한 것이다.

그의 자만심은 어느 지점까지만, 즉 정해진 조건하에서만 유지될 수 있었다. 갑자기 변한 새로운 상황에서 그는 직원들의 반대에 부딪쳤고, 그의 원칙을 더 이상 고수할 수 없게 되었다. 그는 외곬으로만 자랐기 때문에 자기의 마음을 바꾸거나 다른 원칙을 가질 수 없었다. 그의 목표는 오직 권력과 우월감에 있었기 때문에 자만심은 점점 더 커져 갔고, 더 이상의 발전은 할 수 없었다.

그의 삶을 조사해보면 사회성이 완전히 결여되어 있다는 사실을 발견하게 된다. 당연히 그는 자기 뜻을 따르고, 자신의 우월감을 인정해주는 사람들만 자기 주변에 모이게 했다. 사람들 사이에서 그는 예리한 비판을 가했으며, 지적인 그는 정곡을 찌르는 경멸적인 말도 서슴지 않았다. 이에 상처를 받은 지인들은 그를 멀리하게 되었고, 그는 친구다운 친구가 없었다. 다행히 그는 대인관계에서 결여된 것들을 다른 기쁨으로 대체할 수 있었다.

그러나 사랑과 결혼의 문제에 이르러서 그는 처음 좌절을 경험했다. 이전에 전혀 예상하지 못한 운명이 그를 덮쳤다. 사랑은 가장 깊은 동료애를 바탕으로 하는 결합이기 때문에 한쪽만의 일방적인 지배욕은 용납되지 않는다. 그는 항상 지배적인 위치를 고집했기 때문에 이에 맞는 배우자를 선택해야 했다. 지배욕과 우월감이 강한 인간형은 결코 약한 사람을 배우자로 삼지 않는다. 상대를 정복하는 것이 승리로 여겨질 만큼 강한 배우자를 선택한다. 이렇게 성격이 비슷한 두 사람이 만나게 되면 이들의 삶은 끊임없는 투쟁의 연속이 된다. 이 남자는 여러 면에서 자기보다 더 지배욕이 강한 여성을 선택했다. 두 사람은 각자의 원칙을 고수하며 배우자를 지배하기 위해 모든 수단을 다 강구했다. 이 과정에서 부부 관계가 점점 더 나빠졌지만 이혼은 할 수 없었다. 왜냐하면 이런 유형의 사람들은 항상 승리를 원하며 전장에서 후퇴란 있을 수 없기 때문이다.

그는 그 당시 꾼 꿈에 대해 말해 주었다. 꿈속에서 그는 자기 회사의 경리 직원같이 보이는 여직원과 이야기를 나누면서 "나는 고귀한 가문 출신이야"라고 말했다. 우리는 이 꿈이 어떤 생각을 반영하고 있는지 쉽게 이해할 수 있다. 첫째는 사람들을 깔보는 그의 태도이다. 그의 눈에는 모든 사람들이 교양이 없고 못난 하인처럼 보였으며, 특히 여자일수록 더욱 심했다. 그가 자주 부부 싸움을 한다는 사실을 생각하면 꿈속의 인물이 그의 부인을 상징한다는 것을 쉽게 추측할 수 있다.

아무도 그를 이해하지 못했다. 그런데 누구보다 그를 이해하지 못하는 사람은 자기 자신이었다. 왜냐하면 그의 행동은 늘 자만에 가득찬 목표를 추구했기 때문이다. 주변 사람들을 멀리하는 것은 그의 오만함의 발로이며, 그의 오만은 자기의 고귀함을 알아달라고 요구하지만 이는 결코 정당화될 수 없는 일이다. 또한 그는 다른 사람의 가치도 인정할 줄 몰랐다. 그의 생각과 인생관 속에는 우정과 사랑이 들어설 자리가 없었다.

이런 심리적인 우회와 회피를 정당화하기 위해 사람들은 종종 아주 그럴듯한 근거를 댄다. 그 근거는 대부분 매우 합리적이고 당연하게 보이지만, 실제로는 주어진 상황과 무관하다. 예를 들어 이 환자는 자기가 사회성이 조금 부족하다고 생각했다. 그래서 술집에 가서 사람들과 어울려 술을 마시거나 카드놀이 등을 하면서 시간을 보냈다. 그는 이것이 자기 주변에 친구를 모을 수 있는 유일한 길이라고 생각했다. 그 후로 그는 늦게 귀가하였고, 충분한 수면을 취하지 못했다. 늦은 시간까지 사람들을 만나다 보니 아침에 일찍 일어날 수 없다고 주장하였다. 이런 상황에서도 자기 일에 충실했더라면 이런 자기 합리화는 문제가 되지 않았을 것이다. 그러나 우리가 충분히 예상한 바이지만, 그가 사회성을 가져야 한다는 이유로 일을 게을리했다면, 비록 합리적인 이유를 댄다 하더라도 그의 행동은 정당화 될 수 없다.

이 경우를 통해 우리가 분명히 알 수 있는 것은 올바른 길에서 벗어나게 하는 것이 우리의 객관적인 경험이 아니라 사물을 바라보는 주관적인 견해와 그것을 평가하는 개인의 태도라는 점이다. 우리는 지금 인간이 범할 수 있는 모든 오류를 다루고 있다. 여기에서 중요한 것은 하나의 오류와 미래에 일어날 오류 사이의 연속 관계이다. 우리는 한 사람의 주장이나 전체적인 행동 패턴 속에서 오류를 찾아내고, 조언을 통해 그것을 극복할 수 있도록 도와주어야 한다. 이러한 행위는 교육과 유사하다. 교육은 근본적으로 잘못을 제거하는 것이기 때문이다.

한 개인의 오류에서 비롯된 잘못된 발전은 비극으로 끝날 수 있다. 그러므로 이러한 연관 관계를 인식하는 것이 필요하다. 복수의 여신 네메시스 이야기를 통해 우리는 이러한 사실을 이미 알고 있었거나 아니면 최소한 그것을 예감하고 있었을 고대 그리스인들의 지혜에 대해 경탄하지 않을 수 없다. 성장 과정에 문제가 있는 사람은 스스로 불행을 자초한다. 이런 사람이 겪는 불행은 공공의 이익 대신 오직 자신의 권력을 추구하는 사람의 말로가 어떻게 되는지 잘 보여준다. 그는 다른 사람들의 관심을 무시하고 우회적으로 목표에 도달하려고 하지만, 늘 실패에 대한 두려움에서 벗어나지 못한다. 이런 경우에 대부분 신경증적인 증세가 나타난다. 이 증상의 특별한 목적과 의미는 어떤 행동을 하건 자신감을 잃게 만드는 것이다. 왜냐하면 이런 사람은 한 발자국씩 앞으로 나갈 때마다 나락으로 떨어질지 모른다는 위험을 느끼기 때문이다.

사회는 탈선하는 사람에게 어떤 공간도 제공하지 않는다. 사회가 필요로 하는 것은 친화력과 적응력, 그리고 다른 사람과 더불어 살며 그들에게 도움이 될 수 있는 능력이지, 남들보다 우월해지기 위해 지배권을 확보하려는 사람이 아니다. 이것이 옳은지, 옳지 않은지는 자기 자신이나 주변 사람들을 살펴보면 알 것이다. 여건이 좋으면 이런 사람은 눈에 띄는 행동을 하지 않을지 모른다. 그래서 사람들에게 먼저 다가가 친절함을 보이며 그들을 방해하지 않는다. 그러나 그의 권력욕이 이를 허락하지 않기 때문에 그는 따뜻한 마음을 가질 수 없다. 이런 사람은 불만스러운 표정으로 혼자 앉아 있거나 사회에 도움이 될 만한 일을 거의 하지 않는다. 또한 여러 사람이 모여 이야기하는 것보다 둘이서 대화하는 것을 더 선호하는 경향이 있다. 때로는 독특한 행동을 하기도 하는데, 예를 들면 다른 사람들은 전혀 중요하게 생각하지 않는 일에서조차 자기가 옳다고 주장한다. 그 주장의 논거 자체는 그에게 중요하지 않다. 그에게 중요한 것은 다른 사람이 부당하다는 것을 증명하는 일이다. 원하지 않는 방향으로 일이 진행되면 그는 수수께끼 같은 증상을 보인다. 그는 이유 없이 피곤해하며 조급한 마음 때문에 일을 진척시키지 못하고, 전혀 집중하지 못한다. 또한 온갖 불만을 다 토로하지만, 무엇에 대한 불만인지 그 이유를 대지 못한다. 그는 겉으로 보기에 환자 같지만 실제로는 신경과민이다.

사실 이런 현상들은 현실의 문제로부터 관심을 돌리려는 자기기만이다. 이런 방법을 선택하는 것은 우연이 아니다. 예를 들어 밤과 같이 자연적인 현상을 두려워하는 사람이 얼마나 반항적인 사람인지 생각해보라. 우리는 그가 현세의 삶과 화해하지 못하는 사람이라는 것을 확신하게 된다. 왜냐하면 그의 마음속에 밤을 없애고 싶은 생각이 꽉 차 있기 때문이다. 그는 정상적인 삶에 적응하기 위한 전제 조건으로 이렇게 불가능한 것을 요구하며 악의를 드러낸다. 그는 어떤 일에서건 늘 부정적인 사람이다.

이런 신경과민 현상들은 열등감이 심한 사람에게서 나타난다. 그는 해결해야 할 과제를 앞에 두고 두려움을 갖는 사람이다. 조건이 좋아지면 그 문제를 해결하겠다고 시간을 끌거나 혹은 거기로부터 도망칠 구실을 찾는다. 이렇게 함으로써 그는 인간 사회에 필요한 의무로부터 벗어난다. 그 결과 먼저 주변 사람들에게, 더 나아가 다른 모든 사람들에게 해를 끼치게 된다. 인간 사회에 내재된 논리적 규칙을 어기면 훗날 어떤 비극적인 운명을 맞게 되는지, 그 냉엄한 인과관계를 염두에 두었다면, 그리고 인간의 본성에 대해 좀 더 이해했다면 이런 일들은 이미 오래 전에 사라졌을 것이다. 원인과 결과 사이에는 긴 시간이 놓여 있으며, 그 사이에 수많은 복잡한 일들이 발생하기 때문에 우리는 이 연관 관계를 정확하게 파악하지 못한다. 따라서 우리는 이로부터 무엇인가를 배우기 어렵고, 다른 사람에게도 교훈을 주지 못한다. 한 개인의 삶의 패턴을 파악하고, 그가 살아 온 과정을 집중적으로 연구하게 되면 우리는 어렵게나마 이 연관 관계를 조망할 수 있으며, 문제가 어디서 발생했는지 찾아낼 수 있을 것이다.

4. 절제되지 않은 충동과 적응력 부족

우리가 보통 무례하다고 하거나 교양이 없다고 말하는 독특한 특징을 가지고 있는 사람들이 있다. 예를 들어 늘 손톱을 뜯는 사람, 내적 충동에 의해 끊임없이 콧구멍을 후비는 사람, 그리고 게걸스럽게 음식을 먹는 사람이 여기에 해당된다. 굶주린 늑대처럼 음식에 달려들고, 자기의 식탐에 대해 거리낌이나 수치심을 전혀 느끼지 않는 사람을 보면 우리는 이 현상들이 무엇을 의미하는지 명확하게 알 수 있다. 음식을 소리 내서 먹거나 쩝쩝거리거나 큰 소리로 씹는 행위도 마찬가지이다. 음식을 한 입에 삼켜버리거나 무척 빠르게 먹는 것도 놀라운 일이며, 이렇게 먹는 모습뿐만 아니라 그 양과 횟수도 놀라운 일이다.

무례한 태도는 불결함으로도 나타난다. 그러나 이것은 노동자들이 격식을 차리지 않은 모습이나 막일을 하는 사람에게서 이따금 볼 수 있는 자연스러운 무질서와는 상관이 없다. 우리가 여기서 말하는 타입은 대부분 중노동은커녕, 일과는 전혀 무관한 사람들이다. 그런데도 이들은 늘 단정치 못하고 불결한 모습을 하고 다닌다. 이것은 흉내 내기조차 어려울 정도로 부자연스럽고, 지저분한 인상을 주며, 심지어 혐오감을 불러일으킨다. 어쩌다 다른 모습으로 나타나면 알아볼 수 없을 정도로 이들의 태도는 특징적이다.

이것은 무례한 사람들의 외적인 특징이다. 그들은 이러한 표현 방식을 통해 다른 사람과 다르다는 것을 강조한다. 우리는 이런 저런 무례를 범하는 사람들로부터 이들이 주변 사람들에게 줄 것이 별로 없다는 인상을 받는다. 우리가 관심을 기울이는 것은 그런 현상이 아니라 이 무례한 행동이 대부분 유년기 때 시작된다는 사실이다. 어떤 오류도 범하지 않고 항상 올바르게 자라는 아이는 없다. 그런데 어떤 사람은 특정한 오류를 반복한다. 이것이 바로 우리가 주의를 기울이는 대목이다.

이러한 현상들의 근저에는 많건 적건 주변 사람들을 회피하고 자기의 과제를 거부하는 태도가 깔려 있다. 이들은 삶에서 멀리 떨어져 있기를 바라며, 다른 사람과 협력하기를 거부한다. 이를 통해 우리는 이들이 왜 도덕적인 충고에도 불구하고 무례한 행동을 그만두지 못하는지 쉽게 이해할 수 있다. 삶에 대해 이런 견해를 가진 사람은 예컨대 손톱을 뜯더라도 자기의 행동이 옳다고 생각한다. 사회로부터 벗어나고 싶은 사람에게 더러운 옷이나 다 떨어진 치마를 입고 다니는 것보다 더 효과적인 방법은 없을 것이다. 이런 반사회적인 행동은 이목이나 비판, 그리고 치열한 경쟁으로부터 그들을 보호해 주며, 또 사랑과 결혼으로부터 도피할 때도 도움이 될 것이다. "내가 이런 나쁜 습관만 가지고 있지 않았더라면 아마 모든 것을 다 할 수 있었을 텐데. 그런데 나쁜 습관 때문에 나는 어쩔 수가 없어." 이런 식으로 그는 스스로 경쟁에서 벗어나지만 그것은 나쁜 습관 탓이라고 핑계를 댄다.

다음의 사례는 이런 나쁜 습관이 자기방어의 수단이며, 자기 주변을 지배하기 위한 방법이라는 것을 예증한다. 야뇨증에 걸린 스물두 살 아가씨에 관한 이야기이다. 그녀는 끝에서 두 번째 딸이었다. 그녀는 병약했기 때문에 어머니의 세심한 보살핌을 받았고, 그 결과 매우 의존적인 아이가 되었다. 낮에는 불안에 떨고 밤에는 계속 울었기 때문에 그녀는 하루 종일 엄마를 자기 옆에 묶어둘 수 있었다. 엄마를 독차지할 수 있다는 사실이 그녀에게는 승리였으며, 자만심을 충족시켜 주는 위안이었다. 결국 학교에 가거나 친구를 사귀는 게 어려울 정도로 특별한 아이가 되어 버렸다. 집 밖에 나갈 때면 특히 불안에 떨었다. 성인이 된 후에도 저녁에 일이 있어 외출하게 되면 똑같은 상황이 재연되었다. 저녁에 집 밖에 나가는 것은 한마디로 그녀에게 고통이었다. 그녀는 항상 지치고 공포에 질린 모습으로 집에 돌아와 밖에서 겪은 끔찍한 일들을 이야기했다.

우리는 이 모든 것이 무엇을 암시하는지 알고 있다. 이 여자는 늘 엄마 곁에 있기를 원하는 것이다. 그러나 경제적 여건이 이를 허락하지 않자 그녀는 일자리를 구했다. 직장을 구했지만 취직을 한지 이틀 만에 과거의 야뇨증 증세가 다시 나타났다. 정상적인 회사 생활을 할 수 없게 되자, 그녀는 결국 일을 그만두었다. 어머니는 그녀가 겪고 있는 고통의 진정한 의미를 이해하지 못했기 때문에 그녀를 심하게 꾸짖었다. 이에 상심한 그녀는 자살을 시도했고, 병원에 입원하게 되었다. 절망한 어머니는 그녀 곁을 떠나지 않겠다고 맹세하였다.

야뇨증, 밤에 혼자 있는 것에 대한 공포, 그리고 자살, 이 세 가지 증세는 모두 동일한 목표를 지향하고 있다. 그것은 "나는 엄마 옆에 있어야 해" 또는 "엄마는 늘 나를 돌봐줘야 해"라는 메시지를 전하고 있다. 이렇게 사회적으로 용인하기 어려운 행동도 나름대로 의미를 가진다. 우리는 나쁜 버릇을 보고도 그 사람을 판단할 수 있다. 이러한 부적절한 행동은 그 사람을 전체적으로 이해할 때 비로소 교정될 수 있다.

아이들의 버릇없는 행동은 대부분 주위의 눈길을 끌기 위한 것이다. 중요한 역할을 하고 싶어하거나 어른들에게 자기의 약하고 무능함을 보이려는 아이들이 주로 이런 방법을 쓴다. 손님이 오면 유난히 버릇없게 굴며 시선을 끄는 아이의 행동도 같은 의미를 지닌다. 평소에는 얌전하다가 손님만 오면 마치 귀신에 홀린 듯이 날뛰는 아이들이 있다. 이런 아이는 자기도 뭔가 역할을 하고 싶어하며, 목적을 달성하여 만족할 때까지 그렇게 행동한다. 이런 아이들은 어른이 되더라도 무례한 행동을 하며, 사회적 요구를 회피하고 문제를 일으키는 성격을 버리지 못한다. 이런 행동 뒤에 숨어 있는 지배욕과 자만심은 늘 위장과 변장을 하기 때문에 금방 알아차리기 어렵다.

4장

기타 성격의 표현 형식

1. 쾌활함, 발랄함

앞에서 강조한 것처럼 한 개인의 공동체감을 측정하기 위해서는 그가 다른 사람을 얼마나 돕고 독려하며, 기쁨을 줄 준비가 되어 있는지 살펴봐야 한다. 다른 사람에게 기쁨을 주는 사람은 외적인 모습에서 이미 호감을 준다. 그들은 사람들에게 쉽게 다가간다. 우리는 단지 느낌만으로도 그들에게 큰 호감을 갖게 된다. 우리는 직감적으로 그들의 모습이 공동체감을 표출하고 있다는 것을 느낀다. 이런 사람은 쾌활한 성격을 가지고 있으며, 침울하거나 근심스러운 모습을 보이지 않는다. 또한 다른 사람에게 걱정을 끼치거나 자기 걱정을 남에게 강요하지 않는다. 사람들을 만나면 늘 밝은 모습을 보이며, 삶을 더 아름답고 가치 있게 만든다. 우리는 그들이 좋은 사람이라는 것을 그들의 행동이나 말투 그리고 다른 사람의 관심에 귀를 기울이고, 그것을 위해 애쓰는 모습에서 알 수 있다. 얼굴 표정과 태도, 즐거운 감정과 웃음에서도 그것을 감지할 수 있다. 예리한 심리학자였던 도스토옙스키는 "우리는 진부한 심리학 연구보다 웃음을 통해 한 사람을 더 잘 이해하고 인식할 수 있다"고 말했다. 남의 불행을 보고 기뻐하는 사람의 모습^{Schadenfreude}에서 볼 수 있듯이 웃음은 적대적이고 공격적일 수 있다. 그러나 웃음에는 사람들을 서로 연결하는 뉘앙스가 있다.

어떤 사람은 전혀 웃을 줄 모른다. 이들은 사람 사이의 친숙한 관계를 모르기 때문에 기쁨을 주거나 즐거운 분위기를 조성할 능력이 결여되어 있다. 다른 사람들에게 기쁨을 주는 것은 차치하더라도 사사건건 다른 사람의 삶을 불쾌하게 만드는 사람도 있다. 이들은 세상에 켜 있는 불을 다 끄러 다니는 사람처럼 보인다. 이들은 전혀 웃지 않거나 혹은 거짓 즐거움을 가장하기 위해 억지웃음을 짓는다. 우리는 다른 사람에게 기쁨을 주는 표정이 왜 호감을 주는지, 그리고 호감과 반감이 가지고 있는 신비스러운 힘이 무엇인지 분명히 이해하고 설명할 수 있다.

호감을 주는 사람과는 전혀 다른 타입이 있다. 우리는 그들을 평화를 깨는 사람^{Friedensstörer}이라고 부른다. 그들은 늘 세상을 비탄의 골짜기로 묘사하며 고통 속으로 파고든다. 이런 태도가 심해지면 그것은 단순히 인식의 대상이 아니라 경탄할 만한 것이 된다. 어떤 사람은 무거운 짐을 지고 있는 것처럼 늘 힘들어 한다. 그들은 작은 어려움도 크게 과장하며, 미래에 대해 오직 비관적인 전망만을 가지고 있다. 어쩌다 웃을 일이 있더라도 매번 불길한 예언을 일삼는다. 그들은 자기 자신뿐만 아니라 다른 사람에 대해서도 비관적인 태도로 일관하며, 주변에 누군가 행복한 사람이 있으면 바로 불안해지고, 모든 연관 관계 속에서 삶의 어두운 면만을 찾아낸다. 그들은 언행뿐만 아니라 무리한 행동과 요구를 하기 때문에 주변 사람들의 즐거운 삶과 발전을 방해한다. 이들의 표정에는 "나는 엄청난 고통을 안고 있어"라고 쓰여 있으며, 카리아티드Karyatiden*처럼 행동한다.

2. 사유 방식과 표현 방식

많은 사람들의 사유 방식과 표현 방식은 가끔 아주 구체적인 인상을 남긴다. 많은 사람들의 생각과 언어는 서로 맞물려 있다. 그들은 항상 틀에 박힌 듯이 생각하고 말하기 때문에 그들이 어떻게 표현할지 미리 예측할 수 있다. 피상적인 신문 기사나 통속 소설에서 쉽게 발견 할 수 있는 그런 표현들은 멋없는 꽃다발처럼 상투적이다. 예를 들면 '대가를 치르다Abrechnung halten', '경을 치다Leviten lesen', '비수를 꽂다Dolchstoβ' 등과 같은 표현이나 외래어가 여기에 속한다.

이러한 표현 방식도 한 인간을 이해하는 데 도움이 된다. 왜냐하면 어떤 문화에서건 가능한 사용하지 말아야 하며, 또한 절대 사용해서는 안 되는 생각과 표현 방식이 있기 때문이다. 천박함과 상스러움은 사람의 말과 생각에 묻어 나오기 마련인데, 가끔은 그런 말을 한 본인이 스스로 놀라기도 한다. 이들은 다른 사람들의 판단이나 비판에 대해 끊임없이 격언이나 인용문으로 맞대응하며 그들의 말을 전혀 수긍하지 않는다. 많은 사람들은 이런 언어 습관을 버리지 못하는데, 이로써 자신의 퇴행적 상태를 증명한다.

* 카리아티드(혹은 카리아티데스)는 고대 그리스 신전 건축에서 기둥으로 사용된 여인상. 비톨비우스에 따르면 이 명칭은 페르시아 전쟁이 끝난 뒤 그리스의 노예가 되었다고 하는 카리아이의 처녀들에서 비롯되었다고 한다. 속죄의 의미로 처녀 입상(立像)을 세워 공공 건축물의 보를 떠받치게 하였다는 것이다.

3. 학생 같은 행동

어떤 사람은 어느 시점에서 성장을 멈추어, 마치 학창 시절에 머물러 있는 것 같은 인상을 준다. 그들은 집에서나 직장에서나 말할 기회를 먼저 잡으려는 학생처럼 늘 주위를 살피고, 귀를 곤두세운다. 그들은 어떤 모임에서건 제기된 문제에 대해 다른 사람보다 먼저 말하려고 애쓴다. 마치 다른 사람보다 더 많이 알고 있다는 것을 보여서 좋은 평가를 받고 싶어하는 사람처럼 보인다. 이런 사람들은 일정한 형태의 삶 속에서만 안전함을 느끼며 학생같이 행동할 수 없게 되면 불안해진다. 이러한 특징은 다양하게 나타나는데, 무뚝뚝하고 냉담하여 접근하기 어려운 사람들도 있고, 학자인 양 현학적으로 행동하며 모든 것을 규칙과 공식에 끼워 맞추려는 사람들도 있다. 이들은 사람들에게 전혀 호감을 주지 못하는 타입들이다.

4. 원칙적인 사람과 융통성 없는 사람

항상 규범에 맞게 생활하는 것은 아니지만, 그런 인상을 주는 사람들이 있다. 이들은 모든 것을 원칙에 따라 해결하려고 한다. 어떤 상황에서건 정해진 원칙에 따라 행동하며, 늘 자기 원칙을 고수한다. 그들은 모든 것이 정해진 대로 되지 않으면 불편함을 느낀다. 그들은 대부분 융통성이 없는 사람들^{Pedant}이다. 우리는 이들이 불안하기 때문에 다양한 삶을 몇 개의 규칙과 공식 속에 끼워 맞추려고 하는 인상을 받는다. 그 이유는 간단하다. 이들은 그렇게 하지 않으면 아무 것도 할 수 없으며, 당혹감에 빠지기 때문이다. 미리 규칙을 숙지하고 있어야 일을 할 수 있으며, 그렇지 않은 상황은 회피해 버린다. 누군가가 자기의 규칙에 맞지 않게 행동하면 불쾌감과 모욕감을 느낀다. 이것이 권력 행사라는 것은 자명하다. 그들은 자기의 행동 규칙을 다른 사람에게도 강요한다. 이와 관련하여 우리는 양심을 내세운 반사회적 성향 Unsoziale Gewissenhaftigkeit을 생각할 수 있다. 이런 성향을 가진 사람들의 내면은 강한 지배욕과 자만심으로 가득 차 있다.

설사 성실하게 일을 하더라도 그들의 융통성 없는 태도는 금방 드러난다. 그들은 어떤 일에도 솔선수범하지 않으며, 자기의 이해관계에 묶여 있으며, 유별나고 변덕스러운 성격을 보인다. 예를 들어 어떤 사람은 길가로만 걷거나 특정한 보도블록만을 밟고 걷는 습관을 가지고 있다. 또 어떤 사람은 낯선 길은 절대로 가지 않는다. 이런 사람들은 실제적인 삶의 문제에 대해 관심이 없다. 자기의 원칙만을 고수하면 엄청난 시간과 정력을 낭비하게 되며, 자기 자신이나 주변 사람들에게도 많은 불편을 끼치게 될 것이다. 익숙하지 않은 새로운 상황에 처하는 순간 그들은 모든 것을 포기해 버린다. 왜냐하면 그들은 이에 대처할 준비가 되어 있지 않으며, 규칙이나 묘책 없이 어떤 것도 할 수 없다고 믿기 때문이다. 그러므로 어떤 변화도 원하지 않는다. 예를 들어 이런 사람들은 봄이 오면 큰 어려움을 겪게 된다. 왜냐하면 동절기에 이미 적응되었기 때문이다. 그들은 바깥 세상이 봄기운으로 가득 차고 사람들의 왕래가 빈번해지는 것을 두려워하며, 불편하게 생각한다. 따라서 봄이 되면 늘 몸이 아프다고 고통을 호소한다. 이런 사람들은 변화된 상황에 잘 적응하지 못하기 때문에 대부분은 자발성이 요구되는 일을 하지 못한다. 스스로 변하려 하지 않는 이들에게 다른 업무를 맡길 사람은 없다. 이것은 타고난 성격이 아니며 변하지 않는 현상도 아니다. 그것은 마음속에 확고하게 자리 잡고 있는 잘못된 삶의 태도에서 비롯된 것이다. 이러한 태도를 고수하는 사람은 자기 스스로 거기에서 벗어나지 못한다.

5. 복종, 순종

순종적이거나 복종심이 강한 사람들도 자발성이 요구되는 일에 적합하지 않다. 이들은 오직 누군가의 명령을 따를 때만 편안함을 느낀다. 순종적인 사람은 다른 사람이 정해 놓은 법칙과 규칙에 따라 행동한다. 이런 유형의 사람은 거의 강박적으로 남에게 복종하는 위치를 찾는다. 우리는 이런 태도를 삶의 여러 관계 속에서 발견할 수 있다. 늘 몸을 숙이거나 굽실대는 태도에서 이를 짐작할 수 있다. 이들은 항상 다른 사람의 말에 주의를 기울이지만, 그것은 그 말을 깊이 생각하기 위해서가 아니라 그 말에 수긍하고 주어진 명령을 바로 수행하기 위해서이다. 이들은 순종적인 태도를 영광스럽게 생각한다. 가끔은 그 정도가 믿기 어려울 정도로 심해 심지어 복종을 즐기는 사람도 있다. 우리는 남보다 늘 우위에 서려고 하는 사람이 이상적이라고 말하는 것이 아니다. 복종을 문제 해결의 유일한 방법으로 여기는 사람들이 문제라는 것이다. 그리고 우리는 바로 그들의 삶의 이면을 해명하고자 한다.

많은 사람들에게 복종은 삶의 법칙인 것처럼 보인다. 여기서는 종속적인 계층의 사람이 아니라 여성에 대해서 말하고자 한다. 여자가 순종해야 한다는 것은 명문화되어 있지 않지만 많은 사람들의 의식 속에 불문율처럼 각인되어 있다. 그래서 많은 사람들은 여전히 이를 신조처럼 여기고 있다. 이들은 여성을 단지 순종적인 존재로 생각한다. 이에 반발하여 여성들도 우위를 차지하려고 노력해 왔다. 사람들은 이런 생각으로 모든 인간관계를 오염시키고 파괴하고 있지만 그것은 마치 미신처럼 근절되지 않고 있다. 여자들 가운데는 이 미신을 영원한 법칙으로 믿는 사람들도 많은데, 이런 생각을 갖고 있다고 해서 더 많은 장점을 누리는 것은 아니다. 여자들이 그렇게 예속되지 않았더라면 모든 것이 훨씬 더 나아졌을 것이라고 주장하는 사람들이 앞으로는 더 늘어날 것이다.

복종을 아무 불만 없이 감수하는 사람은 없다. 이것은 별도의 문제로 치더라도 복종은 다음의 예가 보여주듯이 의존적인 삶을 만들어내며, 삶을 황폐하게 만든다. 이것은 유명한 남자를 사랑한 끝에 결혼한 여자의 이야기이다. 이 여자는 물론 그녀의 남편도 여자의 순종을 철칙처럼 믿고 있었다. 시간이 지나면서 그녀는 의무와 봉사밖에 모르는 기계가 되었다. 자립하고 싶은 욕구도 다 사라졌다. 주변 사람들도 이에 익숙해졌으며, 크게 반대하지 않았다. 설사 이들이 반대했더라도 상황은 크게 바뀌지 않았을 것이다. 인류의 대부분이 여성의 복종을 정해진 운명으로 간주한다는 점에 문제의 소지가 있다. 이러한 복종을 당연하게 여기는 남성은 완전한 복종이란 사실상 불가능하기 때문에 자기 마음에 들지 않는 일이 생기면 언제나 화를 낼 것이다.

어떤 여자들은 너무 순종적이어서 가끔 지배욕이 강하고 난폭한 남자를 파트너로 찾는다. 그러나 이런 부자연스러운 관계는 얼마 가지 않아 커다란 갈등으로 변하게 된다. 우리는 이런 여자들이 오히려 여성의 예속을 비웃고, 그것이 얼마나 잘못된 것인가를 입증하기 위해 그렇게 하는 건 아닐까 하는 의구심을 갖게 된다.

우리는 이 어려움에서 벗어나는 길을 알고 있다. 남녀가 함께 사는 삶은 어느 한 사람도 예속되지 않는 동반자 관계이며, 노동 공동체Arbeits-gemeinschaft여야 한다. 이러한 생각은 현재로선 이상에 불과할지 모른다. 그러나 그것은 적어도 한 개인이 문화적으로 얼마나 성숙되었는지, 특히 그가 그러한 도그마로부터 어느 정도 벗어나 있으며, 어떤 오류를 범하고 있는지를 가늠할 수 있는 기준이 될 것이다.

예속의 문제는 남녀 사이의 관계에만 해당되는 것이 아니다. 그것은 대중의 삶 속에서도 중요한 역할을 한다. 고대의 경제 상황과 지배 관계는 노예제를 근간으로 형성되었다. 우리는 대부분 노예의 후손이다. 수 세기 동안 귀족과 노예, 이 두 계급은 주종 관계 속에서 살아 왔으며, 일부 민족들은 오늘날까지도 계급 제도를 고수하고 있다. 이런 점을 생각해보면 복종의 원칙과 이에 대한 요구는 아직까지 인간의 감정 속에 내재되어 있으며, 특이한 유형의 인간을 만들어 낸다. 고대의 관습에 따르면 노동은 노예들에게 귀속된 불경한 일이었으며, 주인에게는 품위를 떨어뜨리는 일이었다. 또한 주인은 명령권자일 뿐만 아니라 훌륭한 덕목의 소유자였다. 지배 계급은 '최고의 인간'으로 이루어졌다. 그리스어 'aristos'는 이 두 가지, 즉 지배 계급과 최고의 인간을 의미한다. 귀족 정치Aristokratie는 최고의 인간들이 지배하는 정치 형태이며 귀족은 권력을 행사하는 최고의 사람이었다. 그러나 귀족 정치는 그들의 덕성이나 탁월함이 아니라 그들의 권력에 의해 결정되었다. 평가를 받고 등급이 매겨지는 것은 노예, 즉 종속된 사람들에게만 해당된 일이었다.

이런 생각은 우리 시대에 더 이상 의미가 없다. 우리는 서로의 차이를 극복하고 서로에게 더 다가가려는 시대에 살고 있기 때문이다. 그러나 인간 본질의 두 가지 현상인 주인 의식과 노예 근성은 여전히 영향력을 행사하고 있다. 위대한 사상가 니체마저 최고 인간의 지배와 예속을 옹호했던 점을 상기해 볼 필요가 있다. 인간을 지배자와 피지배자로 구분하는 생각을 완전히 버리고, 모두를 평등한 존재로 생각하는 것은 오늘날에도 쉽지 않다. 그러나 이런 관점을 갖는다는 것은 그 자체가 진보이며, 또한 그것은 우리가 미래에 중대한 오류를 범하지 않도록 도와줄 것이다. 세상에는 자신의 예속 상태에 대해 늘 기뻐하며, 아무 것도 아닌 일에 늘 감사하는 사람들이 있다. 또한 이들은 자신의 존재에 대해 늘 변명을 구한다. 그렇다고 이들이 그런 상황을 잘 감내한다고 말할 수는 없다. 그들은 대부분 불행하다.

6. 거만함

순종적인 사람과는 달리 거만하며 항상 중요한 역할을 하려는 사람들이 있다. 이런 유형의 사람은 평생 "어떻게 하면 내가 남들보다 우월해질 수 있을까?"하는 질문에만 관심을 기울인다. 인간의 삶에서 이런 역할은 온갖 실패를 동반한다. 그들의 태도가 공격적이거나 적대적이지 않고, 유익한 결과를 낳는다면 어느 정도까지는 감내할 수 있다. 이런 성향은 일반적으로 지시나 명령을 내릴 수 있는 위치의 사람들이나 관리직을 맡은 사람들에서 쉽게 발견된다. 이들은 나라가 혁명의 소용돌이에 휩싸이게 되면 전면에 나선다. 왜냐하면 그들은 선동적인 제스처와 태도를 가지고 있고, 권력에 대한 동경을 품고 있으며, 지도자가 되기 위해 많은 생각과 준비를 하고 있기 때문이다. 어떤 사람들은 집에서도 늘 명령을 내린다. 이들은 자기가 왕이나 대통령 혹은 장군이 될 수 없으면 어떤 것에도 만족하지 못한다. 심지어 이들 중에는 누군가의 명령을 받으면 아무 일도 하지 못하는 사람이 있는데, 지시에 따라야 하는 상황이 그를 불안하게 만들기 때문이다. 그러나 아무리 준비가 잘 되어 있어도 지배욕을 억제하지 못하는 사람은 지도자의 역할을 수행할 수 없다.

평화로운 시기에는 이런 사람들이 직장에서나 사회생활에서 모임의 리더가 되는 것을 볼 수 있다. 그들은 늘 앞에 나서서 거창한 말을 일삼는다. 공동생활의 기본 규칙을 크게 어기지 않는 한 이들을 비난할 수는 없다. 하지만 우리는 이런 태도를 과대평가하는 오늘날의 분위기에 동조할 수 없다. 왜냐하면 그들은 벼랑 끝에 서 있으며, 질서를 지키지 않는, 결코 좋은 동료가 될 수 없는 사람들이기 때문이다. 그들은 평생 극도의 긴장 속에서 살며, 큰 일이건 작은 일이건 자기의 우월함을 입증하기 전에는 어떤 안식도 찾지 못한다.

7. 즉흥적인 사람

즉흥적으로 자기의 삶과 과제를 바꾸는 사람들이 있다. 이것을 선천적인 특징이라고 규정한다면 그것은 심리학적 오류를 범하는 것이다. 그들은 지나친 공명심 때문에 예민한 성격을 지니고 있으며, 불만 때문에 여러 탈출구를 모색하는 사람들이다. 그들의 예민함은 곤충의 촉수와 같다. 그들은 자기의 입장을 정하기 전에 삶의 여러 상황들을 미리 점검한다.

    그런데 늘 희희낙락하며, 허세와 완고함으로 삶의 밝은 면만을 취하고, 즐거움과 쾌활함 속에 삶의 기반을 다지려는 사람들이 있다. 여기서도 정도의 차이는 있다. 그들 가운데 항상 어린애같이 명랑한 태도를 보이며, 유치한 방법으로 심신을 편하게 하는 사람들이 있다. 그들은 과제를 회피하지 않고, 그것을 유희하듯이 다루고 해결한다. 이런 유형의 사람만큼 미적인 매력과 호감을 끄는 사람은 없을 것이다.

    그러나 이들 중에는 자신의 명랑한 인생관을 너무 지나치게 발전시킨 사람들도 있다. 그들은 비교적 진지하게 받아들여야 할 상황도 장난치듯 대하며, 어린애 같은 성격을 드러내기도 한다. 이것은 삶의 진지함과는 너무 거리가 먼 것이기 때문에 우리는 결코 좋은 인상을 받지 못한다. 이런 사람들이 일하는 모습을 보면서 우리는 항상 불안감을 느끼며 믿지 못하겠다는 인상을 받게 된다. 왜냐하면 이런 사람들은 어려움을 너무 쉽게 뛰어넘으려고 하기 때문이다. 대부분의 경우 사람들은 이런 점을 알고 있기 때문에 그들에게 어려운 과제를 맡기려 하지 않는다. 물론 그들도 어려운 일을 하려고 하지 않는다. 그럼에도 불구하고 우리는 이런 유형의 사람에게 호감을 보이지 않을 수 없다. 이 세계를 지배하는 수많은 불평가들을 대하다 보면 이런 유형의 사람이 그래도 여전히 유쾌한 감동을 주기 때문이며, 항상 슬프고 우울한 표정을 지으며 모든 일에서 어두운 면만을 보는 사람들보다는 이런 사람과 더 쉽게 친해질 수 있기 때문이다.

8. 불운한 사람

　사회생활의 절대진리와 모순된 삶을 사는 사람은 언젠가는 반드시 어려움을 겪게 된다는 것이 심리학적 진리이다. 이들은 대부분 어려움을 불행으로 여기며, 교훈을 얻기보다는 부당한 불운으로 여기거나 늘 겪는 낭패라고 생각한다. 그들은 평생 불운했던 일만 기억하며, 제대로 되지 않은 일만 생각한다. 가끔 자신의 실패를 자랑하는 사람들도 있다. 이들은 어떤 알 수 없는 힘에 의해 그렇게 되었다고 생각한다. 이런 입장을 좀 더 자세히 살펴보면 여기에도 자만심이 작용하고 있음을 알 수 있다. 이들은 불길한 운명이 자기를 뒤쫓고 있다고 생각한다. 천둥번개가 치는 날이면 벼락을 맞을 것이라고 생각하며, 집에 도둑이 몰래 들어올지 모른다고 두려워한다. 한마디로 이들은 어려움에 부딪힐 때마다 불행을 당할 것이라고 생각한다.

　자기가 모든 것의 중심에 서 있다고 생각하는 사람만이 이런 과장된 생각을 할 수 있다. 늘 불운이 따른다고 주장하는 사람은 어떻게 보면 겸손한 것처럼 보일지 모른다. 그러나 어떤 적대적인 힘이 오직 자기만을 해치려 한다고 생각하는 것은 실제로 그의 마음이 강한 자만심으로 가득 차 있다는 것을 보여준다. 그는 불우한 유년기를 보냈으며, 강도나 살인자 혹은 나쁜 사람들에게 시달렸다고 생각하며, 유령이나 귀신이 자기만을 계속 괴롭힐 것이라고 믿는다.

　이런 태도는 종종 그들의 외모에서도 나타난다. 그들은 무거운 짐을 지고 있는 것처럼 늘 고개를 숙이거나 몸을 굽히고 걷는다. 그들을 보면 우리는 평생 무거운 건물을 떠받들고 있는 카리아티드를 연상케 된다. 그들은 모든 것을 심각하게 생각하며 회의적으로 판단한다. 이런 점에서 우리는 그들이 왜 하는 일마다 실패를 하는지, 그리고 그들이 왜 자기 자신뿐 아니라 다른 사람들의 기쁨을 앗아가는 사람인지 쉽게 이해할 수 있다. 그러나 그들의 불행 뒤에는 다름 아닌 그들의 자만심이 숨겨져 있다. 이 역시 잘난 척하는 태도다.

9. 신앙심

불운한 사람은 종종 종교에 빠진다. 그러나 그들은 종교를 갖고도 이전과 다를 바 없이 행동한다. 불평과 신세 한탄을 일삼으며 자신의 짐을 신에게 떠넘기려고 한다. 그들은 오직 자기 자신만을 생각한다. 그리고 위대한 신이 오직 자기만을 돌보며 자기에 대해 모든 책임을 지고 있다고 생각한다. 또한 기도나 다른 종교적 헌신과 같은 인위적인 수단을 통해 신을 자기 곁에 둘 수 있다고 생각한다. 한마디로 말해 신은 그들의 문제에만 전념하고 그들에게만 관심을 기울이는 존재가 된다. 이런 식의 종교적 숭배는 매우 이단적인 요소를 지니고 있다. 그래서 과거의 종교 재판이 다시 부활한다면 이런 사람들은 제일 먼저 화형의 대상이 될 것이다. 그들은 다른 사람들에게 하듯이 그렇게 신을 대한다. 즉 문제를 개선하기 위해 아무런 일도 하지 않으면서 오직 신세 한탄만을 일삼는다.

열여덟 살 먹은 한 소녀의 이야기는 자만심이 어디까지 발전될 수 있는지를 보여준다. 이 소녀는 매우 착하고 성실했지만 공명심이 매우 강했다. 그녀의 공명심은 모든 종교적 의무를 양심껏 이행하는 신앙심으로 표현됐다. 어느 날 그녀는 자신에게 경건함이 부족하며 계율을 어길 뿐만 아니라 가끔 사악한 생각까지 한다고 자책하기 시작했다. 마침내 그녀가 하루 종일 자기 죄를 추궁하자 사람들은 그녀의 상태를 우려하기 시작했다. 그녀는 평소에 어느 것 하나 나무랄 데가 없는 소녀였다. 그러던 그녀가 방 한구석에 앉아 울면서 계속 자신을 질책했다. 한 사제가 그녀의 짐을 덜어줄 생각으로 그녀를 찾아와 죄를 사해 주었다. 다음날 소녀는 거리에서 사제를 만났다. 그녀는 사제에게 다가가 큰 죄를 떠안게 된 사제는 교회에 갈 자격이 없다고 큰소리로 외쳤다.

우리는 이 문제를 더 이상 논의할 필요가 없다. 우리는 이 사례를 통해 공명심이 종교적인 문제에 얼마나 깊이 개입될 수 있는지, 그리고 자만심이 어떻게 한 사람을 도덕과 죄, 순결과 타락, 선과 악의 심판관으로 만드는지 알 수 있다.

5장

감정

감정Affektion은 앞에서 기술한 성격상의 특징들이 고조되는 현상이다. 감정은 한정된 시간 내에 작동하는 심리적 활동으로 억압된 의식적, 무의식적 욕구가 갑자기 방출될 때 나타나며, 성격처럼 분명한 목표와 방향성을 가지고 있다. 감정은 해석이 불가능한 신비스런 현상이 아니다. 감정은 어떤 의미가 있을 때 나타나고 삶의 방식이나 행동 패턴에 상응할 때 생긴다. 사람들은 자기가 처해 있는 상황을 유리하게 만들기 위해 감정을 이용하여 그 상황을 변화시킨다. 감정은 다른 방법이 있는데도 그것을 포기한 사람이 갖게 되는 격한 활동이다. 더 정확히 말하자면, 관철할 수 있는 다른 가능성들을 더 이상 믿지 않는 사람들이 감정을 갖게 된다.

열등감, 즉 뭔가 부족하다는 느낌은 감정의 한 측면이다. 이러한 감정은 평소보다 더 내면의 활동을 강화시킨다. 사람들은 이렇게 힘을 쏟으며 자기를 내세우고 남들보다 낫다는 것을 입증하려고 한다. 예를 들어 적이 없으면 사람들은 화를 내지 않는다. 화를 내는 것은 적을 이기기 위해서이다. 이것은 격렬한 내면의 움직임을 통해 자기의 뜻을 관철하는 방법으로 우리 문화 속에 만연하는 현상이다. 그러나 이런 식으로 인정받을 수 없다는 것을 깨닫게 될 때, 사람들은 화를 좀 덜 낼 것이다.

우월해지려는 목표를 달성할 수 없다고 생각하거나 그럴 자신이 없다고 느끼는 사람들은 목표를 절대 포기하지 않는다. 오히려 그들은 더 세게 감정을 고조시켜 목표에 다가가려고 한다. 열등감에 사로잡혀 있는 사람들은 어쩔 수 없이 충동에 이끌려 행동하는 사람들처럼 온 힘을 다 쏟으며, 야만적이고 미개한 사람들처럼 잘못된 권리를 주장하고 인정받기 위해 노력한다.

감정은 인격과도 아주 밀접한 관계에 있다. 그것은 개인적인 특성이 아니라 거의 규칙처럼 모든 사람에게서 발견할 수 있는 특징이다. 모든 사람은 특정 상황에 놓이게 되면 특정한 감정을 표출한다. 우리는 이것을 정신기관의 감정준비능력^{Affektionsbereitschaft}이라고 말한다. 감정은 모든 것과 깊이 연결되어 있기 때문에 우리 삶의 중요한 부분을 차지하고 있다. 그러므로 우리는 감정을 늘 함께 고려해야 한다. 어떤 사람에 대해 조금 알고 있다면, 우리는 그의 감정을 완전히 다 알지는 못하더라도 어느 정도는 추측할 수 있다.

우리의 정신생활에 개입하는 감정이 신체에 영향을 준다는 것은 당연한 일이다. 영혼과 육체는 불가분의 관계에 있기 때문이다. 감정이 수반하는 생리학적 현상은 혈관이나 호흡 기관의 변화(빨라지는 맥박, 얼굴이 상기되거나 창백해지는 것, 호흡의 변화)나 내분비선의 변화 등이다.

A. 분리적 감정

1. 화

화는 개인의 권력욕이나 지배욕을 상징하는 감정이다. 화를 내는 목적은 자기 앞에 놓여 있는 장애물을 무력으로 빨리 제거하는 데 있다. 지금까지의 연구 결과를 종합해보면 화를 잘 내는 사람들은 모든 힘을 다해 우월을 추구하는 사람이다. 인정욕구는 가끔 권력에 도취되는 태도로 변질된다. 이런 사람은 자기의 권력욕이 조금이라도 침해되면 몹시 화를 낸다. 이들은 이런 식으로 다른 사람 위에 설 수 있으며, 자기의 의지를 관철시킬 수 있다고 믿는다. 이런 방법은 고상하지는 않지만 대부분 효과적이다. 누구나 어려운 상황에 처해 있을 때 화를 냄으로써 다시 인정을 받거나 자기의 권위를 되찾은 기억이 있을 것이다.

화를 내는 이유에 상당 부분은 정당할 수 있다. 그런 경우들은 여기서 제외하고, 분명하고 강하게 분출되는 감정, 즉 습관적으로 화를 내는 사람들만 살펴보자. 어떤 사람은 목적을 위해 의도적으로 화를 낸다. 왜냐하면 문제 해결을 위한 다른 방법을 모르기 때문이다. 이들은 거만하고 아주 예민한 사람들이기 때문에 누군가가 자기와 대등하거나 자기보다 우월하면 그것을 견디지 못한다. 그래서 누군가가 자기를 추월하지 않을까 감시하며, 사람들이 자기를 어떻게 평가하는지 늘 귀를 기울인다. 이 예민함은 보통 극도의 불신감으로 발전되는데, 이렇게 되면 주변 사람을 아무도 믿지 않게 된다.

화를 잘 내는 사람은 이와 유사한 다른 성격적인 특징을 가지고 있다. 아주 심각한 경우에 공명심이 강한 사람은 진지한 과제를 모두 기피하며, 사회에 적응하지 못한다. 뭔가 제대로 되지 않으면 그는 화를 내고 욕설을 퍼붓기 때문에 가까이 있는 사람들이 심한 고통을 당한다. 예를 들면 거울을 집어 던진다든지 귀한 물건을 부순다. 조금 지나서 자기가 한 일에 대해 정말 몰랐다고 변명을 한다. 그러나 우리는 이런 사람의 변명을 받아들일 수 없다. 그의 행동에는 주변을 해치려는 의도가 분명히 있었기 때문이다. 화가 나면 값어치 없는 것에는 손을 대지 않고 귀한 물건만 부수는 그의 행동에는 반드시 어떤 의도가 있다.

좁은 생활 범위 내에서는 이런 방법이 어느 정도 통할지 모르나 그 범위가 넓어지면 곧 효력을 잃게 된다. 습관적으로 화를 내는 사람은 결과적으로 주변 세계와 쉽게 갈등에 빠진다.

'화'라는 감정에 의해 표현되는 외적인 태도에 대해서도 언급할 필요가 있다. 어떤 사람의 경우에는 '화'라는 말을 하는 것만 들어도 그의 마음이 어떤 상태인지 금방 알 수 있다. 이것은 다른 사람에 대해 분명하고 강하게 드러내는 그의 적대적인 태도이다. 화는 사회적 감정을 완전히 소멸시키며, 거기에는 적을 제거할 만큼 강한 권력욕이 내재되어 있다. 우리는 감정에 대한 세밀한 관찰과 분석을 통해 인간 본성에 대한 많은 지식을 얻을 수 있다. 왜냐하면 인간의 성격을 가장 잘 나타내는 것이 감정이기 때문이다. 화를 잘 내는 사람은 삶에 대해 적대적인 시각과 손상된 감정을 가지고 있다. 여기서 다시 한 번 권력욕이 무력감과 열등감에 깊이 뿌리를 내리고 있다는 사실을 상기해보자. 자신의 힘에 만족하는 사람은 그러한 일탈적인 행동이나 폭력을 행사하지 않는다. 격분한 상태에서 열등감이 우월해지고 싶은 목표를 향해 아주 뚜렷하게 고조된다는 사실을 결코 간과해서는 안된다. 그러나 다른 사람의 희생을 대가로 자존심을 높이는 것은 값싼 수법에 불과하다.

알코올은 분노를 아주 쉽게 분출시키는 요소이다. 어떤 사람은 소량의 알코올만으로도 쉽게 화를 낸다. 알려진 바와 같이 알코올의 효과는 문명이 요구하는 금지 사항을 완화시키거나 해체시킨다. 알코올 중독자는 문명과 무관한 사람처럼 행동한다. 그는 자기를 통제하지 못하며, 타인을 전혀 고려하지 않는다. 술을 먹지 않으면 주변 사람에 대한 적대감은 어느 정도 억제되고 숨길 수 있다. 그러나 취기가 돌면 그의 본성은 다시 드러난다. 삶과 조화를 이루지 못하는 사람들이 주로 술을 마시는데, 이것은 우연이 아니다. 그는 술 속에서 위안과 망각, 그리고 성취하지 못한 일에 대한 변명을 찾는다.

우리는 어른보다는 아이들이 화를 더 자주 낸다는 것을 알고 있다. 아이들은 사소한 일에도 쉽게 화를 낸다. 이것은 아이들이 더 많은 열등감을 가지고 있고, 이로 인해 인정욕구를 더 뚜렷하게 드러내기 때문이다. 화를 잘 내는 아이는 늘 인정받고 싶다는 욕구를 표출하는 것이다. 이 아이에게는 극복할 수 있는 장애물이 실제보다 더 크게 보인다.

분노의 감정이 욕설이나 일상적인 행동을 넘어서면 당사자에게 치명적이 될 수 있다. 이것이 바로 자살이다. 자살은 그간 받아 왔던 무시와 멸시에 대한 복수이며, 가족이나 주변 사람들에게 고통을 주려는 시도이다.

2. 슬픔

상실과 박탈을 경험한 사람이 어떤 위안도 찾지 못하면 슬픔을 느끼게 된다. 슬픔에도 역시 불쾌함이나 허약함을 떨쳐버리고 더 나은 상황을 마련하려는 경향이 있다. 이 관점에서 보면 슬픔은 화를 내는 것과 같은 의미를 지니고 있다. 그러나 이 둘은 서로 다른 동인을 가지고 있으며, 서로 다른 태도를 보일 뿐 아니라 사용하는 방법도 다르다.

분노는 다른 사람을 겨냥한다. 그래서 화를 내는 사람에게는 자존심을 높여주지만 다른 사람에게는 패배를 안겨 준다. 슬픔의 경우 처음에는 심리적 지평이 축소되지만 곧이어 확장된다. 그 결과 슬픔에 젖은 사람은 자존심의 회복과 만족감을 갖게 된다. 이 만족감도 다름 아닌 일종의 감정 분출이며, 화를 내는 것과 방식은 다르지만 주변 환경을 겨냥한 반응이란 점에서는 같다. 슬퍼하는 사람은 누군가를 비난하는 사람이다. 그러면서 그는 주변 사람과 상반된 입장을 취한다. 슬픔은 인간에게 자연스러운 현상이지만 이것이 너무 지나치면 주변에 대해 적대적이고 유해한 행동이 된다.

슬픔에 빠진 사람의 마음은 주변 사람들의 태도에 의해 다시 고양된다. 우리가 알고 있듯이 슬픔에 빠진 사람은 누군가가 그를 돌봐주고, 그에게 용기와 도움을 주고, 연민을 느끼면 한결 나아진다. 눈물을 흘리고 탄식을 하면 긴장이 해소되는데, 이를 통해 사람들은 주변에 대해 공격을 가했을 뿐만 아니라 자신의 운명을 극복했다고 생각한다. 여기서 우리는 슬픔이 갖고 있는 요구와 명령의 특징을 뚜렷하게 볼 수 있다. 결국 주변 사람들은 점점 더 많은 것을 요구받게 된다. 슬픔은 다른 사람들을 묶어 놓고 저항할 수 없게 만드는 하나의 논거와 같다.

이 감정은 열등감을 우월감으로 바꾸려는 투쟁이며, 자기의 위치를 유지하고 무력감과 열등감에서 벗어나려는 시도이다.

3. 감정의 남용

감정은 이해하기 어려운 현상이다. 그러나 감정이 열등감을 극복하고 인정욕구를 충족시키는 수단이라는 점을 알게 되면 문제는 달라진다. 감정의 표현은 인간의 심리 활동에서 널리 사용되는 능력이다. 무시당하고 있다고 생각하는 아이는 분노, 슬픔, 울음을 통해 주변을 통제할 수 있다는 것을 배우며, 우월함을 얻기 위해 계속 이 방법을 시험한다. 이런 식으로 그는 조그만 자극에도 감정적으로 반응하는 행동 패턴을 갖게 되며, 필요하다고 생각하면 언제나 이러한 감정들을 사용한다. 이것은 자동적으로 그의 습관이 되며 종종 비정상적인 병리 현상이 되기도 한다. 어렸을 적에 이런 습관이 든 사람은 성인이 되어서도 계속 감정을 남용한다. 목적을 달성하기 위해서나 자기의 의도를 관철하기 위하여 유희하듯 분노와 슬픔, 그리고 다른 감정들을 사용하여 무가치하고 위해한 행동을 한다. 이들은 거절당하거나 자기의 우월감이 위협을 받으면 항상 감정적인 반응을 한다. 예를 들어 어떤 사람은 마치 명예로운 일인 양 슬픔을 아주 격렬하게 표현하여 불쾌감을 주기도 한다. 마치 경쟁이라도 하듯이 더 슬퍼하려고 애쓰는 사람들도 있다.

감정의 남용은 물리적인 현상들을 동반하기도 한다. 알려진 바와 같이 어떤 사람의 경우에는 분노가 소화 작용에 영향을 미친다. 화가 나면 구토 현상이 나타난다. 이 메커니즘은 그의 적개심을 명확하게 보여준다. 구토는 다른 사람이나 어떤 상황을 비판하거나 폄하하는 것을 의미한다. 슬픔은 종종 식사 거부로 이어져 실제로 체중이 감소하는 결과를 초래한다. 슬픔은 또한 투정을 부리는 사람의 모습으로 나타나기도 한다.

이러한 감정의 남용은 다른 사람의 공동체감을 자극한다는 점에서 무시할 일이 아니다. 다른 사람들이 관심을 보이게 되면 격한 감정은 수그러진다. 그러나 다른 사람의 관심을 끌기 위해 슬픔을 계속 표현하는 사람들도 있다. 다른 사람들이 우정과 호의를 보일 때 비로소 자기의 가치가 상승된다고 느끼기 때문이다.

분노나 슬픔은 정도의 차이는 있지만 우리의 공감을 요구한다. 그러나 이 감정들은 분리적인 성격을 가지고 있어서 사람들을 결합시키기 보다는 공동체감을 해치며 분열을 조장한다. 슬픔은 일시적으로 사람들을 결합시킬 수 있으나 시간이 지나면서 쌍방이 공동체감을 공유하는 정상적인 결합이 아니라 주변 사람들은 오직 베풀기만 해야 하는 왜곡된 관계를 낳는다.

4. 역겨움

분리적인 감정은 정도가 약하기는 하지만 역겨움에서도 발견할 수 있다. 역겨움은 생리적인 현상으로 불쾌한 시각적 대상이나 후각적 대상이 위벽을 자극했을 때 발생한다. 심리적인 관점에서 보면 무언가를 마음속에서 밀어내고 싶은 충동과 연결된다. 이 점에서 역겨움은 분리적인 감정이다. 역겨움은 혐오의 몸짓이다. 편두통은 주변 사람에 대한 비난이며, 방기한다는 의미에서 상황을 종료하는 행위이다. 이 감정은 불쾌한 상황을 모면하기 위한 구실로 사용된다. 역겨움은 다른 감정들과는 달리 쉽게 유발된다. 특별한 연습을 하거나 혹은 어떤 것을 상상하면 누구나 쉽게 역겨운 감정을 가질 수 있다. 이렇게 한낱 무해한 감정조차 사회로부터 도피하거나 그것을 공격하는 무기가 될 수 있다.

5. 두려움(공포)

두려움은 인간의 삶에 있어서 매우 중요한 현상 중의 하나이다. 두려움은 분리적인 감정이지만 슬픔처럼 다른 사람과 특이한 결합을 초래하기 때문에 복잡하다. 예를 들어 아이가 두려운 상황에 처하게 되면 두려운 상황으로부터 다른 상황으로 도피하려고 한다. 두려움의 메커니즘은 우월함을 직접 나타내지 않고 일단 좌절의 모습을 보인다. 우리는 두려움을 느끼면 가능한 우리 자신을 작게 만든다. 여기서 우리는 우월욕구가 잠재되어 있는 이 감정의 결합적 측면을 엿볼 수 있다. 일단 안전한 상황으로 도피하며, 이런 식으로 위험을 극복할 때까지 힘을 축적한다.

두려움은 모든 유기체에 내재되어 있는 근본적인 기능이며, 모든 생물이 가지고 있는 원초적인 공포를 반영한다. 특히 인간은 자연에 대해 허약하고 불안한 존재이기 때문에 두려움을 갖고 있다. 아이들은 삶의 어려움을 극복할 수 있는 경험과 지식이 부족하기 때문에 누군가가 자신의 결함을 보완해주지 않으면 스스로 존립할 수 없다. 어린아이는 어려움에 부딪히거나 외부 세계로부터 요구를 받으면 바로 어려움을 느낀다. 불안에서 벗어나려는 노력이 좌절되고, 이에 대한 보상으로 회의적이고 이기적인 인생관을 갖게 될 위험은 늘 존재한다. 이 과정에서 주변 사람들의 도움과 배려를 기대하는 성격이 개발된다. 이렇게 생긴 조심성은 삶의 과제를 회피하려는 성향과 비례한다. 이런 아이들은 앞으로 나가야 할 일이 생기면 후퇴할 생각부터 하며 늘 도피하려고 한다. 이들이 흔히 갖게 되는 뚜렷한 감정 중의 하나가 두려움이다.

우리는 두려워하는 모습에서, 특히 표정에서 우회적이지만 공격적인 대응 태도를 보게 된다. 이 현상은 종종 병적으로 변형되는데, 이를 통해 우리는 두려움을 갖고 있는 사람의 내면을 쉽게 통찰할 수 있다. 마치 다른 사람을 붙잡아 곁에 두려고 하는 느낌을 준다.

이 현상을 계속 관찰하면 결국 앞에서 논의한 두려워하는 성격과 다시 연결된다. 즉 늘 다른 사람으로부터 도움을 구하고 언제나 누군가를 자기 곁에 두어야 하는 사람의 문제이다. 우리는 이러한 삶의 방식의 초기 형태를 응석받이 아이에게서 발견할 수 있다. 두려워하는 사람 옆에는 누군가가 늘 있어야 하며 그에게 등받이 노릇을 해야 한다. 이런 점에서 이것은 지배 관계를 확립하려는 시도이다. 좀 더 살펴보면 이런 사람은 다른 사람이 자기를 특별한 존재로 받아줄 것을 요구하며 산다. 그들은 삶과 진정한 관계를 설정하지 못했기 때문에 자립심을 상실한 사람이다. 그래서 자기만이 누릴 수 있는 특권을 강하게 요구한다. 다른 사람과 관계를 맺으려고 해도 그에게는 공동체감이 결여되어 있다. 그들은 두려움을 표시함으로써 자신의 특권을 다시 확보하고 삶의 과제를 회피하며 다른 사람들을 자기 마음대로 한다. 마침내 두려움은 일상생활의 모든 관계에 파급된다. 두려움은 주변 환경을 지배하거나 벗어나기 위한 가장 효과적인 수단이 된다.

B. 결합적인 감정

1. 기쁨

기쁨은 사람을 연결하는 감정이다. 그것은 고립을 용납하지 않는다. 사람들과 하나가 되어 함께 나누고 즐기려는 성향은 친구를 만났을 때나 포옹할 때처럼 기쁨을 통해 표출된다. 이러한 태도는 손을 내밀거나 온정을 베푸는 것과 같이 결합을 지향한다. 이 감정에는 그러한 요소들이 모두 존재한다.

우리는 기쁨의 감정에서 상승 곡선을 발견하게 된다. 즉 불만스러운 감정을 극복하고 우월감을 얻으려는 노력이다. 기쁨은 어려움을 극복한 사람의 감정 표현이다. 기쁨은 해방의 효과를 지닌 웃음과 동반 관계에 있다. 또한 웃음은 기쁨의 마지막 행위이며, 다른 사람의 호감을 얻게 한다.

웃음이나 기쁨도 개인의 이해관계에 따라 오용될 수 있다. 한 환자는 메시나의 지진 소식을 듣고 기쁨을 감추지 못하고 크게 웃었다. 그 이유를 조사해보니 그는 슬픔에 잠겨 있으면 무력감이 생기기 때문에 슬픈 감정에서 벗어나고 싶었던 것이다. 그는 슬픔 대신 그와 반대되는 감정을 가짐으로써 슬픔에서 벗어날 수 있다고 생각했다. 자주 오용되는 또 다른 형태의 기쁨은 남의 불행을 보고 기뻐하는 것 Schadenfreude 이다. 이 기쁨은 부적절한 장소에서 표출되기 때문에 공동체감을 외면하거나 손상시킨다. 이것은 다른 사람보다 우월해지고 싶어하는 사람이 갖는 분리적 감정이다.

2. 연민

연민은 공동체감의 순수한 표현이다. 어떤 사람에게서 연민을 경험하게 되면 우리는 그 사람이 공동체감을 가지고 있다고 믿어도 된다. 얼마나 다른 사람들의 입장에서 느끼고 판단하는지를 보여주는 척도가 연민이기 때문이다.

그러나 이러한 연민은 잘못 사용하는 경우가 더 많은 것 같다. 예를 들면 공동체감이 풍부한 사람인 척하거나 그것을 과장하는 행위이다. 이런 사람은 불행한 일이 생기면 앞에 나서기만 할 뿐 아무 것도 하지 않으며, 세간의 주목만을 받으려 한다. 그는 이런 식으로 여론의 값싼 명성을 얻고자 하는 것이다. 어떤 사람은 타인의 불행을 찾아다니며 즐거워하기도 한다. 이렇게 전문적으로 동정과 선행을 일삼는 사람들은 무엇보다 자신의 행위를 통해 가난하고 불쌍한 사람보다 우월하다는 해방감을 느낀다. 이런 유형의 사람을 두고 위대한 인간이해자였던 라로슈푸코는 "우리는 친구들의 불행 속에서 만족을 찾는다"고 말한 바 있다.

사람들은 보통 비극을 보고 느끼는 쾌감을 이 현상과 연관시키지만 그것은 잘못된 판단이다. 관객이 무대 위의 배우보다 더 우월한 감정을 가지고 있다고 말하는 것은 맞지 않다. 왜냐하면 비극 작품에 대한 우리의 관심은 자기를 인식하고 교훈을 얻는 데 있기 때문이다. 우리는 그것이 단순히 연극에 불과하다는 것을 알고 있지만, 거기에서 삶의 문제를 해결하기 위한 자극과 촉진제를 기대한다.

3. 부끄러움(겸손)

부끄러움은 결합적이면서 동시에 분리적인 감정이다. 그것은 사회적 관계가 만들어 낸 감정으로 우리의 정신과 분리될 수 없다. 인간 사회는 부끄러움 없이 존재할 수 없다. 부끄러움은 한 개인의 정신 영역이 외부의 간섭을 받아 그의 인격이 손상될 위험에 처했을 때나 혹은 그의 자존심이 상실될지 모르는 상황에서 발생한다. 이때 부끄러움은 신체 부위로 강하게 전이된다. 이 과정은 말초 신경의 확장과 충혈로 진행되는데, 대개 얼굴 부위에서 일어난다. 어떤 사람의 경우에는 가슴 부위에 홍조가 나타나기도 한다.

부끄러움은 주변 환경으로부터 벗어나려는 태도의 외적 표현일 수도 있다. 이것은 자기 고립의 행동이며, 가벼운 우울감과도 연결된다. 즉 위협적인 상황으로부터 도피하려는 제스처이다. 사람을 피하거나 눈을 내려뜨는 것은 도피적 행동이다. 여기서 우리는 부끄러움의 분리적인 성격을 확인할 수 있다.

여기서도 이 감정은 오용될 수 있다. 어떤 사람은 아주 쉽게 얼굴이 빨개진다. 이런 사람들은 평소 주변 사람들과의 관계에서 화합하기 보다는 분리적인 행동을 취한다. 그들이 얼굴을 붉히는 것은 사회로부터 벗어나기 위한 방편이다.

첨언

교육에 관한 일반적 견해

마지막으로 앞에서 부분적으로 다루었던 주제에 대해 몇 가지의 견해를 추가하고자 한다. 그것은 다름 아닌 가정, 학교, 그리고 일반 생활에서 교육이 인간의 정신발전에 어떤 영향을 미치는가 하는 문제이다.

오늘날 가정교육이 권력욕과 자만심을 크게 조장한다는 점은 의심의 여지가 없다. 우리는 아마도 각자의 경험에서 그 사례를 찾을 수 있을 것이다. 가족은 하나의 제도로서 분명히 많은 장점을 가지고 있다. 아이들을 제대로 보살피고 가르치는 데 있어서 가정보다 더 나은 제도는 없다. 특히 병에 걸렸을 때를 생각해보면 가정은 인류의 생존을 위해 가장 적합한 제도이다. 부모가 아이의 잘못을 사전에 인식할 수 있는 통찰력과 능력을 가지고 있고, 또한 그 오류를 바로 잡을 수만 있다면 사회에 적합한 인간을 양육하는데 가정보다 더 적합한 곳은 없다.

그러나 유감스럽게도 대부분의 부모들은 훌륭한 심리학자도 아니며, 뛰어난 교육자도 아니다. 오늘날 가정교육에서 중요한 역할을 하는 것은 정도의 차이는 있지만 대개가 병적인 가족 이기주의이다. 가족 이기주의 때문에 사람들은 다른 아이가 희생되더라도 내 자식만을 소중히 여기며, 특별한 존재라고 생각한다. 바로 이러한 가정교육이 엄청난 오류를 낳는다. 왜냐하면 이런 교육을 받은 아이는 자기가 다른 사람보다 우월하고 특별한 존재라고 생각하기 때문이다. 여기에 더해지는 것이 아버지의 권위와 우월함에 기초한 가족의 구성이다. 불행은 여기에서 시작된다. 아버지의 권위는 희박한 공동체 의식에 근거하고 있기 때문에 이를 경험한 아이들은 노골적이건 은밀하건 공동체감에 저항한다. 아버지의 권위를 무조건 인정하는 경우는 없다. 권위적인 교육이 위험한 이유는 그것이 아이의 권력욕에 모범이 되며 권력을 소유하는 것은 즐거움을 주기 때문이다. 이렇게 자란 아이들은 권력욕이 강하고, 공명심과 자만심이 강하다. 이제 이 아이는 더 높은 곳을 지향하고 더 많은 명성을 쫓으며, 가까이서 늘 보아왔던 강한 사람처럼 다른 사람에게 복종과 굴복을 강요한다. 이렇게 그들은 부모와 주변 환경에 대해 적대적인 태도를 갖게 된다.

　우리의 가정교육에서는 아이가 우월해지려는 목표를 갖지 않을 수 없다. 우리는 '어른 놀이'를 즐겨하는 어린아이들뿐 아니라 나이가 든 성인에게서도 이를 발견하게 된다. 이들은 유년 시절에 대한 생각이나 무의식적인 기억 속에서 세상을 마치 자기 집인 것처럼 생각한다. 또한 이들은 어쩌다 실패하게 되면 싫어진 세상으로부터 도피하여 고립된 삶을 살려고 한다.

　가정은 아이의 공동체감을 발전시키기에 적합한 장소이다. 그러나 권력욕과 권위에 대해 언급한 것을 기억한다면 가정에서 키울 수 있는 공동체감은 제한적일 수밖에 없다. 아이는 엄마와의 관계에서 제일 먼저 사랑의 욕구를 느낀다. 이것은 아이에게 아주 중요한 경험이다. 왜냐하면 아이는 이 경험을 통해 다른 사람들도 믿을 수 있다는 것을 배우기 때문이다. 여기서 아이는 '너'와 '나'의 차이를 인식하게 된다. 니체의 말에 따르면 모든 사람은 사랑의 이상형을 어머니와의 관계로부터 만든다. 페스탈로치는 "어머니는 아이와 세계의 관계를 결정짓는 이정표이며, 어머니와의 관계는 아이의 모든 행동의 틀이 된다"고 말하였다.

그러므로 아이의 공동체감을 발달시키는 것이 엄마의 기능이다. 우리가 간혹 아이들에게서 볼 수 있는 유별난 성격은 엄마와 아이의 잘못된 관계에서 비롯된 것이다. 이 관계가 만족스럽지 못하면 아이는 사회적인 결함을 갖게 된다. 일반적으로 거기에는 두 가지 원인이 있다.

첫 번째는 엄마가 자기의 역할을 제대로 수행하지 않는다는 점이다. 이로 인해 아이는 공동체감을 개발하지 못한다. 이 결함은 심각한 문제이며 아주 불행한 결과를 초래한다. 아이는 아주 낯선 곳에서 이방인처럼 성장한다. 이런 아이를 도와줄 수 있는 유일한 길은 성장 과정에서 결여된 엄마의 역할을 맡는 것이다. 이것이 그를 사회의 일원으로 만들 수 있는 유일한 방법이다.

두 번째는 우리가 일반적으로 범하는 오류이다. 엄마가 엄마로서의 역할을 수행하긴 하지만, 그 방법이 너무 강하고 과장되어서 엄마의 그늘 아래서 아이가 자신을 개발할 수 없게 되는 점이다. 이런 엄마는 아이 안에 싹트는 공동체감을 자신에게 집중하도록 만든다. 즉 아이는 오직 엄마에게만 관심을 기울이며 다른 세상에 대해서는 무관심해진다. 이런 아이는 사회적 인간이 되기 위해 필요한 근거를 상실한다. 이렇게 잘못된 교육을 받고 자란 아이는 열등의식이 강하고 공동체감이 결여되어 있으며 용기가 없다.

엄마와의 관계 외에도 교육에 있어서 중요한 역할을 하는 요소들이 있다. 무엇보다 행복한 유년기는 아이가 세상에서 자기 자리를 쉽게 찾도록 도와준다. 대부분의 아이들은 많은 어려움을 극복해야 한다. 또한 유년기의 아이들은 세상을 안주할 수 있는 편안한 장소로 생각하지 않는다. 이 점을 생각하면 아이들이 처음 받는 인상은 매우 중요하다. 왜냐하면 아이는 이 인상이 제시하는 방향에 따라 자기가 가야할 길을 모색하고 삶의 방식을 자동화시키기 때문이다. 많은 아이들은 병약한 상태로 태어나 오직 고통과 슬픔만을 경험한다. 또한 많은 아이들에게 유년기는 아예 존재하지 않거나 삶의 기쁨을 깨우쳐 주는 곳이 되지 못한다. 이 점을 생각해볼 때 우리는 많은 아이들이 왜 삶이나 사회에 우호적인 사람으로 성장하지 못하며, 올바른 인간 공동체에서 발현될 수 있는 공동체감을 가지지 못하는지 이해할 수 있다.

더 나아가 우리는 특히 유년기의 잘못된 교육이 중대한 영향을 미친다는 점을 잊지 말아야 한다. 엄격하고 권위적인 교육은 삶의 기쁨과 공동생활의 동기를 앗아갈 수 있다. 반면 아이 앞에 놓여 있는 작은 장애물까지 치워주고, 온실 속 화초처럼 키우게 되면 성인이 되었을 때 집 밖의 거센 세파에 잘 적응하지 못한다.

오늘날 우리 사회에서 행해지고 있는 가정교육은 아이를 우리가 기대하는 인간 사회의 가치 있는 일원으로 키우기에 적합하지 못하다. 그렇다면 어떤 제도가 성장 과정의 오류를 보상하고 개선할 수 있을까? 그 대답은 학교이다. 그러나 자세히 살펴보면 학교도 이 과제를 수행하기에 적합한 곳은 못 된다. 오늘날 학교가 처해 있는 상황에서 아이들의 오류를 근본적으로 인식하고 개선했다고 자부할 수 있는 교사는 아마 거의 없을 것이다. 교사들은 이 과제에 대해 전혀 준비되어 있지 않거나 아니면 그런 여건에 있지 못하다. 교사들은 인간의 삶보다는 오직 지식을 전달하는 교과 과정만을 담당하기 때문이다. 또한 교사들은 너무 많은 아이들을 지도해야 하기 때문에 이 과제를 수행하기 어렵다.

그러므로 우리는 무엇이 가정교육의 결함을 보완하고 개선할 수 있는 제도가 될 수 있는지 살펴보아야 한다. 어떤 사람들은 그것이 삶 그 자체라고 생각할지 모른다. 그러나 삶도 역시 스스로의 한계를 지니고 있어서 가끔 변화를 줄 수 있으나 한 사람을 완전히 바꾸어놓지 못한다. 왜냐하면 개인의 자만심과 명예욕이 그것을 허락하지 않기 때문이다. 그는 수많은 오류를 범하고도 그 잘못을 다른 사람에게 돌리거나 아니면 자기의 상황이 어쩔 수 없었다고 생각할 것이다. 자신의 잘못을 깊이 생각하고 반성하는 사람은 정말 드물다.

삶은 근본적인 변화를 가져다 줄 수 없다. 이것은 심리학적으로 이해할 수 있는 대목이다. 왜냐하면 삶은 이미 만들어진 사람들, 즉 이미 확고한 관점과 개인적인 우월 목표를 가지고 있는 인간들을 받아들이기 때문이다. 오히려 삶은 나쁜 선생이다. 삶은 어떤 고려도 하지 않으며, 어떤 경고나 교훈도 주지 않는다. 삶은 냉정한 태도로 우리를 거부하며 나락으로 추락하게 만들 뿐이다.

결국 우리는 변화를 가져다 줄 수 있는 유일한 제도가 학교라는 결론에 도달하게 된다. 학교라는 제도는 잘못 운영되지만 않으면 이 기능을 제대로 수행할 수 있다. 오늘날까지 학교를 운영하는 사람들은 늘 학교를 자신의 자만심과 명예욕을 충족시키기 위한 수단으로 이용해 왔다. 이것은 장기적으로 좋은 결과를 낳을 수 없다. 일각에서는 과거의 권위를 다시 세워야 한다고 주장하는 사람들도 있다. 그렇다면 그 오래된 권위가 어떤 성과를 이루었는지 묻지 않을 수 없다. 늘 해로운 것으로 인식해 온 권위주의가 갑자기 왜 유익한 것이 되는지 이해할 수 없다. 권위적인 상황이 쉽게 만들어질 수 있는 가정에서조차 권위주의는 거부와 반발 외에 아무 것도 얻는 것이 없다.

인정받지 못하는 권위는 자기를 인정하도록 강요한다. 학교에서조차 아이들은 권위를 전적으로 인정하지 않는다. 많은 아이들은 선생님이 국가나 재단에 의해 고용된 사람에 불과하다는 의식을 갖고 있다. 이런 아이들에게 일방적으로 권위를 강요하는 것은 아이들의 심리적 발달에 부정적인 결과를 가져올 수밖에 없다. 권위는 강제적인 영향력이 아닌 공동체감에 기초해야 한다.

모든 아이들은 정신적 발달 과정 중에 학교라는 상황을 만난다. 그러므로 학교는 건강한 정신의 발달을 위해 필요한 것들을 충족시켜 주어야 한다. 학생들의 정신적 요구와 일치하는 학교가 좋은 학교이다. 이런 학교를 우리는 사회적인 학교$^{Soziale\ Schule}$라고 부를 수 있다.

| 결론 |

　우리가 논의한 내용을 정리해 보면 다음과 같다. 우리의 정신기관은 정신적, 신체적으로 작동하는 어떤 선천적인 실체로부터 생기며, 정신기관의 발전은 전적으로 사회적 조건의 제약을 받는다. 다시 말하면 한편으로는 유기체의 조건과, 다른 한편으로는 인간 사회의 조건이 충족되어야 한다. 이것은 하나의 틀로서 작용하는데, 이 안에서 정신기관의 발달이 진행되며 발달 방향도 제시된다.

　우리는 정신의 발달 과정 외에 인지, 상상, 기억, 느낌, 사고에 대해 살펴보았다. 이에 이어서 성격상의 특징들과 감정에 대해서도 논의하였다. 우리는 이 모든 현상들이 서로 분리할 수 없는 연관 관계 속에 있으며, 한편으로는 공동체의 법칙을 따르지만, 다른 한편으로는 개인의 권력욕구와 우월욕구에 의해 조정되고 형성된다는 사실을 확인하였다. 개인의 우월 목표와 공동체감은 하나로 결합하며, 그 정도 차이에 따라 특정한 성격이 형성된다. 이런 점에서 성격은 결코 선천적인 것이 아니다. 성격의 발달은 정신생활이 시작되면서부터 사람이 의식하고 있는 크고 작은 모든 목표에 도달하기까지 하나의 패턴 속에서 진행된다.

우리는 인간을 이해하는데 이정표 역할을 하는 일련의 성격과 감정에 대해서도 상세하게 논의하였다. 마지막으로 모든 사람은 권력욕에 상응하는 명예욕과 자만심을 가지고 있다는 점도 밝혀내었다. 우리는 이것들이 표출되는 형태를 통해 개인이 추구하는 것과 그것들이 영향을 미치는 방식을 명확하게 인식하였다. 이와 더불어 과도한 명예욕과 자만심은 개인의 정상적인 발전을 저해하고 공동체감을 고갈시킨다는 사실도 확인하였다. 그것은 인간 공동체를 침해하며, 동시에 개인과 그가 추구하는 것을 실패로 이끈다. 부정할 수 없는 이러한 정신발달의 법칙은 어두운 충동에 빠지지 않고 자신의 운명을 의식적으로 개척하려는 모든 사람들에게 하나의 이정표 역할을 할 것이다. 우리가 이 연구를 진행하는 것은 인간을 이해하기 위해서이다. 인간이해의 학문은 평소에 거의 관심 밖에 있었지만, 계층을 막론하고 누구에게나 필요한, 중요한 과제임에 틀림없다.

아들러와 개인심리학

아들러라는 이름은 우리에게 그다지 익숙하지 않다. 그렇다면 개인심리학의 창시자이며, 3대 심층심리학자 중 한 사람으로 손꼽히는 아들러는 왜 우리에게 생소한 것일까? 열등감, 인정욕구, 권력욕, 생활양식 같은 개념들이 아들러에게서 비롯되었다는 사실을 아는 사람이 얼마나 될까? 아들러의 역사적 위치와 의미는 오랫동안 프로이트의 그늘에 가려져 제대로 인식되지 못했고, 수없이 차용과 표절의 대상이 되었지만 그의 학문적 성취에 합당한 평가와 조명이 이루어지지 않았다. 그러나 그의 심리학이 인간 정신의 새로운 차원을 제시했고, 현대 심리학의 발전에 크게 기여했다는 점에 대해서는 모두 동의하고 있다.

아들러의 삶

아들러는 1870년 2월 7일 빈에서 출생했다. 그의 아버지는 유태인 곡물상이었으며 어머니는 평범한 주부였다. 그는 4남 2녀 중 둘째 아이였으며 어려서부터 구루병과 후두경련과 같은 신체적 결함을 가지고 있었다. 아들러는 다른 형제들보다 앞서고 싶어하는 차남 특유의 욕구를 가지고 있었고, 남동생의 죽음과 어머니의 지병은 그의 삶에 커다란 영향을 미쳤다. 학창 시절에는 학교 성적이 나빠서 낙제의 위기를 경험한 적도 있었다. 아버지의 조언에 용기를 얻은 그는 무난히 고등학교를 졸업하고 대학에 진학할 수 있었다. 유년기에 경험한 열등감과 단점이 장점이 될 수 있다는 믿음은 그의 저술 전체를 관류하며 개인심리학이 표명하는 낙관적 인간관의 배경이 되었다.

아들러는 1895년 러시아 태생의 라이사와 결혼하여 네 명의 자녀를 두었다. 그 중 두 자녀는 뉴욕의 유명한 신경정신과 의사가 되었고 개인심리학의 대표적인 학자로 활동하였다. 그는 지적이며 자의식이 강한 아내로부터 많은 영향을 받았다. 사회참여의식, 사회민주주의에 대한 신념, 도스토옙스키에 대한 애정, 남녀평등을 옹호하는 그의 이론은 그녀의 생각을 많이 반영하고 있다. 종교문제에 대해서는 적극적인 태도를 유보하였으며, 1904년 개신교로 개종하였다. 그는 빈 대학에서 의학을 전공한 후 안과의사로 일했고, 1911년부터는 신경정신과 의사로 활동하였다. 제1차 세계대전 중에는 군의관으로 참전하였으며, 전쟁의 참혹상과 반인륜적인 경험은 공동체와 공동체감을 중시하는 평화주의자 아들러를 낳는 결정적인 계기가 되었다.

정신분석가 아들러의 경력은 프로이트를 만나면서 시작되었다. 그는 1902년부터 1911년까지 프로이트의 '수요모임'에서 활동하였으나, 1911년 근본적인 견해 차이로 프로이트와 결별한 뒤에 독자적인 학문세계를 구축하였다. 그는 프로이트를 비판하는 동료들과 함께 "자유 정신분석연구 학회Verein fur freie psychoanalytische Forschung"을 설립하였고, 곧

"개인심리학회 Verein fur Individualpsychologie"로 개칭하였다. 아들러의 개인심리학은 인간의 행동을 성적본능으로 환원하는 프로이트의 이론과는 달리 비결정론적인 인간관에 기초하고 있으며 개인과 사회의 관계 그리고 그 조건을 규명하는 데 역점을 두고 있다. 아들러는 인간을 사회적 존재로 규정하고, 개인을 사회적 관계와 주변에 대한 태도를 통해 이해했기 때문에 그의 심리학은 공동체 심리학이라고 불리기도 한다.

『인간이해』와 개인심리학

1927년 출판된 『인간이해』는 크게 일반론과 성격론으로 구성되어 있다. '인간이해'라는 말은 일반적으로 대인관계에 필요한 지식이나 능력 혹은 상대방의 마음을 통찰할 수 있는 능력을 뜻한다. 오늘날까지 우리는 인간이해를 경험과 연륜에 바탕을 둔 직관적 능력으로 간주하며, 특히 위대한 작가의 상상력 속에서 그 능력의 전형을 확인해 왔다. 그러나 아들러는 인류에게 인간이해에 대한 체계적인 연구와 학문적 전통이 부재하고 있다는 점을 통감하고 인간이해를 하나의 학문으로, 즉 개인심리학으로 발전시키고자 하였다. 그렇기 때문에 『인간이해』에서 그는 다른 어떤 심리학자들보다 그리고 자신의 다른 논문에서 보다 개인심리학의 인류학적 의미와 전제를 상세히 밝히고 있다.

열등감과 보상

아들러 심리학의 근본 개념은 열등감과 보상이다. 인간은 누구나 성장 과정에서 열등감을 갖게 되며 이를 극복하기 위해 노력한다. 유아기 때부터 갖기 시작하는 열등감은 열등한 신체, 열악한 사회적 환경이나 경제적 궁핍, 무시와 모욕감 등에서 비롯된다. 동일한 조건과 환경 속에 있더라도 어떤 사람은 열등감을 갖는 반면 어떤 사람은 그것을 전혀 느끼지 않는다. 이런 점에서 열등감은 전적으로 주관적인 감정이며, 열등함보다 개인의 정신생활에 더 큰 영향을 미친다.

열등감을 극복하려는 노력, 즉 보상은 일반적으로 서로 다른 두 방향으로 진행된다. 한편으로는 우월감, 자만심, 권력추구의 방향으로 발전되며, 다른 한편으로는 공동체에 대한 관심, 인간다움, 연대감으로 실현된다. 다시 말해 보상의 노력은 권력욕(인정욕구)이나 공동체감으로 표현되며 특정 집단과 사회 그리고 개인의 삶을 결정한다. 이런 점에서 열등감은 건강한 정신발달을 유도하는 원동력이 될 수 있지만, 어떤 경우에는 스스로를 왜소하고 열등한 존재로 느끼게 하며 반사회적인 태도를 갖거나 병적인 권력욕과 우월욕구를 갖게 만든다.

공동체감

인간은 개별적으로 모두 열등한 존재이기 때문에 오직 집단이나 공동체 안에서만 생존할 수 있다. 이런 점에서 절대적인 진리가 있다면 공동체가 바로 유일한 진리이다. 공동체는 가족으로부터 전 인류까지 다 포함되는 전체사회를 뜻하며, 공동체의 삶은 무엇보다 공동체감을 전제로 한다. 열등감이 심한 사람은 공동체로부터 고립되지만, 타고난 공동체감이 새롭게 활성화되면 다시 공동체의 일원이 될 수 있다. 사회에서 고립된 사람은 '나쁜' 사람이 아니라 단지 자신감을 잃은 사람일 뿐이다. 자신감을 되찾은 사람은 누구나 다시 유능한 사회의 일원이 될 수 있다는 것이 아들러의 확신이다. 공동체감과 열등감 사이에서 생기는 갈등은 인간의 행동 패턴을 결정한다. 모든 사람은 유년기 때부터 미래의 인생을 설계하며 가상적인 삶의 목표를 지향하기 때문에 이 목표는 객관적인 인과관계에 의해 설명되지 않는다. 과거의 경험, 기질, 환경 등과 같은 객관적인 사실이 목표 설정에 영향을 미치지만 개인의 궁극적인 목표는 가상 속에서 임의적으로 만들어진 허구적인 구상에 불과하다. 아들러의 목표 개념에 있어서 또 다른 특징은 개인 스스로 이 목표를 의식하지 못한다는 점이다. 사람들은 은밀한 삶의 계획에 따라 목표를 추구하지만 목표의 정당성과 달성 여부는 한 사람의 삶의 목표가 그가 속한 공동체의 목표와 일치하는지, 또한 개인적인 삶의 방식이 공동체의 삶의 방식과 일치하는지에 달려 있다.

성격 형성

개인의 인격과 성격의 형성 과정도 아들러 심리학의 중요한 주제이다. 아이의 성격은 생후 몇 년 안에 형성되며, 이 과정은 주변 환경과 서로 작용, 반작용을 하며 진행된다. 여기에서 특히 중요한 역할을 하는 것이 부모와 형제들 간의 관계이다. 성격은 아이가 주변 환경과 사회적 요구에 대응하는 방식이며, 자기 자신이나 주변과 관계를 맺는 방식이다. 6~7세가 되면 인격이 완성되며 삶의 목표에 쉽게 도달할 수 있는 행동 패턴이 결정된다. 이 때 아이는 자아 정립과 자존심의 확인을 우선 목표로 삼는다. 아들러는 이 목표지향적인 태도를 "주요노선", "세계상"의 개념으로 설명하지만, 후기 저술에서는 이것을 "생활양식"이란 개념으로 대체한다.

아들러의 성격 개념은 유전학적인 설명을 배격한다. 그래서 그는 "인간이 가지고 온 것이 중요한 것이 아니라, 가지고 온 것으로 무엇을 만드느냐가 더 중요하다"고 역설한다. 다시 말해 아이는 의식적, 무의식적 삶의 목표를 실현하기 위해 노력하는 적극적인 주체가 된다. 그러나 이 역할은 정신적인 삶이 가지고 있는 사회적 성격이나 공동체가 부과하는 의무 그리고 외부 세계의 영향 등에 의해 불가피하게 제약을 받는다.

아들러는 성격을 개인의 주관적인 목표추구에 의해 형성되고 개인이 인정욕구를 충족시키기 위해 사용하는 수단으로 보았지만 교육과 사회화의 과정을 완전히 무시한 것은 아니다. 그는 인간 행동의 목적론적인 관점을 강조하면서 동시에 그것의 인과적인 관계도 함께 고려하고 있다. 무엇보다 중요한 것은 교육 과정을 통해 공동체감이 형성되는지 아니면 주변에 대해 적대감을 갖게 되는지이다. 그래서 그는 공동체감과 권력추구를 개인의 성격과 심리적 특성을 결정짓는 요소라고 규정한다.

이러한 이론적 배경은 다음과 같은 개인심리학의 주요 주제들을 이해할 수 있는 근거가 된다. 인정욕구는 불안감과 열등감을 극복하려는 시도이다. 안전을 확보하려는 노력이 좌절되면 노이로제가 발생한다. 억압에 저항하는 여성의 반란과 이를 남성적인 방식으로 표출하는 "남성적 항거", 불안한 엄마와 응석받이, "맏이의 폐위"와 형제간의 싸움, 형제의 서열에 따라 결정되는 삶의 방식, 노이로제와 정신이상, 범법행위와 성적 변태, 그리고 불면으로부터 자살에 이르기까지 사회적 행동규범으로부터 이탈된 행동은 모두 불안해진 자아가 취하는 방어기제이며 주변 사람들에 대한 일종의 공격 형태이다. 심지어 자살의 원인이 되는 우울증도 다른 사람들에 대한 "직접적인 공격"이다. (Brachfeld, 12)

아들러의 수용과 발전

아들러에 대한 평가는 상이하다. 그를 프로이트와 융과 대등한 심층심리학의 3인방으로 간주하는 사람들이 있는가 하면 심층심리학자라고 보지 않는 사람들도 있다. 프로이트보다 격이 낮은 2류 심리학자라고 평가하는 사람들도 있다. 한편 일각에서는 그를 최초의 인본주의 심리학자 혹은 실존주의 심리학의 주창자라고 부르기도 한다. 아들러의 심리학이 어느 계열에 속하며 어떻게 분류되는가는 부차적인 문제이다. 우리에게 중요한 것은 그가 현대 사회가 안고 있는 많은 문제를 정확하게 예견하고 진단했다는 사실이다. 이런 의미에서 그의 이론은 오늘날 여전히 유효하며 아주 '현대적'이라고 평가할 수 있다.

그의 영향은 심리학뿐만 아니라 교육학, 사회학, 철학 등의 다양한 분야에 걸쳐 그 흔적을 찾을 수 있다. 인격심리학Persönlichkeitspsychologie에서는 그의 이름이 수없이 언급되고 있으며, 발달심리학Entwicklungspsychologie은 그의 지적에 따라 가족의 역할을 강조하는 새로운 길을 모색하였다. 오늘날 널리 보급된 교육 및 가족 상담과 심리치료도 그의 이론과 실천에서 시작된 것이다. 아들러의 심리학은 사회심리학과 연계되면서 만하임과 파슨의 사회이론에도 커다란 영향을 미쳤다. 이들이 관심을 기울였던 공동체의 당면 문제는 다름 아닌 아들러가 제시한 '삶의 중요한 세 가지 문제'(사회적 책임, 직업, 사랑과 결혼)이다. 아들러는 최초의 실존심리학자로 간주되기도 한다. 프랑클의 실존분석은 아들러의 이론을 계승, 발전시킨 것이며, 아들러의 열정적인 독자였던 사르트르는 아들러의 "불안한 성격"을 보편적인 인간상으로 확대 발전시켰다.

프로이트와 아들러의 차이점 못지않게 영향 관계도 흥미로운 주제이다. 프로이트가 개인이 현재 안고 있는 문제의 근거를 과거의 삶에서 찾았다면, 아들러는 미래에 대한 개인의 목표의식에서 현재의 문제를 진단하였다. 프로이트가 이원론적인 사고(무의식과 의식, 에로스와 죽음에 대한 동경Thanatos, 쾌락법칙Lustprinzip과 현실법칙Realitatsprinzip 등)에 충실했다면 아들러는 생활양식을 통해 삶의 목표를 추구하는 개인의 통일성과 전체성을 강조하였다. 그러나 프로이트의 이론 중에서 일부분이 아들러에서 비롯됐다는 사실을 아는 사람은 많지 않다.

이 두 사람은 100년 전 그들이 살던 시대의 차원과 한계를 넘어 오늘날까지 현재성과 보편성을 확보하고 있다. 사더M. Sader와 베버H. Weber는 인격심리학의 다양한 구조를 이해하려면 프로이트와 아들러를 철저히 탐독해야 한다고 조언한다. 그간 프로이트에 가려져 있던 아들러에 대한 연구와 재조명은 어떤 의미에서 그가 살았던 시대보다 더 열악해진 우리 시대의 삶의 조건과 개인의 의미에 대해 반성적 성찰을 가능하게 해줄 것이다.

옮긴이

| 옮긴이의 말 |

유학 시절 좌절과 혼란 속에 방황하던 중 우연히 고서점에서 발견한 책이 알프레드 아들러의 『인간이해』였다. 무심코 몇 장을 들춰보다 몇몇 구절이 섬광처럼 나의 눈길을 끌었다. 아들러의 말 한마디 한마디를 곱씹으며 나 자신과 인간의 삶에 대해 깊은 이해를 얻게 되었다. 이렇게 인연을 맺은 아들러는 개인적으로 나의 스승이며 내 삶의 안내자이다. 누구나 자기 인생을 바꾼 한 권의 책을 가지고 있듯이 『인간이해』는 내 인생을 바꾼 책이기도 하다. 그 때 스스로에게 한 약속은 나와 비슷한 문제를 안고 있는 사람들에게 그리고 자기의 문제를 제대로 인식하지 못해 불필요한 어려움을 겪는 사람들에게 이 한 권의 책을 소개하는 것이었다. 그러나 바쁜 나날은 이를 쉽게 허락해주지 않았다. 이제야 그 약속의 짐을 덜어놓을 수 있게 되었다.

우리는 대부분 자기 자신을 직시하기 보다는 남의 눈에 비친 나의 모습에 더 많은 관심을 기울이며, 이 때문에 자기 삶의 주인이 되지 못한다. 우리는 남보다 1센티만 더 나아도 우쭐하고 남보다 1센티만 적어도 깊은 열등감을 갖는다. 여기에는 개인적인 환경과 교육이 중요한 역할을 하겠지만 경쟁과 실용을 중시하는 우리 사회의 분위기도 적지 않은 역할을 하고 있다. 패자 부활의 가능성이 없는 사회, 4천만이 한 점을 향해 질주하는 사회, 인격과 인성보다는 성적이 우선되는 사회, 공동의 관심이나 공동체의 안녕보다는 개인의 이익과 이해가 앞서는 사회, 기다림의 미덕과 인내보다는 눈앞의 결과에 급급한 사회, 가능성과 미래에 대한 희망보다는 현재의 성과를 중시하는 사회. 불합리가 합리가 되고 반사회적인 동기가 양심으로 포장되는 사회. 이것이 우리가 현재 살고 있는 사회의 모습이 아닌가 싶다. 우리 주변을 살펴보면 행복한 사람보다는 불행한 사람이 더 많아 보인다. 우리는 스스로의 주인이 될 여유와 기회가 없다. 다시 말해 인간을 이해할 겨를이 없는 것이다. 아들러에 따르면 인간을 이해하지 못하는 사람은 필경 불행한 삶을 살 수밖에 없다. 우리 사회에 만연하는 소통의 부재, 고독과 소외, 이혼, 범죄. 탈선, 세대 간 갈등, 정치적 불화 등은 불행의 다양한 모습들일 것이다.

원만한 공동생활에 관심을 가지고 있는 사람들에게 자기 자신이나 대인관계 그리고 직장생활을 위해 이 책의 일독을 권하고 싶다. 뿐만 아니라 이 책은 자녀교육의 해법을 찾으려는 부모나 참교육을 실천하고자 하는 일선 교사들에게도 중요한 경험이 될 것이다. 우리는 삶의 대부분을 가족, 학교, 친구, 직장, 계층, 그룹, 종교 등과 같이 다양한 관계 속에서 보낸다. 인간 공동체는 우리의 상황에 따라 기회가 되기도 하지만 질곡이 될 수도 있다. 인간이해의 관점에서 세상을 바라본다면 자기와의 대면이나 다른 사람과의 만남은 항상 반성과 발전의 계기가 될 것이다. 인간을 이해하지 못하는 사람은 설사 사회적인 성공을 거두었다 할지라도 자기만이 아는 내면의 불행은 감출 수 없다. 이런 의미에서 인간이해는 우리의 행복과 직결되는 중요한 삶의 과제이기도 하다.

아들러는 인간에 대한 애정과 겸손함을 몸소 실천한 사람이었다. 그의 글에는 그의 온유한 성품과 따뜻한 마음이 고스란히 담겨 있다. 그것은 소수 학자들끼리만 소통할 수 있는 논리적 기호가 아니라 누구나 다 쉽게 이해할 수 있는 마음의 언어이다. 쉽게 쓰여진 글을 우리말로 옮긴다는 것은 역설적이게도 결코 쉬운 일이 아니었다. 이 작업을 통해 쉽고 당연하다는 것이 얼마나 어려울 수 있는지 다시 한 번 절감하게 되었다. 구어체인 그의 글을 문어체로 바꾸고 쉬운 표현으로 풀어 쓰다 보니 원문에 완전히 충실할 수 없었다. 게다가 개인심리학을 전공하지 않은 역자의 번역은 미숙한 용어 선택과 오역의 실수를 벗어나지 못했을 것이다. 예리한 독자들의 지적과 비판을 기대하며 기회가 될 때마다 교정과 수정을 약속한다.

아들러의 대표작인 『인간이해』는 1928년 영어로, 1956년 일본어로 번역되었다. 우리나라에서는 아직까지 아들러의 저술이 한 권도 번역되지 않았다. 아들러의 이론에 대한 약간의 소개서와 해설서가 전부이다. 이 책이 아들러에 대한 관심과 이해를 불러일으킬 수 있는 촉매제 역할을 한다면 더할 나위 없이 기쁠 것이다. 마지막으로 아들러에 대한 믿음과 애정을 공유해왔고 오랜 시간 번역을 기다려 준 일빛 출판사의 이성우 사장님께 감사드린다.

2009년 2월 용인, 모현에서
라영균

Alfred adler

참고문헌

[인간이해와 관련된 아들러 1차 문헌]

Adler, A. (1907): Studie über Minderwertigkeit von Organen. Wien
Adler, A. (1977): Studie über Minderwertigkeit von Organen. Mit einer Einführung von W. Metzger. 4. Aufl., Frankfurt a. M.
Adler, A. (1908): Das Zärtlichkeitsbedürfnis des Kindes. In: Monatshefte für Pädagogik und Schulpolitik 1, 7-9.
Adler, A. (1908/1973): Das Zärtlichkeitsbedürfnis des Kindes. In: A. Adler u. C. Furtmüller (Hg.), Heilen und Bilden: Ein Buch der Erziehungskunst für Ärzte und Pädagogen. Neu hg. v. W. Metzger, [Neudr. der 3. Aufl v. 1928]. Frankfurt a. M., 63-66
Adler, A. (1912): Über den nervösen Charakter: Grundzüge einer vergleichenden Individualpsychologie und Psychotherapie. Wiesbaden.
Adler, A. (1997): Über den nervösen Charakter: Grundzüge einer vergleichenden Individualpsychologie und Psychotherapie: Kommentierte textkritische Ausgabe. Göttingen
Adler, A. (1918/1920): Dostojewski. In: Praxis und Theorie der Individualpsychologie. Vorträge zur Einführung in die Psychotherapie für Ärzte, Psychologen und Lehrer. München, 196-202.
Adler, A. (1918/1974): Dostojewski. In: A. Adler (Hg.), Praxis und Theorie der Individualpsychologie: Vorträge zur Einführung in die Psychotherapie für Ärzte, Psychologen und Lehrer. Neu hg. v. W. Metzger [Neudr. d. 4. Aufl v. 1930]. Frankfurt a. M., 281-290
Adler, A. (1918): Bolschewismus und Seelenkunde. In: Internationale

Rundschau 4, 597-600.

Adler, A. (1919): Die andere Seite: Eine massenpsychologische Studie über die Schuld des Volkes. Wien.

Adler, A. (1994): Die andere Seite: Eine massenpsychologische Studie über die Schuld des Volkes. [Faksimile d. Ausg. v. 1919]. Wien

Adler, A. (1919): Bolschewismus und Seelenkunde. In: Der Friede. Wochenschrift für Politik, Volkswirtschaft und Literatur 2 (1918-1919), 525-529

Adler, A. (1919/1982): Bolschewismus und Seelenkunde. In: A. Adler (Hg.), Psychotherapie und Erziehung. Ausgewählte Aufsätze Band I: 1919 -1929. Ausgew. u. hg. v. H. L. Ansbacher und R. F. Antoch, mit e. Einf. v. R. F. Antoch. Frankfurt a. M., 23-32

Adler, A. (1919): Absichten und Leistungen der Erziehungsberatungsstelle Volksheim. In: Bericht des Vereins ≪Volksheim≫ 1918/19. Wien, 33-35

Adler, A. (1920): Praxis und Theorie der Individualpsychologie: Vorträge zur Einführung in die Psychotherapie für Ärzte, Psychologen und Lehrer. München

Adler, A. (1974): Praxis und Theorie der Individualpsychologie: Vorträge zur Einführung in die Psychotherapie für Ärzte, Psychologen und Lehrer. Neu hg. v. W. Metzger [Neudr. d. 4. Aufl v.1930]. Frankfurt a. M.

Adler, A. (1928): Psychologie der Macht. In: F. Kobler (Hg.), Gewalt und Gewaltlosigkeit: Handbuch des aktiven Pazifismus. Zürich, 41-46

Adler, A. (1928/1982): Psychologie der Macht. In: A. Adler (Hg.), Psychotherapie und Erziehung. Ausgewählte Aufsätze Band I: 1919- 1929. Ausgew. u. hg. v. H. L. Ansbacher und R. F. Antoch, mit e. Einf. v. R. F. Antoch. Frankfurt a. M., 232-237

Adler, A. (1928): Menschenkenntnis. 2. Aufl., Leipzig

Adler, A. (1929/1981): Neurosen. Zur Diagnose und Behandlung [Problems of Neurosis] mit e. Einf. v. R. F. Antoch. Frankfurt a. M.

Adler, A. (1930): Die Technik der Individualpsychologie. Zweiter Teil. Die Seele des schwererziehbaren Schulkindes. München.

Adler, A. (1930/1974): Die Technik der Individualpsychologie. Zweiter

Teil. Die Seele des schwererziehbaren Schulkindes. Mit e. Einf. v. W. Metzger. Frankfurt a. M.

Adler, A. (1932): Persönlichkeit als geschlossene Einheit. In: Internationale Zeitschrift für Individualpsychologie 10, 81-88.

Adler, A. (1932/1982): Persönlichkeit als geschlossene Einheit. In: A. Adler (Hg.), Psychotherapie und Erziehung. Ausgewählte Aufsätze Band II: 1930 - 1932. Ausgew. u. hg. v. H. L. Ansbacher und R. F. Antoch. Mit e. Einf. v. R. F. Antoch. Frankfurt a. M., 236-247

[인간이해와 관련된 2차 문헌]

김춘경 (2006): 아들러 아동상담, 학지사.

Orgler, H. (설영환 역, 1987): 아들러 심리학 해설, 선영사.

Ansbacher, H. (1981): Die Entwicklung des Begriffs ≪Gemeinschaftsgefühl≫ bei Adler. In: Zeitschrift für Individualpsychologie 6, 177-194

Bebel, A (1929): Die Frau und der Sozialismus. Mit einem einleitenden Vorw. von Eduard Bernstein. Berlin

Bruder-Bezzel, A. (1991): Die Geschichte der Individualpsychologie. Frankfurt a. M.

Ellenberger, H. (1973): Die Entdeckung des Unbewussten. Bern

Fisseni, H.-J. (1998): Persönlichkeitspsychologie. Ein Theorieüberblick. Göttingen

Friedman, M. u. Rosenman, R. H. (1975): Der A-Typ und der B-Typ. Hamburg

Furtmuller, C. (1983): Denken und Handeln. München

Goleman, D. (1996): Emotionale Intelligenz. München

Gstach, J. u. Brinskele, H. (2005): Zur individualpsychologischen Identitätrevisited. In: Zeitschrift für Individualpsychologie 30, 115-142

Handlbauer, B. (1984): Die Entstehungsgeschichte der Individualpsychologie Alfred Adlers. Wien

Hoffman, E. (1997): Alfred Adler. Ein Leben für die Individualpsychologie. München

Kausen, R. (1977): Zur Theorie der Individualpsychologie. In: L. Pongratz (Hg.), Handbuch der Psychologie in 12 Bänden. Bd. 8,

2. Göttingen, 889-919

Kausen, R. (1995): Gebrauchspsychologie-Besitzpsychologie. In: R. Brunner u. M. Titze (Hg.), Wörterbuch der Individualpsychologie. München, 176 f.

Kraus, O. (1925): Franz Brentanos Psychologie und die Individualpsychologie. In: Internationale Zeitschrift für Individualpsychologie 3, 257-260

Kretschmer, E. (1921): Körperbau und Charakter. Untersuchungen zum Konstitutionsproblem und zur Lehre von den Temperamenten. Berlin

Kronfeld, A. (1932): Lehrbuch der Charakterkunde. Berlin

Lichtenberg, G. C. (1983): Schriften und Briefe. Hg. v. Franz H. Mautner. Bd. 1. Sudelbücher, Fragmente, Fabeln, Verse. Frankfurt a. M.

Nielsen, E. u. Langewiesche, W. (Hg.) (1922): Das Unerkannte auf seinem Weg durch die Jahrtausende. Die merkwürdigsten der guten Glaubens erzählten Fälle aus dem Gebiet des Übersinnlichen im Wortlaut der ersten Berichte ohne Deutungsversuche. Ebenhausen

Orgler, H. (1974): Alfred Adler-Triumph über den Minderwertigkeitskomplex. München

Rom, P. (1966): Alfred Adler und die wissenschaftliche Menschenkenntnis. Frankfurt a. M.

Ruedi, J. (1992): Die Bedeutung Alfred Adlers für die Pädagogik. Eine historische Aufarbeitung der Individualpsychologie aus Pädagogischer Perspektive. Bern

Ruedi, J. (1995): Einführung in die individualpsychologische Pädagogik. Bern

Sader, M. u. Weber, H. (1996): Psychologie der Persönlichkeit. Weinheim u. München

Schiferer, R. (1995): Alfred Adler. Eine Bildbiographie. München

Westram, J. (2003): Zur therapeutischen Arbeit mit Kindern, Jugendlichen und Eltern. In: Zeitschrift für Individualpsychologie 28, 238-257

Wiegand, R. (1995): Evolution In: R. Brunner u. M. Titze (Hg.), Wörterbuch der Individualpsychologie. München, 136-143.

Alfred adler

찾아보기

|ㄱ|
가상 77
가정교육 124, 269~270, 272~273
가치절하 성향 193
감정이입 23, 65~66, 195
감정준비능력 257
개인심리학 27, 34, 66, 77, 94, 120, 177, 230
거리감 80
거리의 문제 230
거만 187
거부감 90
건망증 100
걸음마 51
게으름 162, 231
게으름뱅이의 천국 208
경제적 궁핍 166
경제적인 어려움 44
고립 47, 224
고소공포증 112
곡선형의 성격 171
공격적인 사람 174~175

공동체 인간 39
공동체감 23, 39, 47~48, 63, 66~68, 73~74, 76, 78, 81, 95, 99, 116, 118, 121, 156, 161, 166~169, 177, 184~185, 188~189, 215, 242, 270~271, 275
공명심 122, 201, 224, 231, 255, 258
과대망상 63, 68, 128
과대평가 44, 71
과소평가 71, 102
과실 220~221
과잉보상 79
과잉보호 45~46, 138
광장공포증 228
괴테 59, 109, 113, 205
교만 13, 80, 174
교육 가능성 42, 68
교육 제도 22
교육 17, 20, 31, 42, 44, 67, 74, 78, 165, 170, 235, 269, 272

292

교육자 30, 44, 84, 97, 98, 151
구토 174, 262
굴욕감 57
권력에 대한 상상 62
권력욕 63, 74, 76, 78, 122, 127, 166, 177, 228, 258, 269
권력욕구 64, 156, 185, 275
권력추구 63, 68, 78, 118, 121, 122, 127
그로스 95
그릴파르처 219
기만당한 기만자 70
기쁨 30, 75, 265
기억 25, 54, 59, 275
기질 178
기질심리학 183
꿈 109~111, 118, 234

|ㄴ|
낙관론자 22
낙관적인 태도 32
낙관주의자 172
남녀공학 146~147
남성적 이상 128
남자 같은 여자 134
노동분화 36, 40, 121, 122~124
노이로제 182
놀이 47, 95~96, 129

|ㄷ|
다윈 35
다혈질 178
담즙질 178
대인관계 13~14
도스토옙스키 103, 214, 243
돈 209
동선 83
동화 94, 130, 206
두려움 225, 263~264
둘째 아이 153~154

|ㄹ|
라로슈푸코 193, 267
리히텐베르크 109

|ㅁ|
막내 149~151
맏이 149, 152~153
맑스 34
명예심 104, 127, 187, 200, 217
명예욕 62, 80, 105, 113, 116, 150, 188, 276
모권 사회 125
모욕감 115
목적론적 85, 162
뫼비우스 130
무력감 76

무의식 54, 77, 100~104, 106, 169
물러서는 태도 224

|ㅂ|
바세도우병 181
바이닝거 130
반골 성향 97
반대적 콤플렉스 193
반사회적 성향 246
발달장애 43
방어적인 사람 174~175
백일몽 62, 64, 209
보상 79
복종 67, 70, 247~248
부권 사회 125
부끄러움 267
부족함 38
부지런함 32
불신 32, 44, 47
불신감 29, 164, 258
불안감 76, 78
불쾌감 30, 75
비공격적인 성격 223
비관론자 22
비관적인 태도 32

|ㅅ|
사유재산 125

사회적 존재 49
사회적인 학교 274
상상 55, 57, 59, 275
선입견 13
성격 161~163
세계상 30, 50~53, 84~85
소심함 32, 229~230
소외감 13
쇼펜하우어 130
수면 장애 173~174
수줍음 32, 229
스트린드베리 130
슬픔 260~261
시기심 214~217
신뢰감 32, 68
신체적 결함 42~43, 52, 81~82,
  156, 166, 170, 182~183
신화 94, 110
심리적 우회 231
심리학자 17, 64, 177

|ㅇ|
안달하는 아이들 52
안데르센 206
알코올 중독 60~61, 160
암시 71
애정 결핍 63
애정욕구 44~45, 48
언어 37

엄격한 교육 47
엥겔스 34
연극 65, 101, 231
연민 266
열등감 63, 74~79, 82~83, 91, 113, 115~116, 166, 181, 214, 237, 256
열등한 외모 81
열등함 26, 36, 38, 73
열린 마음 32, 38
영웅적 이상 108
예술 38
예술가 175
외아들 154
우울증 29
우울질 179
우월감 74, 76, 127~128, 188, 228
우월욕구 31, 76, 113, 156, 185, 275
위상심리학 183
위험한 나이 143
유물론적 역사관 34
응석받이 46, 194, 227, 265
의욕 187
의지 38
인간이해 13~14, 17~19, 21~22, 29, 34, 49
인상 71
인색함 217
인정욕구 76, 124, 161, 164, 186, 258
인지 53~54, 59, 275
임상실험 21

|ㅈ|
자기겸손 13, 18
자기계발 22
자기과시 87
자기기만 237
자기만족 174
자기발견 84
자기비판 20
자기비하 136
자기애 128, 196
자기억압 136
자기평가 79, 174, 184
자만 13
자만심 21, 69, 187~191, 193~194, 196~201, 204~205, 217, 224, 231, 269, 276
자부심 174
자신감 75
자유의지 24, 28
자유판단 84
자존심 56~57, 61, 150
재능 119
적대감 44, 80
적대적 고립 223
적응 27, 31, 36, 50, 54
전설 130
절대진리 34, 81
점액질 179, 180
정신 착란 60
조르주 상드 134

종교 23, 35, 38, 94, 227, 254~255
주의력 결핍 98~99
증오심 218~220
지능검사 119, 120, 130, 132
지배욕 68, 122, 196
직선형의 성격 170
진리에 대한 믿음 38
질투 211~213
질투심 29
집착 45

|ㅊ|
참회하는 죄인 22~23
청소병 143
최면 69~71

|ㅋ|
키케로 110, 116

|ㅌ|
태만 99, 231

|ㅍ|
파경 82~83
편애 45
평화를 깨는 사람 243
폐쇄성 32
표출행동 85
푸르트밀러 39
프로이트 48

|ㅎ|
학교 165, 272~273
허영심 80, 101, 150, 186, 194, 196
허위적인 공동체감 167~168
호감 29, 43, 242, 266
호기심 163
호르몬 180
화 258~259
환각 55~61
환상 55, 61, 63
활동성 24~25, 52, 54, 61
회의론자 173